D1730582

Eis

8,-

›Inf___ ___ ___ Zur Zeit‹
Originalausgabe

Über dieses Buch

Wenn Sportfunktionäre oder Träger von öffentlichen Ämtern über Sport reden, dann heißt es: Sport sei Spiel, zweckfreies Tun, ein Feld für Selbstbetätigung, ein Gegenraum zur Arbeitswelt, kurz: die herrlichste Nebensache der Welt.

Soziologen, Pädagogen und Psychologen, welche die Organisation und Funktion des Sports in der Klassengesellschaft kritisch betrachten, gelangen eher zu entgegengesetzten Erkenntnissen: der Sport dient der ideologischen Verschleierung von Widersprüchen und spiegelt mit seinen Anforderungen, Normen und Zwängen die Arbeitswelt wider. Von einem Bereich freier Betätigung, Belustigung und Liebhaberei kann nicht die Rede sein.

Trotzdem sind die Massen mehr denn je vom Sport besessen, und diese Besessenheit findet ihren aktuellen Ausdruck in dem gigantischen Aufwand für die Olympischen Spiele in München. Wo sich aber in der Öffentlichkeit Kritik gegen diesen Milliarden-Kraftakt regt, da greift sie meistens zu kurz — es sei denn, sie betont: der Gigantismus von München wie der Fanatismus in den Fußballstadien oder die Abhängigkeit des Selbstbewußtseins vom Platz auf der Medaillentabelle sind nicht durch Vernunft-Appelle aus der Welt zu schaffen, sondern müssen als adäquater Ausdruck eines Systems erkannt werden, das Ansätze von Befreiung stets ideologisch überdeckt: »Gegen eine von allen Agenturen der Gesellschaft angedrehte olympische Euphorie vermag kritische Intellektualität nichts auszurichten. Aufklärung gewinnt erst Einflußchancen, wenn sie sich mit kollektiven Emanzipationsbewegungen zu verbinden weiß, die Emotionen, welche der Sport bisher im Sinne des Bestehenden organisiert, für den politischen Kampf organisieren können.« (G. Vinnai)

Sport
in der Klassengesellschaft

Herausgegeben von
Gerhard Vinnai

Fischer
Taschenbuch
Verlag

Fischer Taschenbuch Verlag
März 1972

Umschlagentwurf: Jan Buchholz / Reni Hinsch
unter Verwendung zweier Fotos
(Copyright ZEFA/Bordis, ZEFA/Sommer)

Fischer Taschenbuch Verlag GmbH, Frankfurt am Main
© Fischer Taschenbuch Verlag GmbH, Frankfurt am Main, 1972
Gesamtherstellung: Hanseatische Druckanstalt GmbH, Hamburg
Printed in Germany
ISBN 3 436 01492 3

Inhalt

Vorwort 7

Gerhard Vinnai
Leibeserziehung als Ideologie
Zum sozialen Bewußtsein von Sportpädagogen 9

Johannes Gehrmann
Der bundesdeutsche Sport und seine Führer 26

Franz Dwertmann
Sporthilfe: eine gemeinnützige Einrichtung? 56

Wolfgang Zwick
Militär und Sport 82

Christine Kulke
Emanzipation oder gleiches Recht auf ›Trimm Dich‹?. . . 97

Lothar Hack
Alle haben doch die gleiche Chance
Leistungssport — Leistungsgesellschaft — Gerechtigkeit? . 105

Eric Ertl
Sport-Journalismus:
Wie der Leistungssport auf seinen Begriff kommt . . . 128

Gerburg Dieter
Wie der Sport in das Bewußtsein der Massen sich verlängert
Versuch über die sprachliche Darstellung
sportlicher Aktionen 153

Sven Güldenpfennig
Anmerkungen zum politischen Bewußtsein
der Sportstudenten 174

Jürgen Gadow
Schulsport — Anspruch, Wirklichkeit, Perspektiven . . 191

Autorenverzeichnis 202

Vorwort

Einzig der Sport bewegt die Massen noch massenhaft. In wessen Interesse bewegt er sie? Die Repräsentanten des bundesdeutschen Sportbetriebs in Schulen, Vereinen oder Massenmedien behaupten ein Interesse an individueller körperlicher Entfaltung, pochen auf einen unpolitischen Sport, der nicht in gesellschaftliche Mißstände verstrickt ist. Die folgenden Aufsätze wollen diesen Anspruch denunzieren. Sie belegen, daß sportliche Betriebsamkeit in der kapitalistischen Gesellschaft Teil eines Systems der Unterdrückung ist. Die Sphäre des Sports ist in der Bundesrepublik kein herrschaftsfreies, exterritoriales Gebiet; sie ist von etablierten Interessen geprägt, ihre Vernunft ist die Vernunft des Kapitals. Sportliche Veranstaltungen tendieren in der bestehenden Gesellschaft zur Organisation menschlicher Unmündigkeit, sie lenken Massenverhaltensweisen in eine Richtung, die einer demokratischen Umwälzung zuwiderläuft.

Ein stereotyper Einwand gegen eine Analyse des Sports im Rahmen einer Kritik kapitalistischer Verhältnisse hat die Verwandtschaft der Strukturen des westlichen Sports mit denen des Sports in den Ostblockstaaten zum Inhalt. Verweisen nicht identische Wettkampfformen im östlichen und westlichen Gesellschaftssystem auf eine weitgehende Unabhängigkeit des Sports von alternativen Organisationsprinzipien industrieller Gesellschaften? Die Widerlegung dieser These setzt eine entfaltete Analyse des osteuropäischen Sozialismus voraus, in deren Rahmen die Funktion des Sports interpretiert werden müßte. Das Identische an den sportlichen Reaktionsmustern in beiden Systemen verweist auf das Verhaftetsein dieser Form des Sozialismus an seine kapitalistische Vergangenheit, bzw. die kapitalistische Gegenwart im Westen. Die Verstrickung in deren Rationalität könnte im Prozeß einer fundamentalen Demokratisierung überwunden werden.

Beinahe alles, was sich in der Bundesrepublik in Zeitungen, Zeitschriften, Büchern, Rundfunk oder Fernsehen mit dem Sport beschäftigt, trägt — auch wenn es mitunter Kritik an bestimmten Symptomen übt — affirmativen Charakter. Eine theoretisch fundierte Sportkritik ist bisher über spärliche Ansätze nicht hinausgekommen. (Rigauer: Sport und Arbeit; Böhme, Gadow, Güldenpfennig, Jensen, Pfister: Sport im Spätkapitalismus; Vinnai: Fußballsport als Ideologie; Prokop: Soziologie der Olympischen Spiele.) Daß die Massen mehr denn je vom Sport besessen sind, nötigt diejenigen, die ihre theoretischen Anstrengungen an die Emanzipation der Massen binden, kaum zu Anstrengungen des Begreifens. Die folgenden Beiträge wollen in erster Linie Problemzonen aufzeigen, sie wollen die kritische Reflexion über die soziale Funktion des Sports in Gang bringen. Daß verbale Aufklärung im Angesicht der mit Emotionen überladenen Institution Sport ohnmächtig ist, ist den Autoren bewußt. Gegen eine von allen Agenturen der Gesellschaft angedrehte olympische Euphorie vermag kritische Intellektualität nichts auszurichten. Aufklärung gewinnt erst Einflußchancen, wenn sie sich mit kollektiven Emanzipationsbewegungen zu verbinden weiß, die Emotionen, welche der Sport bisher im Sinne des Bestehenden organisiert, für den politischen Kampf organisieren können.

Die ursprüngliche Konzeption dieses Bandes sah eine umfassende, in sich geschlossene Analyse vor. Wegen des Ausfalls einiger Autoren müssen wesentliche Aspekte der sportlichen Misere vernachlässigt werden; unverbundene Einzelaufsätze treten an die Stelle einer geplanten, konsistenten Analyse. Als Vorteil ergibt sich daraus, daß jeder Artikel aus sich heraus verständlich ist, jedes Kapitel läßt den Einstieg in die Thematik zu.

G. V.

Gerhard Vinnai

Leibeserziehung als Ideologie
Zum sozialen Bewußtsein von Sportpädagogen

»Wissenschaft ist eine späte Blüte am Baume des Sports«[1], bekennt das offizielle Organ der bundesrepublikanischen Leibeserzieher. Im Bereich der theoretischen Pädagogik der Leibeserziehung steht diese Blüte noch aus. Wissenschaftlichkeit in Gestalt des Versuchs der rationalen Erfassung von Tatbeständen läßt sich einzig bei der Behandlung von Detailproblemen im Bereich der Trainingslehre ausmachen. Die Reflexion auf übergreifende Zusammenhänge, welche die Übernahme sozialwissenschaftlicher Erkenntnisse zur Voraussetzung hätte, unterbleibt zugunsten der Fixierung an Parolen einer heruntergekommenen philosophischen Anthropologie, der jedes begriffliche Instrumentarium zur Erfassung der Abhängigkeit menschlichen Verhaltens von sozialstrukturellen Gegebenheiten fehlt. Die vor allem von Soziologie und Psychologie entwickelten Ansätze, die der Analyse der Organisationsstrukturen des Sports oder des Verhaltens sporttreibender Individuen dienlich sein könnten, negiert die Sporttheorie zugunsten von Ansätzen, denen soziale Gegebenheiten bestenfalls in massiver ideologischer Verzerrung zugänglich sind. Tiefsinniges Geschwätz sabotiert die zureichende kritische Analyse der Perversionen der Leibeserziehung durch den Einfluß vernunftloser Sozialstrukturen; das weitgehende Fehlen gesellschaftlichen Bewußtseins ebnet einem Irrationalismus die Bahn, der die Sporttreibenden blind und zynisch den Mechanismen der etablierten Herrschaft überantwortet. Daß diese Behauptungen nicht gänzlich mit dem Hinweis auf die wildgewordene Feder eines boshaften Kritikers abgetan werden können, soll durch die folgenden Zeilen belegt werden. Die angeführten Zitate stammen von Leibeserziehern, die die etablierte Lehrmeinung repräsentieren; sie stehen für viele.[2]

HEILE WELT

Das Treiben im Rahmen bundesrepublikanischer Sportstätten empfiehlt sich als Vorgriff auf das Tun einer befreiten Menschheit, die allen bedrückenden sozialen Gewalten und den mit ihnen gekoppelten psychischen Verstümmelungen entronnen ist. »All diese bedrückenden Stimmungen sind der Welt des sportlichen Spiels fremd. In ihr entfalten sich die Gefühle des heilen Lebens.«[3] Das Sportfeld und die Turnhalle gelten als

Stätten, wo eine allseitig entfaltete moralische Sensibilität zu Hause ist. »Harmonische Charaktere zu bilden und zu formen, sollte das erstrebenswerte Endziel jeder sportlichen Erziehung sein. Zu einem harmonischen Charakter gehören: Ehrlichkeit sich selbst und anderen Menschen gegenüber, Wahrheitsliebe, anständiges Betragen, Disziplin und Vermeiden jeder Roheit und Gemeinheit in Worten und Handlungen.«[4] Den kategorischen Imperativ dieser Moralität liefert die olympische Idee. »Glücklicherweise gibt es im olympischen Bereich so etwas wie einen Leitstern für das, was richtig oder falsch ist, gut oder böse. Nur das, was hin zum Bruder Mensch führt, zu seinem Glück und Frieden, nur das ist olympisch.«[5] Das sportliche Tun löst Verkrampfungen, hebt verhärtete psychische Dispositionen auf, es reißt Kommunikationsbarrieren zwischen den Menschen nieder. »Die Atmosphäre der Freiheit und Ungebundenheit, in der sich sportliches Geschehen abspielt, das emotionale Aufgewühltsein der im Sport Handelnden, das Verhaftetsein des sportlichen Tuns in der tragenden Tiefenschicht der Person und die in keinem anderen Lebensbereich mit der gleichen Eindeutigkeit sich offenbarende ganzheitliche Funktion der menschlichen Leib-Seele-Einheit verführen selbst äußerst verschlossene und zurückhaltende Menschen dazu, sich im Sport und Spiel mit größter Offenheit zu geben.«[6] Die vielbeschworene »Leib-Seele-Einheit« hilft dem Leib aus den Verzerrungen und Entstellungen heraus, die ihm die arbeitsteilige, entfremdete Gesellschaft zugefügt hat. Denn: »Sport ist nichts anderes als bewußte Kultur des Körpers, dem als einem Geschenk der Natur zur Entfaltung und Gestaltung seiner Möglichkeiten zu verhelfen als Pflicht empfunden wird.«[7] Das proklamierte Hauptziel der Leibeserziehung lautet: »Den Heranwachsenden ein echtes Verhältnis zu ihrer Leiblichkeit zu vermitteln, dafür zu sorgen, daß der Körper als beseelter Leib verstanden wird.«[8] Beim Sport ist die Sache der Humanität in guten Händen. »Richtiger Sport kennt nur echte Menschen.«[9] Carl Diem, der zu seinen Lebzeiten prominenteste deutsche Leibeserzieher, weiß den Sport im Transzendentalen so verwurzelt, daß ihm irdische Übel nichts anhaben können: »Sport ist Erneuerung aus kosmischer Lebenskraft.«[10]

Das Pathos einer Geisteshaltung, die sich nach Adorno im ›Jargon der Eigentlichkeit‹ artikuliert, verdankt sich nur scheinbar dem Interesse an freier menschlicher Entfaltung. Bei genauerer Analyse entlarvt es selbst seine Falschheit und entpuppt sich als humanitär verkleidetes Instrument der Unterdrückung. Der Pädagoge Spieß, ein Ahnherr des deutschen Schulturnens, propagierte um die Mitte des vorigen Jahrhunderts den »ordnungsstarken Untertan«[11] als Ziel der Leibeserziehung; er hat bis heute viele Nachfolger gefunden.

»Der Sportlehrer wird nicht unbedingt ein Höchstmaß an Denkkraft benötigen.«[12] Wenn die Herrschaft fest im Sattel sitzen soll, muß eine Geisteshaltung diskreditiert werden, die bestehende soziale Zustände im Hinblick auf ihre Vernünftigkeit analysiert: Kritische Intellektualität war den Mächtigen seit je ein Dorn im Auge, wer sich mit ihnen gut stellen will, arbeitet an deren Denunziation. Den Agenten gesellschaftlicher Irrationalität sind rationale Maßstäbe suspekt, sie vertrauen auf die »Vitalstärke«. »Nur der Vitalstarke aber bringt den Willen zur äußersten körperlichen Anstrengung auf. Die Frage nach dem Zweck solcher Anstrengungsbereitschaft geht am irrationalen Kern des Sportes vorbei. Die gleiche Grundhaltung offenbart sich in der rückhaltlosen Hingabe an die sportliche Aufgabe. Auch hier versagen rationale Maßstäbe.«[13]

Jugendliche, die Genaueres über die psychischen Defekte wissen wollen, die sie undemokratischen, lieblosen Verhältnissen in Familie, Schule oder Betrieb verdanken, passen nicht in das Konzept des Leibeserziehers Dietz. Er wendet sich gegen die Tatsache, daß sich »jugendlicher Dilettantismus der Psychoanalyse bedient, um sich selbst auf den Grund zu kommen. Wer in dieser Weise in seiner eigenen Tiefe herumstochert, der wird seines Lebens nicht mehr froh [...] Mit Kretschmer sind wir der Ansicht, daß der Mensch am frohesten und sichersten ist, wenn er von seinen Antrieben nicht alles weiß und wenn er über die Geheimnisse des eigenen Lebensgrundes zu schweigen vermag.«[14]

Die Dummen sollen angeblich zufriedener sein, auf jeden Fall sind sie leichter in den unteren Rängen der sozialen Hierarchie unterzubringen. Das kritische Infragestellen des eigenen Verhaltens kann sich leicht dazu ausweiten, verhaltensleitende Normen zu problematisieren, hinter denen sich anachronistische Verhältnisse verschanzen. Wer es wie der Pädagoge Netzer mit dem Bestehenden hält, dem ist es nicht angezeigt, Aktivitäten mit Problembewußtsein aufzuladen. »Die Lebensaktivität in jeder Form trägt für den Ausführenden schon Sinn und Befriedigung in sich selbst. Wer mit voller Hingabe an die Sache turnt oder spielt oder Leichtathletik betreibt, der fühlt sich ausgefüllt und verlangt keine zusätzliche Belastung mit Problematik.«[15]

Demokratische Entscheidungen haben die herrschaftsfreie Diskussion zur Voraussetzung; sie basieren auf der sachhaltigen verbalen Verständigung zwischen gleichgestellten Individuen über soziale Tatbestände. Für viele Sportlehrer hingegen gilt die Devise: »In der Turnstunde wird — grundsätzlich — nicht gesprochen.«[16] Sprachliche Kommunikation hat sich auf »Kommando und Spielregelverkehr« zu beschränken. Denn: »Gespräch als Medium der Leibeserziehung« darf nicht »Reduktion der Praxis zu Gunsten einer fragwürdigen Theoretisierung«[17] beinhalten.

Wem das kritische Denken verdächtig ist, der hält sich an Ideologien, an Denksysteme, die nach wissenschaftlichem Sprachgebrauch bestimmte Machtansprüche absichern sollen. Die ideologiekritische Reflexion, einmal als Emanzipationsinstrument konzipiert, gerät ihm zur blanken Apologie. »Nach diesen Vorbemerkungen können wir uns dem positiven Ideologiecharakter zuwenden, der einer so bedeutsamen gesellschaftlichen Erscheinung, wie dem Sport, bei aller ebenso notwendigen Abwehr seiner Ideologisierung zuzuerkennen ist. In der modernen Gesellschaft sind gewachsene Ideologien einesteils Schutzmaßnahmen, geradezu wie Schutzengel, gegen die dämonischen Ideologisierungen einer totalisierenden Gesellschaft. Es gibt sozusagen eine Hierarchie echter Ideologien in bezug auf eine Hierarchie von Gehaltenheiten, durch die eine gesunde Kirche zum gesunden Sport helfen kann. Denn wirkliches Durchschauen des Ideologischen leitet, statt in den Hochmut des Ablehnens, zur Demut des Helfens an.«[18]

Diejenigen, die weniger deutlich werden wollen, befürworten »eine Abkehr von der einseitigen Pflege und Beanspruchung des Verstandes«[19]. Denn: »Wir sind alle aufgerufen, einseitig intellektuelle Bildungsvorstellungen überwinden zu helfen.«[20] Für sie fordert das Zeitalter einem zum »vitalitätsarmen Intellekt entarteten«[21] Geist entgegenzutreten. Das Turnen soll einen ausufernden Intellekt in die Schranken weisen: »Die Turnkunst soll die verlorengegangene Gleichmäßigkeit der menschlichen Bildung wiederherstellen, der bloß einseitigen Vergeistigung die wahre Leibhaftigkeit zuordnen.«[22]

Wer die Misere unseres Zeitalters eher in einer zu forcierten Intellektualität als in der Unaufgeklärtheit ohnmächtiger Massen sieht, sollte seine Äußerungen mit denen eines der prominentesten Vertreter dieser Misere vergleichen. Adolf Hitler schreibt in ›Mein Kampf‹: »Der völkische Staat hat seine gesamte Erziehungsarbeit in erster Linie nicht auf das Einpumpen bloßen Wissens einzustellen, sondern auf das Heranzüchten kerngesunder Körper. Erst in zweiter Linie kommt dann die Ausbildung der geistigen Fähigkeiten.«[23] Und: »Der völkische Staat muß von der Voraussetzung ausgehen, daß ein zwar wissenschaftlich wenig gebildeter, aber körperlich gesunder Mensch mit gutem, festem Charakter, erfüllt von Entschlußfreudigkeit und Willenskraft, für die Volksgemeinschaft wertvoller ist als ein geistreicher Schwächling.«[24]

Wenn sich unmündige Massen kapitalistischen Herrschaftsverhältnissen blind unterwerfen sollen, müssen sie mit einem Gesellschaftsbild ausgestattet werden, aus dem das Bewußtsein der Unterdrückung, das Bewußtsein vom Gegensatz zwischen Herrschenden und Beherrschten, Unternehmern und Unternommenen getilgt ist: Den Abhängigen muß ein Gesellschaftsbild vermittelt werden, in dem es keine Parteien mehr gibt, sondern nur noch Deutsche, ein Gesellschaftsbild, in dem alle vereint im Boot der ›Volksgemeinschaft‹ sitzen. Sozialstrukturell verankerte Interessengegensätze sollen nicht aufgedeckt werden, denn: »Auf das Gemeinsame kommt es an, auf eine gemeinsame geistige Linie, auf der sich alle treffen können, die Fachverbände, die Landessportverbände, alle anderen.«[25] Der Sport soll der Entfaltung eines ›»Gemeinsinnes« dienlich sein, der soziale Antagonismen verdeckt und eine illusionäre Gleichheit zwischen Ungleichen vorgaukelt. »Der Sport fördert die Entfaltung eines Gemeinsinnes [...] Dem Sport ist eine Anziehungskraft zu eigen, die Menschen verschiedener Herkunft und unterschiedlichen Niveaus vereinigt und sogar jene Spannungen zu überbrücken imstande ist, die aus den Vorwürfen entstehen, mit denen die Generationen einander bedenken.«[26]

Produzieren läßt sich das falsche Gefühl einer egalitären Zusammengehörigkeit durch Aktivitäten in Sportvereinen; dort entwickelt, läßt es sich auf den ökonomischen und politischen Bereich übertragen. »Innerhalb eines Vereins aber kann sich bereits Gesellschaft bilden, entwickeln sich Strukturen, mag ein Zusammengehörigkeitsgefühl entstehen, dessen Wert wohl niemand bestreitet. Der Verein gehört zu den gesellschaftsbildenden und damit staatstragenden Kräften.«[27]

Besonders der ›Betriebsgemeinschaft‹ ist ein Bewußtsein dienlich, das den Gegensatz zwischen Kapital und Arbeit verschleiert. Das ›Fair play‹ der ›Sozialpartner‹ erhöht hier die Bereitschaft der Lohnabhängigen, ihre Fertigkeiten und Kenntnisse im Kapitalinteresse verwerten zu lassen. »In einer Zeit, in der ein großer Teil der Werktätigen infolge der ständig fortschreitenden Technisierung und Automation keine Erfüllung mehr in seiner Arbeit findet, in der der einzelne nur Spezialist, nicht aber Glied einer echten Gemeinschaft ist, entsteht leicht ein Gefühl von Unzufriedenheit und Alleinsein. In der Gemeinschaft des Sports können sich Betriebsangehörige kennenlernen, neue Arbeitskollegen finden Gelegenheit, Kontakte aufzunehmen. Wird dieser Teamgeist auf die Arbeit im Betrieb übertragen, so kann eine Betriebsgemeinschaft entstehen, der Menschen angehören, die sich im Sportgeschehen Entschlußfähigkeit erworben haben [...] Menschen, die wissen, daß sie ernst genommen werden, daß sie zählen, werden ihre Arbeit gern verrichten, ihre Leistungsbereitschaft wird steigen. Fehlzeiten werden seltener, die Einstellung zur Firma positiver und die Produktivität höher sein als in vergleichbaren Betrieben, in denen kein Betriebssport durchgeführt wird.«[28]

Die Integration der Unterprivilegierten in bestehende soziale Institutionen kann einem »Gliedbezug« zugute kommen, der vor nicht allzu langer Zeit das deutsche Volk in eine Gefolgschaft verwandelte. »Was heute einen nicht mehr kleinen Kreis zum willigen Verzicht auf Stimulantien bewegt, ist das Bewußtsein, daß der Gliedbezug zu einem höher integrierten Ganzen jene tiefere Gesundheit fordert, die in einer wechselseitigen Zuordnung zwischen den uns anvertrauten geistig-ethischen Vermögen und den wahren Kräften unserer Natur besteht. Die biologische Wahrhaftigkeit, um die es sich hier handelt, geht aus dem Bedürfnis nach der Wiederintegration des Menschen in Familie, Ehe, Arbeit, Volk und Staat hervor.«[29]

Die angestrebte »Gemeinschaft« muß sich vor Störenfrieden schützen, die einen Frieden bedrohen, der von den Machthabern in Wirtschaft und Politik den unmündigen Massen diktiert wird. Gegen aufsässige Jugendliche, die die Geschäfte des Kapitals stören wollen, muß der Sport einen Schutzwall aufrichten. »Als Gegenleistung (für materielle Unterstützung — G. V.) haben wir der Industrie und Wirtschaft gut fundierte, ideelle, tüchtige und politisch gesunde junge Menschen anzubieten, die weder von APO-Gedanken noch vom Gammlertum angekränkelt sind, denn die Erziehung zu selbstbewußten und disziplinierten Menschen ist und bleibt der hervorragende Wert der eigentlichen Sportausbildung.«[30] Wenn die Jugend beizeiten in die Hände von Sportvereinen gerät, ist sie nicht mehr in Gefahr, von APO und Gammlertum infiziert zu werden. »Bei Schwierigkeiten, die auf dem Gebiet der Jugenderziehung, der Jugendpflege und der Bildung in Schule und Beruf heute zutage treten, kann die Erziehung in Sportvereinen heute nicht hoch genug eingeschätzt werden. Weder APO noch Gammlertum haben in Berlins Sportorganisationen Platz gefunden und werden jemals dort Fuß fassen können. Berlins Wirtschaft müßte eigentlich daran interessiert sein, unverdorbene und disziplinierte Mitarbeiter aus der Jugend heranwachsen zu sehen.«[31] Auch »gegen unsere Gegner, die sogenannten Volksdemokraten«, muß massiver vorgegangen werden, wenn das Bestehende in der Bundesrepublik erhalten werden soll: »Unsere Blindheit für die Gefahr, in die wir uns fortlaufend mehr hineinmanövrieren, indem wir — wie das Kaninchen auf die Augen der Schlange — immer nur auf die kommunistischen Geschützmündungen starren, wird nur noch durch unsere Selbstgefälligkeit übertroffen, in der wir alle außermilitärischen Bemühungen dieser Leute zu übersehen belieben.«[32] Als wesentliches Verteidigungsmittel empfiehlt sich der Sport. Den östlichen Alternativen kann auch eine »völkische Wehrbarkeit« entgegengestellt werden, die sich mit Hilfe des Sports verbreiten läßt. »Jugendsport und Volkssport bedürfen bei guter Auswahl und richtigem Betrieb keiner militärischen Einschläge, um durch ihre körpererzieherischen und charakterbildenden Wirkungen eine günstige Grundlage für die völkische Wehrbarkeit herzustellen.«[33] Zwar ahnt auch mancher Sporttheoretiker, daß die Anpassung an entfremdete kapitalistische Verhältnisse mit psychischen und körperlichen Verstümmelungen bezahlt werden muß, aber er erklärt sich diesen Tatbestand so simpel, daß sich sportliche Bewegung als Allheilmittel anbietet. Alle von der Kapitalherrschaft verursachten körperlichen und seelischen Beschwerden haben für ihn letzlich nur eine Ursache: zu wenig Bewegung. »Die mangelnde körperliche Tätigkeit, die Ursache des Leistungsverfalls, des Unangepaßtseins an die Welt, steht so sehr im Vordergrund, daß andere Zivilisationsschäden, etwa durch fehlerhafte Ernährung oder kulturelle Unsitten, kaum der Erwähnung bedürfen.«[34] Daraus ergibt sich: »Auf die Fülle der Beschwerden, Mattigkeit, Unsicherheit, Verstimmung und Unlust, Herzklopfen, Verdauungsstörungen, kalte Gliedmaßen, Vergeßlichkeit, Schlafbedürfnis, gesteigerte Erregbarkeit, Konzentrationsschwäche, Appetitlosigkeit, Angst auf die bange Frage, was fehlt mir? gibt es nur eine Antwort: Bewegung! Dem Zivilisationsgeschädigten fehlt in erster Linie Bewegung, er ist krank durch zu wenig körperliche Arbeit.«[35] In der Bundesrepublik müssen 50 Prozent der Bevölkerung ihr Leben durch den Verkauf des Körpers als Arbeitsinstrument reproduzieren. Sie müssen meist schwere physische Arbeit leisten, die ihren Körper verstümmelt. Vom Produkt ihrer Arbeit werden auch Sportpädagogen ausgehalten, die derartige Äußerungen von sich geben.

UNTERDRÜCKUNG MACHT FREI

Wenn eine Gesellschaft Untertanen benötigt, muß sie Kinder und Jugendliche einer Dressaterziehung aussetzen, die ihnen die Sehnsucht nach aufrechtem Gang raubt. Mancher Leibeserzieher möchte sich hier dienstbar zeigen. Wie etwa Inge Heuser meint, »geht es aber auch der Leibeserziehung, wie allem pädagogischen Bemühen, darum, den Menschen zu bewahren vor den Bedrohnissen des freien Menschentums in seiner Zeit«.[36] Wer es mit der Unterdrückung hält, den beunruhigt alles, was an der Schuljugend noch unreglementiert scheint: »Wer unsere Schuljugend kennt, weiß um den großen Mangel um Zucht und Haltung: das äußere Bild mag als Spiegel des Innenlebens gelten.«[37] So plädiert Heinz Nattkämper dafür, daß den Schülern in verstärktem Maße der »Segen der Zucht«[37a] zuteil wird. Daß die Entwicklung der Produktivkräfte mehr Lebenschancen und Freiheitsgrade mit sich bringen könnte, erfüllt den Agenten der Repression mit banger Sorge, weil er davon das Aussterben der traditionellen Herrenmoral befürchtet, welche ihm so sehr am Herzen liegt. »Bequemlichkeit, Wohlstand und freie Zeit, bisher das Vorrecht kleiner Kreise, breiten sich nun ungehindert aus. Was uns beschäftigt, ist die schwere Frage, ob nicht dieser Vorgang, den der Jubelschrei der Fortschrittsgläubigen begrüßt, die biologische Substanz der Völker unserer Kultur zerstören muß, weil hier das Ideal der Muße nur genießerisch genommen wird und eben nicht in jener Form, die aus der Blütezeit der alten Führungsgruppen stammt.«[38]

Die potentiellen Untertanen in den Schulen haben zu lernen, sich der Autorität widerspruchslos zu unterwerfen: »Der Schüler muß lernen, Anordnungen des Lehrers zu befolgen, ohne dafür erst tiefschürfende Erklärungen und Erläuterungen über ihren Sinn zu bekommen. Ein Kind kann erstens nicht alle Erklärungen verstehen, und zweitens ist in vielen Situationen der Gefahr für Erklärungen keine Zeit vorhanden. Die Unterordnung ist daher eine Notwendigkeit.«[39] Den Leibeserzieher Neumann erfüllt es mit Genugtuung, daß jedem sein Los »von oben« zugemessen wird. »Der Erzieher hat es in der Hand, jedem Zögling eine ganz bestimmte Situationsschwere zuzumessen.« Die richtige Situationsschwere hat dann die Konsequenz, den Jugendlichen zur »Ein- und Unterordnung«[40] zu befähigen. Mit Hilfe der sportlichen Erziehung sollen autoritäre Ordnungsvorstellungen tradiert werden. »In seinen erzieherischen Bestrebungen richtet sich der Ordnungsrahmen auf Einordnung sowie auf Unter- bzw. Überordnung. Eine vollwertige Erziehung zu wirklicher Autorität, nach der die heutige Zeit so drängt, fordert die Beachtung aller drei Verhaltensweisen des einzelnen zur Gemeinschaft.«[41] Die Disziplinierung nicht konformer Regungen gelingt am reibungslosesten, wenn der Disziplinierte glaubt, freiwillig das zu tun, was er tun muß. Der Fußballbundestrainer Schön formuliert als Repräsentant der sportlichen Rationalität: »Ich sehe die Aufgabe eines Jugendleiters darin, die eigenen Ideen so umzusetzen, daß die Mannschaft glaubt, sie sei aus eigenem Antrieb völlig frei zu diesem Ergebnis gekommen.«[42]

Herrschaftsverhältnisse gewinnen an Stabilität, wenn die Beherrschten die äußere Unterdrückung verinnerlicht haben, wenn diese sich in der Psyche als blinder Zwang zur Selbstdisziplinierung sedimentiert hat. Die Bedürfnisse müssen vom eigenen Willen »die Bändigung auf das Gesollte« erfahren: »Die innermenschliche Natur wird durch die Bändigung auf das Gesollte nicht nur nicht vermindert, sondern erst zu ihrem vollen Sein erhöht.« Denn: »Wohl jede Anthropologie, die davon ausgeht, daß der Mensch als ›Zuchtwesen‹ (A. Gehlen) verstanden werden muß, ist offen für die tiefe Wahrheit, daß wir eben deshalb, weil wir uns auf Selbstbeherrschung angewiesen fühlen, einen Körper haben, der nach seiner innersten Tendenz vom Lebensauftrag her beherrscht sein will.«[43] Die Freiheit darf nur im Bemühen um die reibungslose Einordnung in ein vorgegebenes Regelsystem bestehen. »Die Freiheit im Sport ist keineswegs Zügellosigkeit, ist kein hemmungsloses Sichgehenlassen. Der Sport verlangt Ordnung, verpflichtet zur strengen Einhaltung der Spielregeln. Die Freiheit im Sport trägt die Merkmale der kulturschaffenden Freiheit: der Freiheit unter dem Gesetz.« Denn: »Sport ist Freiheit zum Gesollten.«[44]

Wo es Unterdrückte gibt, müssen »Führerpersönlichkeiten« herangezogen werden, die das Geschäft verstehen, über andere zu bestimmen. Auch hierbei kann sich die Leibeserziehung dienstbar zeigen. »Wichtig ist unsere Erfahrung, daß bei der Führung der Sportmannschaften schon auf jugendlicher Altersstufe Charaktere sichtbar werden, die in dem bescheidenen Wirkungskreis deutlich Ansätze jenes echten Führergeistes erkennen lassen.«[45] Da nicht alle Unterprivilegierten die freiwillige Unterwerfung und die Ausbeutung durch andere akzeptieren wollen, braucht das Herrschaftssystem des Kapitals Polizisten, Soldaten und Kolonialbeamte, die die Gesetze der etablierten Ordnung durchsetzen. Das Rüstzeug für derartige Berufe kann nicht zuletzt durch sportliche Betätigung erworben werden. »Wo denn Berufe noch durch die Art ihrer Körperbetätigung und ihrer Aufgabe mit der Sporttätigkeit näher verwandt, da liegt ein weiteres, die Übertragung förderndes gemeinsames Moment vor, so daß der Sport für solche Berufe eine regelrechte, gute Vorschule darstellt: so für den Offizier- und Seemannsberuf, für die Polizeilaufbahn, für Flugzeugführer, für den Kolonialbeamten, den Neulandpionier.«[46]

Die Unterwerfung unter undemokratische Verhältnisse, die die individuelle Entfaltung sabotieren, legt den Menschen unnötiges Leiden auf. Wenn sie dieses Leiden nicht zur Empörung treiben soll, muß ihnen eingebläut werden, aus ihm Lust zu ziehen; sie müssen lernen, Freude daran zu gewinnen, mit sich selbst nicht zu zimperlich umzugehen. Der Fortbestand blinder und unkontrollierter gesellschaftlicher Mächte hängt davon ab, daß die Unterdrückten sich die von Erich Fromm formulierte Maxime des »autoritär-masochistischen Charakters« kollektiv aneignen: »Leiden, ohne zu klagen, ist die höchste Tugend, nicht die Abschaffung oder wenigstens Verringerung des Leidens.«[47] Derartige Brutalitätsmuster lassen sich auch mit Hilfe des Sports verbreiten. Carl Diem formuliert in pädagogischer Absicht: »Ein griechisches Sprichwort sagt: Der nicht geschundene Mensch wird nicht erzogen, worauf es ankommt, ist das Wecken einer gewissen Lust am vollen Kräfteeinsatz, auch wenn es Schmerzen verursachen könnte, was auf dem Wege des Sports möglich ist, weil es im Sport manchmal nicht ohne Quälerei geht — diese Lebenserfahrung prägt sich dann dem Schüler für alle anderen Aufgaben ein, einen solchen Zwang nimmt er auf sich, wenn er das Ziel schätzen gelernt hat. Wir sollten Schmerzenshärte als Beweis unserer Menschenwürde betrachten.«[48] Der Sporttreibende muß sich nach Otto Neumann die »Lust des Wettkämpfers zur Last« aneignen: »Er nimmt das Leid an — nicht in kraftloser Ergebenheit, sondern er sucht es in geheimer Lust, mit Inbrunst, mit Leidenschaft, in einem Rausche der Hingebung. In diesem Augenblick vollzieht sich im Menschen eine unerhörte, wunderbare psychische Wandlung: die Lust zur Last macht die Last zur Lust. Das ist das Erlebnis des Sports.«[49]

ABWEICHUNG WIRD NICHT GEDULDET

Das Fortbestehen antiquierter sozialer Verhältnisse ist an die Einhaltung konventioneller Normen gebunden, die Verhaltensmuster und psychische Dispositionen mit sich bringen, aus denen der Drang nach Veränderung getilgt ist. Für diejenigen, die an der Erhaltung des Status quo interessiert sind, sind Erziehungspraktiken selbstverständlich, welche die Übernahme etablierter Konventionen sichern. »Die Anpassung an [. . .] das decorum, an den konventionellen Verhaltenskanon, ist unerläßlicher Bestandteil jeder Erziehung. Wir stehen hier in einer langen Tradition, die unmittelbar mit der Kultivierung jeglicher Gesellschaft zusammenhängt.«[50] Minderheiten, die die Ablehnung von Ordnung, Fleiß und Sauberkeit verkörpern, sind der massiven Diskriminierung durch diejenigen ausgesetzt, die ihre Identität dem Arrangement mit dem Bestehenden verdanken. »Daß hier nicht Gammlern und Hippies, deren Körper ruhig verrotten soll, das Wort geredet wird, versteht sich doch wohl von selbst.«[51] Jedes »bohemienhafte Sichgehenlassen«[52] ist dem aufrechten Leibeserzieher zuwider. Abweichende Verhaltensregulative, die zunehmend die Jugend zu infizieren drohen, müssen durch die Eingliederung der jungen Menschen in disziplinierte Sportgruppen abgewehrt werden. »Es gab unzweifelhaft auch früher Rowdys, Duckmäuser, Faulpelze, Drückeberger und Nichtsnutze. Ernst werden Auswüchse aber, wenn sich ihre Zahl in peinlichem Maße vermehrt. Unsere Kontrolle und Korrektur werden notwendig herausgefordert, wenn die

Freude Halbstarker am Klamauk zur lärmenden Ungeniertheit oder gar zu Massenkrawallen führt. Wer sich für das Schicksal der heranwachsenden Generation verantwortlich fühlt, darf auch nicht müßig zusehen, wenn junge Menschen Zerstreuung statt Sammlung suchen, Erregung mehr schätzen als Besinnung, und wenn sie überhaupt Unrast und Hemmungslosigkeit als ihre Lebenselemente betrachten. Tadel und Moralpauken nützen dabei wenig; mehr Erziehungserfolg verspricht die Eingliederung in eine disziplinierte Jugendgruppe, die an eine Gruppenmoral und an eine verantwortliche Rolle bindet.«[53] Kein Medium vermag wie der Sport der Disziplinlosigkeit zu Leibe zu rücken. Denn: »Der Sport verlangt in einer Welt, deren haltungsmäßige Leitbilder, das des Gammlers, einer einmaligen leiblichen Vernachlässigung, einer Verachtung jeglicher Zucht und Form gefährlich zunehmen, nach einer disziplinierten sauberen Haltung.«[54] Wer trotz weitgehender Anpassung an die sportlichen Rituale noch Charakterstrukturen aufweist, die das konforme Treiben stören, muß ausgegrenzt werden. »Jeder Lehrer, dem es aufgegeben ist, junge Menschen zu betreuen und sich über den besten Weg einer Leistungssteigerung den Kopf zu zerbrechen, sollte daher stets darauf bedacht sein, leistungsstarke, aber sich charakterlich immer wieder als ungeeignet erweisende Athleten — selbst wenn die Idee des Leistungsstrebens noch so eindrucksvoll von ihnen verkörpert wird — aus unserer sportlichen Gemeinschaft zu entfernen.«[55]

Eine demokratische Gesellschaft muß jedem ihrer Mitglieder die optimale individuelle Entfaltung garantieren, jeder muß die Möglichkeit haben, seine individuellen Bedürfnisse zum Zuge zu bringen. Diese Chance der freien Entfaltung beinhaltet nicht zuletzt die legitime Freude am Genuß, den Anspruch auf unreglementierte Sinnlichkeit, das Recht auf Faulheit. Dem »Charakterbild des Sportlers« sind diese Dimensionen fremd, und zwar »durch seine ureigene Struktur, die ihren Brennpunkt in seiner hohen Vitalität hat. Leibliche Gesundheit, körperliche Funktionstüchtigkeit, Betriebsamkeit, Anstrengungsfreude, praktische Gewandtheit, Willensstoßkraft, Entschlußfähigkeit, Angriffslust und Leistungsfreude sind ihre Attribute.«[56] Der Sportler zeigt »Eigenschaften, die wir mit Willenskraft, Härte, Konzentration, Zähigkeit, Nervenstärke, Wagemut bezeichnen«.[57] Mündigkeit besteht für Horst Wetterling nicht in der Chance der autonomen Entfaltung der Persönlichkeit, sie ist für ihn gegeben, wenn ein Zögling gelernt hat, »das sachlich Notwendige zu tun, seine Lage zu meistern [...] Ganz gewiß ist es *nicht* die Bestimmung des Menschen, in subtilem Genuß der Fülle seiner Möglichkeiten inne zu werden, etwa seine Anlagen zu einem harmonischen Leistungsmaximum zu steigern, sein Gewissen zu einer geschlossenen Weltanschauung zu vereinen, sein Denken zur Klarheit zu führen, sich zu Haltung und Takt zu erziehen, seine ästhetische Urteilskraft zu schärfen, kurzum sozusagen an seinem eigenen Denkmal zu meißeln, damit er sich in der ›geprägten Form‹ vollende. Ihm ist vielmehr aufgetragen, das sachlich Notwendige zu tun, seine Lage zu meistern. Sobald er das kann, ist er mündig.«[58] Knapper formuliert dies der Leibeserzieher Schöning. Er fordert »den körperlichen Brauchwert, den jeder gesunde Mensch aus staatsbürgerlicher Verpflichtung aufbringen sollte«.[59] Der Jugendliche hat sich mit Hilfe des Sports der Autorität der herrschenden Verhältnisse zu unterwerfen, der Sport hat ihm das Funktionieren beizubringen. »Jeder, der mittut, wird durch unser Spiel erzogen, ob er will oder nicht. Der junge Mensch kommt hier, ohne moralisches Gerede, durch das lebendige Erfahren und Üben jenen Eigenschaften näher, die das soziale Verhalten einer Persönlichkeit im Leben kennzeichnen. Der junge Mensch lernt durch das Fußballspiel, wenn es unter sachkundiger Leitung gepflegt wird, am eigenen Leibe, was es heißt, ein selbständiges und dienendes Glied einer Gemeinschaft zu sein. Wir glauben, daß der, welcher sich hundert- und tausendmal im Spiel bewährt, sich auch im späteren Leben bewähren wird.«[60]

Die kapitalistische Produktionsweise sabotiert die Abschaffung überflüssiger Arbeit. Sie verlangt von den Lohnabhängigen Leistungen, die bei rationalem Einsatz der Produktivkräfte überflüssig wären. Der Terror des kapitalistischen Prinzips, der permanenten Leistungskonkurrenz zwischen atomisierten Individuen kurbelte unterm Konkurrenzkapitalismus die notwendige Entwicklung der Produktivkräfte an; unterm organisierten Kapitalismus, wo mit der Chance der Automation der industriellen Produktion die weitgehende Abschaffung entfremdeter Arbeit zur realen Utopie wird, verliert ein verabsolutiertes Leistungsprinzip jede Vernunft. Um so verbissener halten die Leibeserzieher an ihm fest. »Die Ausbildung des Leistungsstrebens bei Jugendlichen wird zum entscheidenden pädagogischen Problem, von dessen Lösung die Aufrechterhaltung und Weiterentwicklung unserer Kultur und Zivilisation abhängen. Ich glaube, daß zum Aufbau einer starken Leistungsmotivation der Sport, sofern er als Leistungssport betrieben wird, ein wirksames und notwendiges Mittel ist.«[61] Im Sport soll ein verabsolutiertes Leistungsprinzip seinen reinsten Ausdruck finden. »Die Leistung, auf welcher Ebene auch immer, ist die Triebkraft des Sports. Sie gibt jeder Übung ihren Rang, ihren Sinn und ihre Befriedigung. Auch der Wille zum Erfolg gehört zum sportlichen Spiel. Man setzt ihn voraus, wenn man sich miteinander mißt oder auch nur allein eine Leistungsgrenze anstrebt, die zu erreichen oder nicht zu erreichen wichtige Erkenntnisse vermittelt. Alles, was den Sport erstrebenswert und empfehlenswert macht, liegt in diesen einfachen Bedingungen beschlossen.«[62] Die Erziehung des Leibes zum vom Eros geleiteten Spiel ist undenkbar, Leibeserziehung hat das Leisten einzubläuen. »Eine Leibeserziehung ohne Leistungsforderung trägt diesen Namen zu Unrecht, Leisten, und zwar angemessenes Leisten, ist eine conditio sine qua non der Leibeserziehung.«[63] Um kapitalistische Leistungs- und Konkurrenzprinzipien sakrosankt zu machen, werden sie, bzw. ihre sportliche Variante, zur anthropologischen Konstante hochstilisiert. »Der Wetteifer entspringt einer urgründigen Strebenslage des Menschen nach Selbstbehauptung und Selbstbestätigung. In den Leibesübungen findet er im Wettkampf seine typische Ausprägung. Er hat also die Disposition zum Leisten und (Wett-)Kämpfen.«[64]

AUFERSTEHUNG DES LEIBES

Die Unterdrückung der Sexualität führt, wie Reich, Adorno und andere nachgewiesen haben, dazu, daß der Widerstand gegen Unterdrückung und Ausbeutung gebrochen wird, daß das Bewußtsein mit ideologischen Verzerrungen aufgeladen werden kann, daß die Menschen bereit sind, ihren objektiven Interessen und realen Bedürfnisdispositionen zuwiderzuhandeln. Untersucht man die Pädagogik der Leibeserziehung im Hinblick auf Äußerungen zum Verhältnis von Sport und Sexualität, so springt eine Lustfeindschaft ins Auge, die denjenigen eigen ist, die zu den erbittertsten Apologeten undemokratischer Verhältnisse zu rechnen sind.

Horst Wetterling formuliert: »Der Sport kann der Erziehung helfen, die Einheit des menschlichen Wesens zu wahren. Und dies ist doch wohl angesichts der pausenlosen Glorifizierung z. B. des sexuellen Genusses dringend nötig, jener Glorifizierung, die jedes Verständnis dafür vermissen läßt, daß der Mensch sich in gefühlsdurchtönten Begegnung zu bergen sucht und in der sinnlichen Erregung allein keine Zuflucht findet.«[65] Ähnlich Herman Nohl: »Mut, Ausdauer, Energie, Geschlossenheit und Festigkeit drücken das gehobene Bewußtsein aus, das aus der bloßen Beschaffenheit des Willens entspringt und den sinnlichen Triebgefühlen überlegen ist. Hier ist also ein selbständiger Einsatz des höheren Lebens, und wir haben in ihm ein Mittel, unser Triebleben zu beherrschen.«[66] Noch deutlicher wird Heinrich Dietz: »Der Gestalt- und Freiheitsverlust im sexuellen Treiben und in der Zügellosigkeit des reinen Genußlebens findet eine imposante Kontrasterfahrung im kultivierten Sport. Zwar hat auch der Sport seine Erlebnisse aus Trieb- und Drangzonen, aber er überwindet diese passiven Wellen im jugendlichen Alter meist durch elementare Gegenerfahrungen.«

Und: »Der erste Gewinn für die Selbstverwirklichung im gut kultivierten Spielfeld und auf der zur Askese einladenden Aschenbahn ist eklatant: die Befreiung von bedrängenden Sexualphantasmen.«[67] Die im Dienste der Herrschaft veranstaltete Unterdrückung der Sinnlichkeit erscheint als List einer weisen Natur: »Das leidenschaftliche Interesse am Sportlichen ist ein Trick der Natur, den Heranwachsenden nach der Geschlechtsreife in einem Zustand zu halten, der die Körperkräfte zugleich schont und sie vor zu früher geschlechtlicher Anwendung bewahrt und sie dabei zur Vollreife stählt.«[68]

Verbunden mit der Genugtuung darüber, daß die Leibeserziehung die verpönten sexuellen Regungen zu bändigen imstande sei, ist die Glorifizierung der Askese. Zucht, Sitte und Diszipliniertheit erscheinen als oberste Tugenden des aufrechten Athleten. »Ohne die Einhaltung gewisser verpflichtender Normen, zu denen nicht nur geschriebene Regeln, sondern auch ungeschriebene Gebote ethisch-moralischer Art gehören, hebt er (der Sport — G. V.) sich auf. Seinen sinnfälligsten Ausdruck findet der ethische Gehalt des Sports in einer zuchtvollen Lebensweise, der sich gerade sein repräsentativster Vertreter, der Wettkämpfer, am willigsten unterzieht. Wenn sich z. B. die Ruderer zu Beginn eines Trainingsabschnittes in feierlicher Form verpflichten, auf die Stimulantien des Lebensgefühls (Alkohol, Nikotin und Geschlechtsgenuß) zu verzichten, so äußert sich darin ein asketischer Zug, der nur noch auf religiösem Gebiet eine Parallele findet.«[69] Eduard Spranger in seinem noch heute ehrfurchtsvoll von Sportpädagogen zitierten Aufsatz ›Die Persönlichkeit des Turnlehrers‹: »Durchgeistigte Körperkultur ist sittliche Propädeutik; denn zur höchsten Sittlichkeit gehört Kraft, nicht nur Einsicht; es gehört dazu die Disziplin des Willens, die Selbstüberwindung, die Zügelung der Triebe, Mäßigung, Askese. Dies alles zusammengefaßt zu einer ewigen Wahrheit könnte man nennen: das ewige Spartanertum, ohne das es in dieser Welt nun einmal nicht geht.«[70]

Die Unterdrückung der Sexualität konkretisiert sich in rigiden Geschlechterrollentrennungen, die bestimmte Äußerungen der Sinnlichkeit, die dem anderen Geschlecht zugerechnet werden, tabuisieren. »Dies Üben selbst soll im allgemeinen nach Geschlechtern getrennt sein, nicht aus Angst oder Muckertum, sondern damit sich in der getrennten Übung das Männliche auf der einen Seite und das Weibliche auf der anderen Seite voll entwickelt. Die Kompaßnadel darf hier nicht vom anderen Pol gelenkt werden.«[71] Das Bemühen der männlichen Jugendlichen muß darauf zielen, ein betont expressives, sensibles Verhalten zu vermeiden; die Äußerung von Gefühlen wird als Mangel an Männlichkeit interpretiert, welche angeblich vor allem gebietet, beherrscht zu sein. Der prominente Fußballehrer Dettmar Cramer: »Von Jack London stammt das Wort, ›daß ein Mann niemals, nirgends und für nichts auf der Welt das Recht hat, etwas weniger als ein Mann zu sein‹. Auf den Fußballjungen, den Sportsmann übertragen heißt das, daß er jederzeit, überall und gegen alle Anfechtungen der Umwelt fair, ritterlich und beherrscht sein muß. ›Beherrschen‹ kommt von Herr· und ist Herrensache. ›Befrauen‹ gibt es in der deutschen Sprache nicht.«[72] Eine Robustheit, die verlangt, mit sich selbst und anderen nicht zu zimperlich zu sein, soll den Mann kennzeichnen. »Ein guter Fußballspieler und ein im Leben erfolgreicher Mann wird, wer sich lachenden Gesichts plagen kann und um des Zieles willen Schmerz und Gefahr gern in Kauf nimmt.«[73] »Weiche Sinnlichkeit«[74] kann nicht geduldet werden. Die zwanghafte Verdrängung homosexueller Persönlichkeitsanteile soll eine Männerrolle stabilisieren helfen, die durch die Ablehnung von allem geprägt ist, was virtuell ans Weibliche erinnert. »Lange Haare bei Männern sind nicht Zeichen von Männlichkeit, sehen nicht schön aus und behindern beim Sport die Sicht.«[75]

Den subversiven Elementen der »bösen Triebe« stellt der Sport »eine elementare, dem volkstümlichen Empfinden selbstverständliche, einfache Sittlichkeit«[76] entgegen. Das ›volkstümliche Empfinden‹ ist in der bürgerlichen Klassengesellschaft vom Realitätsprinzip einer wildgewordenen kapitalistischen Ökonomie geprägt. Seine Anforderungen sind mit denjenigen der etablierten Pädagogik der Leibeserziehung identisch: Maßhalten, Maulhalten, Durchhalten, frisch, fromm, fröhlich — unfrei.

Anmerkungen

Vergleiche zu diesem Kapitel: Böhme u.a., Sport im Spätkapitalismus, Frankfurt 1971. Rigauer, Sport und Arbeit, Frankfurt 1969. Adam, Leibeserziehung als Ideologie. In: *Das Argument* 40, 1966. Vinnai, Fußballsport als Ideologie, Frankfurt 1970.

1 *Die Leibeserziehung*. Offizielles Organ des Bundes deutscher Leibeserzieher an den deutschen Universitäten und des Arbeitskreises Pädagogischer Hochschulen, Gruppe Leibeserziehung, 1961, S. 70 (Zitat: Hans Eberhard Bock)

2 Die spärlichen Neuansätze einer emanzipatorischen Leibeserziehung fallen bisher so wenig ins Gewicht, daß sie im Rahmen dieses Textes vernachlässigt werden können.

3 Gerhard Rudolph. In: *Die Leibeserziehung*, 1961, S. 5

4 Lexikon des Sports, hrsg. v. Alfred Oehmig, Freiburg 1956, S. 63

5 Guido von Mengden. In: *Olympisches Feuer*, H. 1, 1971, S. 8

6 Otto Neumann: Der Beitrag der Leibeserziehung zum Aufbau der Person. In: Sport und Leibeserziehung, hrsg. v. Helmuth Plessner u. a., München 1967, S. 202 ff

7 Philip Lersch: Sport als Aufgabe unserer Zeit. In: Leibeserziehung in der modernen Gesellschaft, hrsg. v. E. Klöhn, Weinheim 1961, S. 51.

8 Horst Wetterling: Der Beitrag des Sports zur Erziehung. In: Das große Spiel, hrsg. v. Uwe Schultz, Frankfurt 1965, S. 62

9 Lexikon des Sports, a.a.O., S. 198

10 Carl Diem: Spätlese am Rhein, Frankfurt 1957, S. 13

11 A. Spieß: Kleine Schriften, Hof 1871, Teil II, S. VIII

12 Carl Diem: Wesen und Lehre des Sports und der Leibeserziehung, 2. Aufl., Berlin/Frankfurt 1960, S. 226

13 Otto Neumann, a.a.O., S. 212
14 Heinrich Dietz: Sexus, Sport und geistiger Elan, Neuwied 1968, S. VIII
15 Hans Netzer. In: *Die Leibesübungen*, H. 3, 1969, S. 21
16 Ebd., S. 21
17 Ebd.
18 Oskar Hammelsbeck: Die Bedeutung von Sport und Spiel für die moderne Gesellschaft. In: Sport und Kirche, Tagungsbericht Bad Boll, 1965
19 H. Wetterling, a.a.O., S. 62
20 Wilhelm Kregel, Präsident des deutschen Sportbundes. In: Betr.: Sportförderung des Bundes, Öffentlichkeitsarbeit des Bundesinnenministerumns.
21 Schöning: Körperkultur, 1957, S. 10, zit. nach Adam, a.a.O., S. 405
22 H. Brüggemann: Jahn in der Gegenwart. In: Jahrbuch der Turnkunst 1964, Frankfurt 1965, S. 17 (Zitat von F. L. Jahn)
23 Adolf Hitler: Mein Kampf, München 1943, S. 452
24 Ebd.
25 Willi Daume: Sport und Gesellschaft. In: *Leibesübungen*, H. 7, 1970, S. 12
26 Wetterling, a.a.O., S. 26
27 Paul Mikat: Moderner Sport im Dienste der Menschenbildung, Charta des deutschen Sports, Frankfurt 1968, S. 27
28 Karin Helge Kemter: Betriebssport — Freiwillige Sozialleistung der Unternehmer oder gewinnbringende Investition? In: *Die Leibeserziehung*, H. 2, 1970, S. 46 f
29 Heinrich Heise: Biologische Lebensführung. In: Sport und Leibeserziehung, a.a.O., S. 238 f
30 G. Schlegel, Berliner Sportfunktionär. In: *Der Tagesspiegel*, 20. 10. 70, zit. nach: Sport im Spätkapitalismus, a.a.O., S. 122
31 Joachim Emmerich, Sportverbände rufen um Hilfe. In: *Der Abend*, 20. 10. 1970, zit. nach: Sport im Spätkapitalismus, a.a.O., S. 44
32 Rudolf Hagelstange. In: *Die Leibeserziehung*, H. 6, 1966, S. 184
33 Friedrich Eppensteiner: Der Sport, München/Basel 1966, S. 93
34 G. Rudolf. In: *Die Leibeserziehung*, 1961, S. 34
35 Ebd., S. 5
36 Inge Heuser: Der besondere pädagogische Beitrag der Leibesübungen für die Jugenderziehung, Referat auf dem Kongreß des deutschen Turnerbundes, 1959, zit. nach Adam, a.a.O., S. 402
37 Heinz Nattkämpfer. In: *Die Leibeserziehung*, 1961, S. 118
37a Ebd.
38 H. Heise, a.a.O., S. 234
39 F. Fetz: Allgemeine Methodik der Leibeserziehung, Frankfurt/Wien 1965, S. 133
40 O. Neumann, a.a.O., S. 214
41 F. Fetz, a.a.O., S. 8
42 Der Verein, hrsg. v. Hamburger Turnerschaft, Schorndorf 1967, S. 11
43 H. Heise, a.a.O., S. 234
44 Eppensteiner, a.a.O., S. 75 u. 77
45 Ebd., S. 75
46 Ebd , S. 87
47 Erich Fromm: Autorität und Familie, Sozialpsychologischer Teil, Paris 1936, S. 110
48 Carl Diem: Wesen und Lehre des Sports, a.a.O., S. 39 f
49 O. Neumann, a.a.O., S. 213
50 H. Meusel. In: *Die Leibeserziehung*, 1966, S. 255
51 Horst-Dieter Kreidler. In: *Die Leibeserziehung*, H. 10, 1969, S. 338
52 Schöning, a.a.O., S. 9
53 Karl Mierke: Vom Leistungseros zum Leistungsethos der heranwachsenden Generation. Die Leistung, a.a.O., S. 25
54 *Der Fußballtrainer*, H. 7, 1969, S. 28
55 Berno Wischmann: Über die Werte sportlichen Hochleistungsstrebens, Kongreßbericht. Die Leistung, Schorndorf 1964, S. 222
56 Otto Neumann: Sport und Persönlichkeit, München 1957, S. 198 f
57 B. Wischmann, a.a.O., S. 218
58 Wetterling, a.a.O., S. 62
59 Schöning, a.a.O., S. 32 f
60 W. Busch: Neigungsgruppen, Kampf und Mannschaftsspiele, Frankfurt 1969, S. 11
61 Karl Adam. In: *Die Leibeserziehung*, H. 1, 1967, S. 4
62 Walter Umminger. In: *Olympisches Feuer*, H. 4, 1971, S. 8
63 Christian Lüpke. In: *Die Leibeserziehung*, H. 11, 1967, S. 373
64 Josef Schmitz: Didaktik der Leibeserziehung. In: Sport und Leibeserziehung, a.a.O., S. 198
65 Horst Wetterling, a.a.O., S. 62

66 Herman Nohl: Die geistige Bedeutung der Leibesübungen. In: Leibesübung und Sport in der modernen Gesellschaft, a.a.O., S. 73 f
67 Dietz, a.a.O., S. 208
68 Carl Diem: Sport und ganzmenschliche Erziehung. In: Leibeserziehung und Sport in der modernen Gesellschaft, a.a.O., S. 84
69 Neumann, a.a.O., S. 212
70 Eduard Spranger: Die Persönlichkeit des Turnlehrers. In: Leibeserziehung und Sport . . ., a.a.O., S. 100
71 Carl Diem: Wesen und Lehre des Sports, a.a.O., S. 226
72 Dettmar Cramer: Fußballtrainer, Westdeutscher Fußballverband 1954, S. 18
73 Ebd.
74 Franz Enz: Sport im Aufgabenfeld der Kirche, München 1970, S. 115
75 Lexikon des Sports, a.a.O., S. 63
76 Neumann, a.a.O., S. 212

Johannes Gehrmann

Der bundesdeutsche Sport und seine Führer

Der Sport in der Bundesrepublik[1] wird von den bundesdeutschen Sportführern durch Vokabeln wie ›frei‹, ›unabhängig‹ oder ›klassenlos‹ gekennzeichnet. Sie behaupten, daß der Sport ein eigenständiger gesellschaftlicher Bereich sei, zum Nutzen der Menschen, in deutlicher Abgrenzung des von ihm gesonderten politischen und wirtschaftlichen Raumes. Für sie scheint der Sport wirklich den politischen Niederungen entrückt zu sein, in die er nicht gezogen werden darf. Ein Blick auf die Geschichte von Turnen und Sport in Deutschland sowie auf die deutschen Sportführer, die diese Behauptungen immer wieder aufstellen, macht den Hintergrund deutlich, vor dem der Sport und seine Führer gesehen werden müssen.

Die Geschichte der bürgerlichen deutschen Turn- und Sportbewegung ist unmittelbar abhängig von der politischen Entwicklung Deutschlands. Die sich seit Jahns Tagen stetig vergrößernde Anhängerschaft des Turnens traf sich in den Turnvereinen der ersten Hälfte des 19. Jahrhunderts — unter den argwöhnischen Augen der einzelnen deutschen Landesregierungen. Dieser Argwohn war durchaus berechtigt, da ein Teil der radikaldemokratischen kleinbürgerlichen Ideen in die Turnbewegung einging. So stand beispielsweise die auch von Turnern vertretene Forderung nach einem einigen, republikanischen Deutschland in scharfem Gegensatz zu der damals bestehenden Form der von Fürsten regierten deutschen Kleinstaaten, die nur lose im Deutschen Bund zusammengefaßt waren. Ihren Höhepunkt fand diese demokratische Bewegung in der Revolution von 1848/49. Die Turnvereine stellten einen erheblichen Anteil der an den revolutionären Kämpfen beteiligten Bürger. Das Umschwenken des Bürgertums auf die Seite der Reaktion, dem sich weite Kreise des Kleinbürgertums anschlossen, ließ jedoch die Revolution scheitern. Von dieser Entwicklung wurden auch die Turner erfaßt.

Nach der mißlungenen Revolution bekamen die Turnvereine den Druck der Reaktion zu spüren. Viele Vereine wurden aufgelöst, den weiterbestehenden wurde ein striktes Verbot jeglicher politischen Betätigung auferlegt, wobei der Begriff ›politisch‹ von den Polizeibehörden sehr weit gefaßt wurde. Alle über den Verein hinausreichenden Aktivitäten und Verbindungen blieben untersagt. Erst 1868, verhältnismäßig spät, wurde die ›Deutsche Turnerschaft‹ gegründet, womit sich der alte Wunsch nach einer vereinigten deutschen Turnbewegung verwirklichte. In den der 48iger Revolution folgenden Jahrzehnten paßte sich die Turnbewegung der politischen Entwicklung des Kleinbürgertums an: An die Stelle der radikaldemokratischen Forderungen traten vaterländisch-nationalistische Phrasen; die ehemals auf Emanzipation drängende Masse der Turner wurde politisch inaktiv und ließ sich von einer kleinen Vereinsspitze, die überwiegend aus Vertretern des Bürgertums (Fabrikanten, Kaufleute, Beamte usw.) bestand, führen.

Die großbürgerlichen Kreise hatten sich anfangs nicht der bestehenden Bewegung angeschlossen, sondern nach englischem Vorbild eigene exklusive Sportvereine gegründet. Bevorzugte Sportarten waren u. a. Rudern, Segeln, Reiten, Tennis. So entstand neben der Turn- eine Sportbewegung, die sich aber bald auch auf die unteren Schichten ausdehnte. Die unterschiedliche soziale Zusammensetzung der Turn- und Sportvereine und die rasche Entwicklung der Sportbewegung mit ihren von der traditionellen Turnbewegung abweichenden Inhalten führte zu erheblichen Spannungen zwischen Turnern und Sportlern. Besonders die eng mit den Altdeutschen und der Nationalliberalen Partei verbundene Deutsche Turnerschaft vertrat lange Zeit eine kompromißlos ›vaterländische‹, chauvinistische Sportpolitik, die jeden internationalen Kontakt ablehnte, während große Teile der Sportbewegung für stärkere internationale Sportverbindungen eintraten.

Die Frage der Beteiligung Deutschlands an den von Coubertin ins Leben gerufenen Olympischen Spielen brachte diesen Unterschied deutlich ans Licht. Die Leitung der Deutschen Turnerschaft und des mit ihr eng verbundenen Deutschen Bundes für Sport, Spiel und Turnen, der die ›deutsche Spielbewegung‹ vertrat, wandte sich hartnäckig mit nationalistischen Parolen gegen die internationalen Olympischen Spiele. Als nationales Gegenstück wurden Vaterländische Kampfspiele entworfen.

Es ist kein Zufall, daß gerade die dem Sport verbundenen großbürgerlichen Kreise für die Olympischen Spiele eintraten. Ihr Interesse am Sport und ihr Eintreten für internationale Wettkämpfe fiel zeitlich mit dem verstärkten Expansionsstreben der deutschen Wirtschaft zusammen, welches — für die industrialisierten Staaten Europas und die USA in dieser Epoche kennzeichnend — seinen Ausdruck in der Politik des Imperialismus fand.

Die Maßstäbe der Außenpolitik wurden auch auf den Sport übertragen; die Olympischen Spiele waren der ›Wettkampf der Nationen‹, bei dem eine Großmacht wie Deutschland nicht fehlen durfte. Willibald Gebhardt, Wissenschaftler und Gründer einer Anstalt für lichttherapeutische Behandlung, der Initiator der Beteiligung Deutschlands an den Olympischen Spielen, führte dieses Argument gegen die ihn bekämpfenden Turner zu Felde: »Das Komitee (Olympiakomitee — J. G.) aber darf sich damit beruhigen, daß es alles getan hat, was in seinen Kräften stand, um eine angemessene und würdige Beteiligung Deutschlands an den Olympischen Spielen herbeizuführen: wenn die Entscheidung der vorhergenannten drei Körperschaften (Deutsche Turnerschaft, Central-Ausschuß zur Beförderung der Jugend- und Volksspiele, Deutscher Bund für Sport, Spiel und Turnen — J. G.) eine ungünstige sein sollte, werden wir trotzdem wenigstens eine Achtungsvertretung nach Athen entsenden, und wenn Deutschland bei den Spielen nicht so vertreten sein sollte, wie es seiner Großmachtstellung entsprechend vertreten sein müßte, so wird man in Zukunft das nicht uns zur Last legen dürfen, sondern denen, die nicht die nötige Einsicht besaßen, um eine geschlossene, einheitliche und imponierende Vertretung Deutschlands herbeizuführen!«[2] Auch Carl Diem, Generalsekretär des Olympiakomitees, sah in der Zurschaustellung deutscher Stärke den Sinn der Teilnahme an den Olympischen Spielen von 1916: »Es gilt, in diesen Spielen ein Zeugnis deutscher Organisationskraft zu geben, [...] der herbeiströmenden Welt unser Vaterland in seiner Schönheit, in seiner industriellen, wirtschaftlichen und militärischen Macht zu zeigen; es gilt durch das Können unserer Turn- und Sportjugend im Turnen und im Sport den Beweis für die unbesiegbare Quelle unserer Rüstigkeit und Volkskraft zu führen; es gilt in erster Linie aber, diese internationalen Spiele mit deutschem Geiste zu erfüllen und sie unserer eigenen Entwicklung nutzbar zu machen.«[3]

Noch nationalistischer begründet der Großindustrielle Oscar Ruperti, der 2. Vorsitzende des Deutschen Ruder-Verbandes, die Forderung nach einer olympischen Teilnahme: »Wer jemals die Olympischen Spiele mitgemacht hat, weiß, daß es — von Kriegen abgesehen — kein besseres Mittel gibt, vaterländische Begeisterung zu entflammen, als diesen Wettkampf der Nationen, bei dem Sieg und Niederlage ganz anders in die Augen springen als beispielsweise im Wettkampf auf Weltausstellungen, Kongressen usw. Dazu kommt, daß die Olympischen Spiele bereits solche Bedeutung gewonnen haben, daß der Erfolg für das internationale Ansehen mitspricht. Wie ein tüchtiges deutsches Kriegsschiff Deutschlands Ansehen mehrt, so auch ein ehrenvolles Abschneiden bei den Olympischen Spielen.«[4]

Durch die Tatsache beeindruckt, daß die führenden politischen und wirtschaftlichen Kreise für die Olympischen Spiele eintraten, gab auch die Turnerschaft ihre ablehnende Haltung allmählich auf — einzelne Turner arbeiteten schon von Anfang an mit den Befürwortern der Olympischen Spiele zusammen. Ab 1907 war sie mit offiziellen Delegierten im Vorbereitungsgremium für die Olympischen Spiele, dem Deutschen Reichsausschuß für Olympische Spiele (DRA) vertreten, der u. a. die Aufgabe hatte, den deutschen Sport zu koordinieren. Starke Vorbehalte blieben jedoch noch Jahrzehnte bestehen.[5]

Neben führenden Vertretern der Wirtschaft und der feudalen Führungsschicht begann auch die Reichsregierung die Vorbereitung der deutschen Sportler finanziell zu unterstützen. Der Höhepunkt dieser Entwicklung war erreicht, als 1912 Berlin die Ausrichtung der Olympischen Spiele von 1916 zugesprochen wurde.

Die immer stärker werdende Neigung der führenden Schichten, von ihrer Distanz gegenüber der sich allgemein ausweitenden Sportbewegung abzurücken, hatte noch eine zweite Ursache. Mit der fortschreitenden Industrialisierung und der sich ständig vergrößernden Zahl der Lohnabhängigen entstand für die herrschende Klasse die Notwendigkeit, die Klassengegensätze zu neutralisieren und die abhängigen Massen an das System zu binden. Diesen Zielen sollte auch der Sport unterworfen werden. W. Gebhardt sah in dieser Aufgabe des Sports seine »soziale Bedeutung« des Sports: »Sport und Spiel wirken ausgleichend und versöhnend, sie führen die Angehörigen der verschiedenen Berufsklassen zusammen und überbrücken in gewissem Maße die großen Unterschiede, die unser gesellschaftliches Leben immer noch zeitigt.«[6]

Daneben sollte der Sport die Arbeitskraft erhalten und die Wehrkraft steigern — ein Argument, mit dem auch die Reichsregierung die Unterstützung der deutschen Olympiateilnehmer von 1912 rechtfertigte —, was O. Ruperti offen aussprach: Die Fortschritte im deutschen Sport »sind Deutschlands Segen. Deutschland braucht wehrfähige Männer, es braucht auch im Frieden gesunde Arbeitsmenschen und gerade und kräftige Charaktere«.[7]

Wie sehr der Sport Herrschaftsfunktion erhalten hatte, zeigt sich daran, daß die soziale Schichtung innerhalb der einzelnen Sportarten und -vereine bestehen blieb und die wichtigsten Positionen in lokalen und überregionalen Sportorganisationen mit Vertretern der herrschenden Klasse besetzt wurden. So standen dem DRA u. a. der Junker General von Asseburg, später der Großgrundbesitzer und Minister General von Podbielski vor, dann 1919 bis 1933 der Staatssekretär und Mitglied des Verwaltungsrates der Berliner Handelsgesellschaft, Theodor Lewald, der außerdem deutsches IOC-Mitglied war. Besonders die Mitglieder der olympischen Gremien waren Vertreter der Führungsschicht, wie etwa die folgenden deutschen IOC-Mitglieder: der schon 1895 berufene W. Gebhardt; in den zwanziger Jahren O. Ruperti; der ehemalige Gouverneur von Togo und Vorsitzende des Kolonialkriegerverbandes, Herzog Adolf Friedrich von Mecklenburg, und der Bankdirektor Karl Ritter von Halt.

Der Ausbruch des Ersten Weltkrieges wirkte sich nachhaltig auf die Turn- und Sportbewegung aus. Durch den Krieg bekamen besonders die Kräfte Auftrieb, die auch schon früher für eine massive Militarisierung von Turnen und Sport eingetreten waren. Der Sprachgebrauch wurde wie in anderen Bereichen so auch im Sport ›nationalisiert‹ und die internationalen Beziehungen abgebrochen. Symptomatisch für diesen Vorgang war die 1917 erfolgte Umbenennung des Deutschen Reichsausschusses für Olympische Spiele in Deutscher Reichsausschuß für Leibesübungen. Hinter dem Namenswechsel stand eine generelle Ablehnung internationaler Kontakte, wie es der Generalsekretär des DRA, C. Diem, auf der betreffenden Sitzung zum Ausdruck brachte, als er erklärte, daß »der Gedanke an internationale Spiele [. . .] für Deutschland tot« sei. Erst in der Weimarer Republik, Jahre nach dem Kriege, als sich die deutsche Wirtschaft gefestigt hatte, Deutschland wieder zu den führenden Industrienationen zählte und die internationalen Beziehungen weitgehend stabilisiert waren, löste sich der deutsche Sport aus seiner Isolierung, und die alten internationalen Sportbeziehungen wurden wiederaufgenommen.

Bezeichnend für die Sportpolitik der Weimarer Republik ist es, daß der Staat keinen direkten Einfluß auf die Sportorganisationen oder das Sportgeschehen nahm. Die führenden Sportgremien wie der DRA setzten sich weiterhin überwiegend aus Vertretern der Industrie, der Regierungsstellen und der Hochschulen zusammen. Daß sich der DRA als privates, aber amtlich anerkanntes ›Reichsamt für Leibesübungen‹ verstand, beweist seine Selbstdarstellung von 1933.[8] Die formale Trennung von Staat und Sport ging in dieser Zeit so weit, daß die dem DRA unterstellte deutsche Hochschule für Leibesübungen trotz erheblicher staatlicher Zuschüsse bis 1933 ein nichtstaatliches Institut blieb. Sowohl der DRA wie auch die deutsche Hochschule für Leibesübungen wurden zum größten Teil von der Wirtschaft finanziert. Die Finanzkraft des DRA war so stark, daß sein Kapital in Aktien angelegt werden konnte. Als Grund für diesen reichhaltigen Spendenfluß gibt C. Diem die notwendigen Anstrengungen für eine bessere wissenschaftliche Forschung und modernere Praxis an: »Vor allem durch diese Bildungsarbeit gewann der DRA ein sehr hohes Ansehen, so daß ihm sowohl vom Reichsministerium des Innern als auch noch mehr von der Industrie genügend Mittel zuflossen und er auch in seinem eigenen Geschäftsbetrieb sich solche erwarb.«[9]

Besonders die Olympischen Spiele — 1928 in Amsterdam, 1932 in Los Angeles, und in verstärktem Maße ab 1931, nachdem

Berlin und Garmisch-Partenkirchen die Ausrichtung der Spiele von 1936 erhalten hatten — reizten die Wirtschaft zu höheren finanziellen Investitionen. Der DRA-Vorsitzende Th. Lewald warb erfolgreich mit dem Hinweis auf die Bedeutung der Olympischen Spiele für die deutsche Wirtschaft. Die enge Verbindung von Staat, Wirtschaft und Sport durch personelle Überschneidungen kam der Durchsetzung von Zielen der führenden Wirtschaftskreise zugute.

Die nationalistische Tradition der bürgerlichen Sportbewegung begünstigte die politische Neigung nach rechts, wobei eine Reihe von Sportführern offen mit dem Nationalsozialismus sympathisierte. Besonders die deutsche Turnerschaft bietet genug Beweise, daß die nationalistische Ideologie nicht ohne Auswirkung auf die Turner blieb und wie nahe Chauvinismus und Nationalsozialismus beieinander liegen. So ist es nicht verwunderlich, daß sich 1933 die meisten Sportverbände widerstandslos in den faschistischen Staat einfügten. »Trotz aller Gegensätze zum deutschen Turnen hat auch der Sport nach dem Ersten Weltkrieg — bedingt durch das ›Fronterlebnis‹ seiner Führer — völkisch-nationale Züge angenommen, die sich in den dreißiger Jahren zusehends verstärkten. Die Idee der ›Deutschen Kampfspiele‹ gewinnt an Gewicht und konkurriert mit dem Olympischen Gedanken. Man widerspricht nicht mehr der Kritik am ›Liberalismus des Sports‹ [...] Mehrere Verbandsvorsitzende sympathisieren offen mit der NSDAP, insbesondere H. Geisow, Präsident des Schwimmverbandes. So kann es nicht überraschen, daß Repräsentanten des Sports 1933 die Auflösung des Deutschen Reichsausschusses für Leibesübungen (DRA) forcieren und das Schicksal des bewährten Dachverbandes dem Reichssportführer überlassen. Viele Quellen sprechen dafür, daß der Sport ebensowenig wie das Turnen von den Nationalsozialisten gewaltsam okkupiert zu werden brauchte.«[10] Der DRA wurde unter der tatkräftigen Mithilfe des Vorsitzenden der Turnerschaft, dem Direktor der Preußischen Hochschule für Leibesübungen, E. Neuendorff, des Vorsitzenden des Ruderverbandes, Regierungspräsident D. Pauli, und des Vorsitzenden des Fußballverbandes, Kriminalrat F. Linnemann, aufgelöst und in die nationalsozialistische Dachorganisation Deutscher Reichsbund für Leibesübungen (DRL) ab 1938 Nationalsozialistischer Reichsbund für Leibesübungen (NSRL), verwandelt. Die Mehrzahl der Sportfunktionäre arbeitete ohne erkennbaren Unterschied im DRL bzw. NSRL weiter; einige an exponierten Stellungen wie Guido von Mengden, u. a. Stabsleiter im NSRL, der als Hauptschriftleiter des NS-Sports die faschistische Propaganda im Sportbereich besorgte, Carl Diem, Organisator der Sommerspiele 1936 in Berlin, oder Karl Ritter von Halt, letzter Reichssportführer und Organisator der Winterspiele von 1936 in Garmisch-Partenkirchen. »Die Machtübernahme fand einen blühenden deutschen Sport vor. Wir können es an dieser Stelle ruhig aussprechen, auf die Gefahr hin, mißverstanden zu werden, von solchen, für die das Mißverstehen politischer Auftrag ist: Was auch an Abscheulichem im Nationalsozialismus geschehen ist — den deutschen Sport hat er pfleglich behandelt. Sosehr auch ihm die neue Marke angehängt wurde, in Wirklichkeit hat der Reichssportführer von Tschammer und Osten die alten Sportführer an ihrer Stelle belassen.«[11]

In der Nachbetrachtung sehen sich die Sportführer zu Unrecht der Beteiligung am NS-Regime verdächtigt. Sie weisen die Kritik zurück, indem sie den Spieß umdrehen und ihre Kritiker der böswilligen Unterstellung bezichtigen. C. Diem spricht der Olympiade 1936 die für das faschistische System so wichtige propagandistische Bedeutung ab, indem er die internationale Anerkennung zitiert, ohne auf die tatsächliche deutsche Politik der Jahre 1933 bis 1945 einzugehen:

»Sowohl in Garmisch wie auch in der Hauptstadt Berlin ging die Feier in vollendeter Harmonie vor sich. Erst nach dem Zusammenbruch fanden sich deutsche Kritiker und auch einige Ausländer, die das Fest als eine unerlaubte politische Propaganda gebrandmarkt haben. Man konnte das leicht widerlegen, denn es wurde ja nach den Spielen der offizielle Dank und die Anerkennung des Internationalen Olympischen Komitees ausgesprochen.«[12] Oder er zieht die feierliche Aufmachung der Spiele und die Ergriffenheit aller gegen die Kritik heran, ohne zu bemerken, daß gerade die Aufmachung und die daraus resultierende Ergriffenheit über die tatsächliche Unmenschlichkeit des deutschen Faschismus hinwegtäuschen halfen. »Wir haben uns vor zwölf Jahren, als wir selbst in Berlin Vorbereitungen und äußere Bedingungen für ein olympisches Fest zu schaffen hatten, redlich bemüht, das Feierliche, Festliche, Ewige des olympischen Gedankens Gestalt werden zu lassen, und dies ist uns auch trotz der erschwerenden Umstände jener Zeit glücklich gelungen, die alle anerkennen, die reinen Herzens sind [. . .] Es ist wirklich die Hauptsache des Organisators, dieses Geistige der Olympischen Spiele faßbar zu machen [. . .] Der künstlerische Rang, den wir den Bauten, dem Schmuck, allen Erscheinungen bis zur letzten Drucksache zu verleihen wußten, die einhellige olympische Begeisterung des ganzen deutschen Volkes, die auch alle Rassenhetze des Nationalsozialismus für diese Zeit völlig niederzwang, schuf die gewünschte Atmosphäre [. . .]«[13] Auch der Herzog von Mecklenburg weiß noch 1949 nur Gutes über diese Spiele zu sagen: »Der deutsche Sport hat die große Aufgabe der Vorbereitung der Olympischen Spiele des Jahres 1936 ordnungsgemäß gelöst, und mir ist bis zur Stunde kein Ereignis bekannt, das die herzliche Hingabe des deutschen Volkes an den olympischen Gedanken beeinträchtigt hätte.«[14]

Mit dem Argument, daß der Sport sich rein gehalten hätte und nicht von der nationalsozialistischen Ideologie beeinflußt worden sei, wird heute von den alten und neuen Sportführern jede Verantwortung am politischen Geschehen abgelehnt. »Menschen, die sich zum Zweck des Sporttreibens zusammenfinden, wollen eben dieses, und nichts anderes. So findet im praktischen Sportbetrieb jede Diktatur ihre unüberschreitbare Grenze, und so blieben auch unter der Oberfläche der diktierenden nationalsozialistischen Führung die ursprünglich menschlichen Beziehungen und der natürliche Geist bestehen.«[15]

Wenn im allgemeinen die deutschen Sportführer auch nicht ›Befehlsempfänger und Mitvollstrecker‹ gewesen sein mögen, was sie in einzelnen Fällen sicher waren, so ist die Rolle, die sie im faschistischen Staat spielten, nicht in subjektiven Dimensionen — wie Illusionen gegenüber einem totalitären Machtapparat oder ehrgeiziges Bestreben, die Weltgeltung des deutschen Sports zu wahren — zu erklären, wie es zum Beispiel H. Bernett versucht.[16] Es sind eben nicht »Kategorien des Sports politisch verfremdet« worden, sondern eine geschichtliche Entwicklung, an der der Sport als Teilbereich der Gesellschaft beteiligt war, hatte vorläufig ihren Abschluß gefunden. An dieser Entwicklung hatten auch die Sportführer als Repräsentanten dieser Gesellschaft ihren Anteil.

Der in den letzten Kriegsmonaten fast vollständig eingestellte Sportbetrieb wurde schon bald nach dem Zusammenbruch 1945 wiederaufgenommen. Der Neuaufbau der Sportorganisationen fiel um so leichter, als die bürgerlichen Vereine unter der Naziherrschaft verhältnismäßig unangetastet geblieben waren. Das Weiterbestehen der alten bürgerlichen Sportbewegung nach 1945[17], vielfach mit den gleichen Funktionären und den gleichen Ideologien, galt den Sportführern als unbedenklich, und sie führen diese Kontinuität in ihren geschichtlichen Rückblicken als positives Kennzeichen des bundesdeutschen Sports an: »Sport hat es jedoch mit Menschen zu tun. Sie wachsen, kommen zur Reife und Leistung in Zeiträumen, die von der Natur bestimmt werden. Es liegt deshalb auf der Hand, daß die Stunde Null zwar ein historisches Datum bleibt, der Wiederaufbau des deutschen Sports aber von einem noch vorhandenen Fundament aus erfolgt sein muß.«[18]

Als 1950 der Deutsche Sportbund als oberstes westdeutsches Sportgremium gegründet wurde, war die Sportbewegung weitgehend vereinheitlicht. Die in der Weimarer Republik noch getrennt nebeneinander arbeitenden Sportbünde hatten sich, wie die Reste der 1933 zerschlagenen sozialdemokratischen Arbeitersportbünde, der »freien« bürgerlichen Bewegung eingegliedert oder, wie die konfessionellen Verbände, mit ihr organisatorisch verbunden.

Die Restaurierung des bürgerlichen Sports ging parallel zur gesamten gesellschaftlichen Entwicklung in den Westzonen, später in der Bundesrepublik, vor sich. Der beschleunigte Wiederaufbau nach dem Zusammenbruch unter Beibehaltung der ökonomischen und sozialen Struktur der kapitalistischen Gesellschaft wirkte sich auch auf den Sport aus. In den Organisationen, in denen traditionsgemäß Vertreter des Bürgertums — aus der Wirtschaft und den führenden politischen Ämtern — die höchsten Funktionen ausgeübt hatten, besetzten oder behielten diese Vertreter die Führungspositionen. Das trifft in erster Linie auf die Spitzengremien zu, ebenso auf die Organisationen, die mittelbar als Geldgeber auf den Sport Einfluß haben: im Deutschen Sportbund der Unternehmer Willi Daume, der bis 1970 dem DSB vorstand und Präsident des NOK ist, dessen stellvertretender Vorsitzender, der nordrhein-westfälische Innenminister Willi Weyer; der Nachfolger Daumes, Oberlandesgerichtspräsident Wilhelm Kregel; die westdeutschen Vertreter im IOC, W. Daume und der Unternehmer Georg von Opel (gest. 1971), der außerdem bis 1969 Präsident der Deutschen Olympischen Gesellschaft, DOG, war; und — bis zu seinem Tode 1964 — das Vorstandsmitglied der Deutschen Bank, Ritter von Halt; schließlich für die Deutsche Sporthilfe der Versandhausbesitzer Josef Neckermann. In den einzelnen Fachverbänden, den regionalen Verbänden sowie den Vereinen zeigt sich ein ähnliches Bild: Der überwiegende Anteil der Vereinsvorsitzenden entstammt der Mittel- und Oberschicht.[19] Aber nicht nur in der Besetzung der höchsten Posten kommt zum Ausdruck, daß der Sport seine alte, die Klassengegensätze gleichzeitig verdeckende und reproduzierende Struktur beibehalten hat: Die soziologischen Untersuchungen, die sich mit der sozialen Schichtung im bundesrepublikanischen Sport beschäftigen, beweisen, daß sich die Klassenstruktur der Gesellschaft auch auf den Sport auswirkt. Nach diesen Untersuchungen sind noch heute wie zu Beginn der Sportbewegung die einzelnen Sportarten an bestimmte Schichten gebunden. »Allgemein zeigen sich in der Mitgliedschaft zu den verschiedenen Vereinssparten und Spezialvereinen so kennzeichnende Unterschiede, daß man eine deutlich abgegrenzte Schichtung der Sportsparten selber vornehmen kann. Die obere Sozialgruppe der Sportarten umfaßt (bei 15- bis 25jährigen Sportvereinsmitgliedern) Tennis, Hockey, Ski, Segeln, Basketball, Golf als solche Sportarten, die vornehmlich Angehörige der Oberschicht betreiben. Rudern, Tennis und Reiten werden außer von Mitgliedern der Oberschichten auch von solchen der oberen Mittelschicht vorgezogen. In diese ›gehobene Sozialgruppe‹ fallen auch noch Leichtathletik und Schwimmen. In der ›mittleren Gruppe‹ finden sich Kanu, Gymnastik, Tischtennis, Geräteturnen und Federball — Sportarten, deren sich die mittleren Mittelschichten besonders annehmen.

Handball, Fußball, Schwerathletik wurden in die ›volkstümliche Sozialgruppe‹ eingeordnet (untere Mittelschichten), während Boxen und Radfahren eine noch tiefere soziale Lagerung aufweisen.«[20] Weiterhin wird in den soziologischen Untersuchungen festgestellt, daß sich nicht alle Schichten gleichmäßig am Sport beteiligen. Am häufigsten sind die Mitglieder der Mittel- und Oberschicht unter den Sporttreibenden zu finden, während die Beteiligung der Arbeiter — eine Ausnahme bilden die mittelschichtorientierten Facharbeiter — verhältnismäßig gering ist. Es treiben also die Angehörigen der Schichten am meisten Sport, die sich am stärksten an die bürgerlichen Leistungsnormen der Gesellschaft anpassen: »Sehr gute Daten liegen bisher zu den Zusammenhängen zwischen Sport und sozialer Schicht vor. Da die am stärksten auf Leistung orientierte Schicht die obere Mittelschicht ist, stellt diese Schicht auch im Sport den relativ höchsten Anteil.«[21] Für viele Sportler aus der Mittelschicht ist der Sport eng mit ihrem Wunsch nach sozialem Aufstieg verbunden. Ihre soziale Mobilität — besonders bei den Leistungssportlern — ist überdurchschnittlich hoch. Dabei werden Normen, die die Arbeitswelt prägen, mit den im Sport gültigen Normen gleichgesetzt. »Mit der zentralen Stellung des Leistungssports und seiner engen Verflochtenheit mit anderen Institutionen, wie Politik und Wirtschaft, verbindet sich eine hohe Wertschätzung des Sports als Medium zur Einübung von Normen und Strategien, die von den Trägern der dominanten Kultur als einer allgemeinen Leistungsorientierung zugehörig eingestuft wurden. Diese dem Sport zugeschriebene Reinforcementwirkung ist zugleich auch Ausdruck der integrativen Stellung des Leistungssports in der Mittelschicht.«[22]

Diese integrative Funktion des Sports ist — heute wie früher — von zentralem Interesse für die Wirtschaft. Ebenso wichtig für die Wirtschaft ist die Möglichkeit, mit Hilfe des Sports die Reproduktion und Regeneration der Arbeitskraft wirksamer zu gestalten. Die Produktionsminderungen durch die ›Zivilisationsschäden‹ — körperlicher Verschleiß in der Produktion und damit zusammenhängend gesteigerte Frühinvalidität —, sollen durch ›Massensport‹ ausgeglichen werden. Die mit der Wirtschaft eng verbundene Deutsche Olympische Gesellschaft und in ihr besonders der ehemalige Geschäftsführer G. von Mengden — er ging später als Geschäftsführer zum Deutschen Sportbund — betonen diesen Aspekt immer wieder in den Diskussionen um den Goldenen Plan der DOG und in ihrer Zeitschrift *Olympisches Feuer*. »Mit den Folgen dieser Schäden (Zivilisationsschäden —

J. G.) muß sich die deutsche Wirtschaft wohl oder übel eines Tages ernsthaft befassen, denn der Mensch ist nun einmal Produktionsfaktor Nummer eins, und die Wirtschaft eines Volkes muß ja die Kosten für die entstandenen Zivilisationsschäden in Form von vermehrten Steuern oder Sozialabgaben tragen. Die Verhütung dieser Schäden wird, von allen Gesichtspunkten sozialer und humanitärer Art abgesehen, auf die Dauer billiger sein, als die Bezahlung ihrer Folgen.«[23]

Auch die günstige Auswirkung des Sports auf das Exportgeschäft ist heute noch ein beliebtes Argument, um das Interesse der Wirtschaft zu erhalten. »Die Beziehungen zwischen Sport und Wirtschaft sind nicht zu unterschätzen und erweisen sich gerade im Ausland von größerer Wirksamkeit, als mancher Wirtschaftler vielleicht wahrhaben will und mancher Sportler ahnt [...]«[24] Wie eng der Sport mit dem Wirtschaftsinteresse verknüpft ist, zeigt eine Dankadresse des Bankdirektors und Vorsitzenden der Arbeitsgemeinschaft Entwicklungsländer, des DOG- und NOK-Schatzmeisters H. Jannsen, an das IOC-Ehrenmitglied, den Herzog von Mecklenburg, zu dessen 80. Geburtstag: »Wenn heute die Vertreter der deutschen Wirtschaft in die ehemaligen Kolonien kommen, finden sie offene Herzen und Türen. Und wenn sie Exportaufträge mitbringen, so ist das immer noch die fortlebende Wirkung von Männern Ihrer Art.«[25] Dafür, daß die »fortlebende Wirkung« dieser Männer nicht abreißt, sorgt u. a. auch der Sport, wie W. Daume vor »Persönlichkeiten der deutschen Industrie- und Wirtschaftsverbände« ausführt: »Es ist eine vielleicht verwunderliche, aber wahre Tatsache, daß die Botschafter der Bundesrepublik aus den Entwicklungsländern immer dringlicher intensive sportliche Beziehungen mit diesen jungen Völkern fordern. Die Frage der Sportbeziehungen steht dem Rang nach unmittelbar hinter der Frage nach der Wirtschaftshilfe, so betrüblich es klingt, weit vor der Kultur.«[26]

Für diese Leistung des Sports werden über die Deutsche Olympische Gesellschaft und die Deutsche Sporthilfe Gelder zur Förderung des Spitzensports freigemacht. Die unterstützten Sportler werden dann wiederum an ihre Verpflichtungen ihren Förderern gegenüber erinnert: »Sie treten auch als Repräsentanten unserer Wirtschaft auf.«[27] Mehr noch als die Europameisterschaften, bei denen 1971 diese Worte gefallen sind, gelten die Olympischen Spiele als wirtschaftlicher Anreiz. In einer Wirtschaftsstudie wird vermutet, daß die Olympiade in München 1972 die »Konsolidierungs- und Stagnationsphase« von 1971 überwinden hilft.

»Spricht doch vieles dafür, daß die Erwartung eines guten Olympia-Geschäfts die Phantasie der Wirtschaft allgemein beflügeln und damit die zyklisch erst für den Herbst zu erwartende Aufschwungsperiode auf den Frühsommer vorziehen wird. Erster Nutznießer des Olympiafiebers werden mit Sicherheit die Bauwirtschaft sowie Handel, Gaststätten und das Verkehrsgewerbe sein, doch dürfte die in diesen Branchen einsetzende Belebung schon recht bald Optimismus auch auf die übrigen Bereiche der Wirtschaft ausstrahlen.«[28]

Die Tatsache, daß der Sport für die Wirtschaft ein lukratives Geschäft ist, verdreht C. Diem, indem er den Sport zur »Wirtschaftsmacht« werden läßt. »Der Sport ist eine Wirtschaftsmacht geworden, nicht nur in dem Sinne, wie es Lewald einst ausgeführt hat, durch seinen wirtschaftlich zu messenden Einfluß auf die Gesundheit und Leistungsfähigkeit, deren Gefährdung ja heute durch das Ansteigen der Krankheits- und Unfallkosten und die Vorverlegung der Invalidität zutage tritt und die im Sport ein billiges und zuverlässiges Heilmittel haben könnte. Der Sport hat seine eigene Industrie und Händlerschaft: der Einfuhr wertvoller Sportgeräte steht eine bedeutende Ausfuhr gegenüber.«[29] Seit dem Ende des Krieges hat der Sport seine Bedeutung als Produktionsanreiz für ganze Wirtschaftszweige gegenüber der Vorkriegszeit noch erheblich erweitert. »Die wirtschaftliche Bedeutung des Sports liegt aber in erster Linie in seiner Eigenschaft als nicht mehr wegzudenkender Arbeitgeber, welcher einerseits neue Wirtschaftszweige ins Leben gerufen hat und andererseits bestehende Organisationen und Branchen wesentlich beeinflußt.«[30] O. Model nennt als wirtschaftsträchtige Bereiche: Sportartikelindustrie und -handel, Sportanlagenbau und -unterhaltung, Sportveranstaltungen mit Einnahmen, Organisation usw. und die vom Sport betroffene Fremdenindustrie. Hinzu kommt der Einsatz des Sports als Werbeträger bei Sportveranstaltungen, mit Hilfe von Sportstars, bei öffentlich herausgestelltem ›Mäzenatentum‹ usw. Die für die Schweiz errechneten Zahlen, daß der ›sport-wirtschaftliche Jahresumsatz‹ 2,5 Prozent des Volkseinkommens darstellt und die Gesamtinvestitionen ca. 2 Prozent des Volksvermögens ausmachen (1952), nimmt Model für die Bundesrepublik als ebenfalls gültig an.[31]

Die bald nach dem Krieg in den führenden Wirtschaftskreisen wiedererwachte Erkenntnis, daß der Sport eine bedeutende volkswirtschaftliche und systemanpassende Rolle spielt, führte zu einem wachsenden Druck auf die politischen Stellen, mehr Geld für den Sport anzusetzen. Nachdem von staatlicher Seite noch in den fünfziger Jahren relativ wenig für den Sport ausgegeben wurde, änderte sich das seit den sechziger Jahren, z. T. unter dem Eindruck sportlicher Erfolge der DDR. Mit dem zunehmenden Geldfluß wurde von Regierungsseite ein stärkeres Mitbestimmungsrecht in sportlichen Angelegenheiten gefordert. »Finanzielles Engagement des Staates bedeutet auch fachliche

Mitverantwortung« (Benda als Innenminister). Als Grund für die Forderung nach Mitspracherecht gibt eine Informationsschrift des Bundesinnenministeriums an: »Der Bund besitzt [...] eine ungeschriebene Zuständigkeit für den Spitzensport, da dieser der gesamtgesellschaftlichen Repräsentation dient.«[32] Diesem Bestreben kommt die Tatsache zugute, daß sich auch im Sport die Übernahme von in der Wirtschaft üblichen Management-Techniken und eine stärkere Zentralisierung und Bürokratisierung beobachten läßt (Bau von zentralen Trainingsanlagen, hauptamtliche Trainer usw.), um den Hochleistungssport effektiver zu machen. Durch diese Entwicklung wird die Spitze mächtiger, bei der ohnehin schon ein Großteil der Entscheidungsgewalt liegt. Zwar leisten die Fachverbände noch Widerstand gegen den Trend zur strafferen Organisation, aber da die Zuwendung von Geldern aus staatlichen und wirtschaftlichen Quellen mit bestimmten Leistungserwartungen verbunden sind, ist zu vermuten, daß auch dieser Widerstand erlahmen wird.

Die Kontinuität im bürgerlichen Sport, die sich in der Geschichte der Sportbewegung durch Männer wie C. Diem manifestiert, tritt auch in der Sportideologie zutage. Sie ist geprägt durch die Funktionen, die der Sport im kapitalistischen Wirtschaftssystem hat. Ihre Aufgabe, die Integration in das bestehende gesellschaftliche System zu erreichen, ist stets die gleiche geblieben, ihre Terminologie hat sich kaum geändert.
Eines der ältesten Schlagworte der bürgerlichen Sportbewegung ist das vom unpolitischen Sport, das heute mehr und mehr durch das vom ›freien‹ oder ›neutralen‹ Sport ersetzt wird. Mit seiner Hilfe wird der Sportbereich als eigenständiger, dem gesellschaftlichen Zusammenhang entzogener Sektor dargestellt. »Der Sport, als dem Spiel zugehörig, ist nur solange Sport, wie er um seiner selbst getrieben wird, ohne jeden politischen oder wirtschaftlichen Zweck.«[33]
Ungeachtet der soziologischen Tatsache, daß sich auch im Sport die Klassengesellschaft widerspiegelt, wird die alte Ideologie aus den Anfängen des Liberalismus vertreten, derzufolge sich die Gesellschaft aus freien Individuen mit freiem Willen zusammensetzt. »In einer freien Gesellschaft bestimmt der einzelne die Rolle, die er spielen will und kann.«[34]
Als Gegenpol zum Staat und zu den staatlichen Institutionen beansprucht der Sport einen eigenen Raum. Diese Fiktion wird trotz der Interessenverquickung und der personellen Überschneidung von Sportspitzen und führenden Vertretern des Staates und der Wirtschaft aufrechterhalten. »Der Deutsche Sportbund als freie Gemeinschaft der deutschen Turn- und Sportverbände und -Institutionen hat die gemeinschaftlichen

Interessen der deutschen Turn- und Sportbewegung gegenüber Sport und Gemeinden in der Öffentlichkeit zu vertreten. Diese auf eigener, freiwilliger Initiative beruhende Aufgabenstellung ist ein wichtiger Dienst am Volke, verträgt jedoch nach unserer Gesellschaftsordnung keinen staatlichen Dirigismus.« (Aus einer DSB-Erklärung von 1964.)

Wie sich jeder »voller Freiheit« für den Sport entscheidet — dann allerdings »dem Gesetz des Sports« unterworfen ist, »das uns verpflichtet« (C. Diem) —, ist auch »Dienst am Verein« im Vorstandsamt freiwillig. »*Eines der wesentlichsten Momente seiner Ethik* (des Sports — J. G.) *wie aber auch seiner Leistungsfähigkeit ist die Freiheit, auf der er aufgebaut ist.* Jeder kann sich seinen Verein wählen, in dem er Sport treiben oder dem Sport dienen will. Im Verein entscheidet die Mehrheit der Mitglieder, die sich aus eigenem Willen zusammengefunden haben, und die Vereine wieder wählen ihre Verbandsspitze: *freiwillig der Beitritt, freiwillig die Verpflichtung zum Training, freiwillig der Dienst am Verein oder Verband in den Vorstandsämtern.* Wir vernichten viel von den ethischen Werten des Sports, wenn wir Kommando und Lenkung an die Stelle freiwilliger und damit kameradschaftlicher Zusammenarbeit setzen. Auch nur so können wir völlige Freiheit von politischen Einflüssen garantieren, nur so den Idealismus erhalten, der nur der Sache dient.«[35] Es ist die Freiheit der Herrschenden, die hier ideologisch verabsolutiert wird. »Demokratie ist schließlich das Wechselspiel zwischen den verschiedenen gesellschaftlichen Kräften, die allesamt einander brauchen. Und je mehr wir Bürger werden, die in Gesellschaft und Gesellung ihr Geschick selber leiten und ihren Staat bilden, um so demokratischer wird es zugehen. Sport im Dienst der Freiheit und Menschenwürde, darum geht es uns. Freie Menschen im freiwilligen sportlichen Spiel, das ist es, was wir wollen.«[36] Daß die herrschende Klasse als »kulturtragende Schicht« die gesellschaftliche Realität bestimmt, wird von W. Daume als ihre selbstverständliche Aufgabe angesehen. Sie »entwirft« die Ideologie, die in ihrem Interesse liegt. »Nur dann aber, wenn der olympische Gedanke als ein Kulturauftrag aufgefaßt wird, nur wenn auch von der kulturtragenden Schicht ein entsprechendes Vorbild des olympischen Ideals entworfen wird, können wir den latenten Gefahren der Zivilisation wirksam begegnen.«[37]

Indem die Interessen der Herrschenden aus ihrem gesellschaftlichen Bezug gelöst zu einem autonomen System erklärt und zum Allgemeininteresse stilisiert werden, kann der einzelne Bürger als unabhängiges, aus eigener Initiative handelndes Individuum dargestellt werden. Es ist die »freie Bürgerinitiative« einzelner, die sich für den Sport einsetzt, wie etwa die W. Daumes, wenn er sich um den Schulsport bemüht: »Das Anliegen, das ich hier namens meiner Freunde vorgetragen habe, ist nicht das Anliegen einer Interessengruppe. Keiner von uns ist an der schulischen Leibeserziehung wirtschaftlich, finanziell, parteipolitisch oder sonstwie egoistisch interessiert. Unser staatsbürgerliches Gewissen hat uns zu unserem Vorgehen veranlaßt.«[38]

Nachdem der Sport von dem Verdacht befreit ist, bestimmten Interessen zu dienen, kann ihm auch die Eigenschaft zugesprochen werden, er hebe die Klassengegensätze auf. »Gesellschaftliche Unterschiede haben mit Amateursport nichts zu tun. Ebensowenig rassische, finanzielle oder religiöse Unterscheidungen oder solche der Erfahrung, des Könnens oder der Geschicklichkeit. Ein Amateursportler kann reich oder arm sein, er kann ohne Bildung oder Doktor der Philosophie sein, er kann ein Anfänger sein oder eine jahrelange Erfahrung haben, er kann ein Meister oder ein Unveranlagter sein — aber er muß ein guter Sportsmann sein, ein anständiger Mensch [. . .]«[39]

Im Sportdreß sind alle gleich, es herrscht Demokratie, in der Sportphraseologie echte Kameradschaft genannt. »[. . .] nicht nur beim olympischen Feste, nein, in jeder Sportausübung führt die dabei unentbehrliche Zusammenarbeit innerhalb des Sympathiebereichs der geordneten Schulklasse, der Übungsgruppe, Mannschaft, des Vereins, Verbandes usw. nicht nur zu gemeinsamen Freuden, sondern auch zu gemeinsamen Pflichten, die kameradschaftlich verteilt werden. Hier ist die Urzelle echter staatsbürgerlicher Erziehung [. . .] Unübersehbar ist, was in der ganzen Welt des Sports an treuer, ehrenamtlicher Pflichterfüllung seit mehr als anderthalb Jahrhunderten geleistet wird. Sport ist Propädeutik der Demokratie.«[40]

Für den Begriff ›demokratisch‹ wird teilweise der Begriff ›klassenlos‹ verwandt. Beide Begriffe benutzen die Sportführer, um den Sport zu charakterisieren. Wird doch einmal vom Klassensystem im Sport gesprochen, von Minderheiten und Minderbegünstigten, so sind entweder Frauen, Alte, Kinder gemeint: »Dieser Sport für alle soll außerdem die Demokratisierung des Sports einleiten, die klassenlose Gesellschaft, von der soviel gesprochen wird, die aber viele Minderheiten und Minderbegünstigte bisher noch nicht erreicht hat.«[41] Oder es wird Bezug genommen auf den im Gegensatz zum Hochleistungssport wenig geförderten Massensport, wie bei G. von Mengden, wenn er sich gegen die im Sport angestrebte ›Perfektion‹ wendet: »Ich habe verschiedentlich schon gesagt, wir nähern uns allmählich einer von Klassen freieren Gesellschaft. Wir haben aber im Sport ein Klassensystem, das diesem allgemeinen Trend durchaus widerspricht.«[42]

Im Gegensatz und als Gegengewicht zum Sport als »freier Raum« (Daume), als »freie Tätigkeit« (Mengden) oder »zweckfreies Tun« (Diem) steht die undemokratisch-hierarchisch strukturierte Arbeitswelt, deren Zwänge als notwendig und unvermeidbar hingestellt werden. »Die Zwänge im Raum der Arbeitswelt werden immer unerträglicher. Sie verlangen gebieterisch die Erweiterung der Freiheitsräume dort, wo die Produktion nicht mehr die Bedingungen diktiert. Dort muß der Mensch um des Menschen willen die Freiheit wiedergewinnen, vor deren Verlust man ihn in der Arbeitswelt nicht bewahren kann [. . .] Während in der industriellen Produktion Konzentration und zentrale Lenkung von den Verhältnissen und der Entwicklung gefordert werden, ist in allen Bereichen, wo dieser Zwang nicht besteht, davon abzusehen [. . .] Aber im Sport kommt es viel weniger auf die letzte Effektivität an als darauf, einen Bereich menschlicher Freiheit, Individualität und sozialen Wohlbefindens zu erhalten.«[43]

Die von diesen Worten Angesprochenen, die in ihrer Freizeit Sport treiben, werden unter der Hand durch den Sport manipuliert und diszipliniert. Unter dem Vorwand des Dienstes an der ›Volksgesundheit‹ werden die Sporttreibenden zu Arbeitsfreude und Leistungsstreben im Sinne des Kapitals trainiert. Elite- und Leistungsvorstellungen, Phrasen vom Gemeinwohl und der Volkskraft kennzeichnen die Ideologie des Sports als die der kapitalistischen Gesellschaft. Die Worte der einzelnen Sportführer können fast beliebig untereinander ausgetauscht werden, denn ihre Sprache ist die gleiche. Die Austauschbarkeit ist keine Zufälligkeit. Es sind die Gehirne der ›Sportideologen‹, denen diese Sprache entspringt. Die wohl bedeutendsten unter ihnen sind Carl Diem und Guido von Mengden. Ihre Redewendungen und Argumente werden zum Teil wörtlich von den Sportführern wie Daume und von Opel, den Wirtschaftsverbänden und Politikern übernommen. Pars pro toto soll deshalb im folgenden auf Carl Diem und seine Bedeutung für das kapitalistische System ausführlicher eingegangen werden.

Seit dem Anfang des Jahrhunderts steht Carl Diem in einflußreicher Position im bürgerlichen Sport. Seine Bedeutung läßt sich aus einem Übermaß an Ehrungen ablesen: »Prof. Dr. Diem war in Deutschland Ehrenmitglied ungewöhnlich vieler Vereine und Verbände [. . .] Straßen, Schulen und Turnhallen tragen seinen Namen.« W. Daume charakterisiert ihn deshalb als die bedeutendste Persönlichkeit des deutschen Sports. »Die deutsche Turn- und Sportbewegung verehrt in Diem ihre schöpferischste und umfassendste Persönlichkeit der Gegenwart. Sie schuldet dem Manne, der so viel für sie getan hat, einen besonderen Dank.«[44]

Diem wurde 1882 als Sohn eines Kaufmanns geboren. Er besuchte das Gymnasium, studierte nach einer Kaufmannslehre und wurde Journalist. Seit seiner Schulzeit befaßte er sich neben dem aktiven Sport auch mit Vereins- und Verbandsarbeit. Seine anfänglich ehrenamtliche Tätigkeit verwandelte sich später in eine hauptamtliche. Von 1903 bis 1913 war Diem Schriftführer, später Vorsitzender der Deutschen Sportbehörde für Leichtathletik, von 1913 bis 1933 Generalsekretär des Deutschen Reichsausschusses für Olympische Spiele bzw. für Leibesübungen. In dieser Funktion trat er für eine verstärkte Förderung des Massensports, für den Bau von Spiel- und Sportplätzen ein, wofür er mehrfach Gesetzesentwürfe anfertigte. Mit der gleichen Intention war auf seine Anregung 1912 das Sportabzeichen eingeführt worden. 1931 wurde ihm als Generalsekretär der XI. Olympischen Spiele die Organisation der Sommerspiele in Berlin übertragen, nachdem er seit 1903 in olympischen Organisationsgremien mitgearbeitet und die deutsche Mannschaft oft zu Olympischen Spielen und auf Auslandsfahrten begleitet hatte. 1937 wurde er von seinem Posten als Generalsekretär des Olympia-Komitees abgelöst und leitete von diesem Jahr an bis 1945 das Internationale Olympische Institut. Seine Arbeit in nationalen und internationalen olympischen Gremien setzte er nach dem Kriege fort. Seine Hochschullaufbahn begann 1920 an der von ihm gegründeten Deutschen Hochschule für Leibesübungen, an der er bis 1933 Prorektor war. Nach einem kurzen Zwischenspiel am Institut für Körpererziehung der Berliner Universität ging er 1947 an die eben gegründete Sporthochschule Köln. Diese leitete er bis zu seinem Tode 1962. Öffentliche Ämter in der Bundesrepublik bekleidete Diem u. a. als Sportreferent bei der Bundesregierung und als Mitarbeiter an den Empfehlungen der Kultusministerkonferenz zur Förderung der Leibeserziehung in den Schulen.

Diem hat während seiner Tätigkeit in den verschiedenen Sportinstitutionen eine große Anzahl von Büchern und Aufsätzen veröffentlicht. Aus ihnen spricht eine konservative Weltanschauung, die von der irrationalistischen bürgerlichen Anthropologie der deutschen vorfaschistischen Epoche geprägt ist. Konservative Theoretiker wie Spranger, Spengler, nach dem Zweiten Weltkrieg Ortega y Gasset übten einen großen Einfluß auf Diems Theorie und Sprache aus, die sich trotz der politischen Entwicklung vom Kaiserreich bis zur Bundesrepublik kaum verändert haben.

Kennzeichnend für sein Menschenbild ist die Trennung von negativ besetztem Materiellem und positivem (immateriellem) Naturhaftem und Geistigem, die das Wesen des Menschen bestimmen sollen. »Wir sind selbst Natur und müssen unbefangen und unmittelbar sein wie jene.« Das Naturhafte im Menschen ist zeitlos, ewig und bricht sich, auch wenn es durch materielle Einflüsse in bestimmten geschichtlichen Epochen verdeckt wird, immer wieder urwüchsig Bahn.

An diese in uns waltenden Urgesetze kommen wir verstandesmäßig nicht ohne weiteres heran, obwohl es unser menschlicher Drang versucht. »Wir erfahren ihn (den Menschen — J. G.) als Naturwesen, eingebettet in die großen Gesetze, die wir ahnen können und die wir unseren menschlichen Anlagen und unseren Gaben zufolge aufzuhellen uns gedrängt fühlen.«[45]

Neben der Natur steht die »geistige Daseinsbestimmung«; sie erhebt den Menschen über das Tier. Die geistigen Kräfte existieren selbständig neben dem Naturhaften. Es sind Kräfte, »die zwar an den Körper gebunden sind, aber doch frei und eigengesetzlich in ihm walten«. Wenn auch die naturhaften und geistigen Kräfte zeitlos, selbständig und jedem Menschen vorgegeben sind, so bedeutet das nicht, daß alle Menschen gleich angelegt sind. »In allem Lebendigen sprechen die Naturgesetze [...] Wir müssen uns aber vor einer Überbewertung hüten und dürfen nicht vergessen, daß die Naturkräfte nur den grundlegenden Bestand der jeweils einmaligen Wesenheit, eben des Menschen, ausmachen.«[46] Jeder Mensch hat also eine »einmalige Wesenheit«, seine »Eigenart«, die sich aus den angeborenen Eigenschaften und der ebenfalls angeborenen Möglichkeit der Kraftentfaltung ableitet. »Eigenart hat zunächst jeder Mensch für sich. In unendlicher Mannigfaltigkeit bringt die Natur die Menschen hervor, jeden in seiner Art, und so wie sich die Zeichnung des Fingerabdrucks niemals wiederholt, wie kein Blatt dem anderen gleicht, so steht auch jeder Mensch als Selbstheit für sich. Es ist Menschenrecht, sich diese zu bewahren. Die Eigenart eines jeden Menschen quillt aus seinem angeborenen Urbestand an Eigenschaften. Diese besitzen selbst eigene Kraft der Entfaltung, sie sind jedoch ziellos. Das Maß ihrer Kraftäußerung wiederum ist der zweite angeborene Bestandteil ihrer Eigenart.«[47] Aus der Eigenart des Menschen bilden sich dann der Charakter und die Persönlichkeit.

Dank dieser Konstruktion gelingt es Diem, formal eine gewisse Gleichheit der Menschen zu behaupten, indem er auf das »Rein-Menschliche« zurückgreift, aber dennoch an den tatsächlichen Ungleichheiten unserer Gesellschaft festzuhalten und sie ideologisch zu rechtfertigen: Durch die den Menschen bestimmenden Naturgesetze werden die Anlagen verschieden verteilt. Nur wenige, die »Persönlichkeiten«, können sich über das Dasein und die übrigen Menschen herausheben. Diem versteht den Begriff von Persönlichkeit elitär; sie ist ein »Kraftbegriff« und muß sich ihrer Stärke bewußt sein. Zwar räumt Diem ein, daß auch die Umwelt die Persönlichkeit prägt, ihre wesentlichen Eigenschaften erhält sie aber aus sich selbst. »Den Ideenreichtum der Persönlichkeit bilden die aus dem Unterbewußtsein der Seele aufsteigenden Schöpfungen; schöpferisch sind Gedanken, die verwirklicht werden können, Gedanken, die neu sind, die aus eigener Quelle stammen. Ohne *Eigenprägung* und *Ursprünglichkeit* ist der Wertbegriff einer Persönlichkeit nicht erfüllt [...] Nur aus sich selbst geborene Gedanken haben tiefere geistige Wirkung auf andere.«[48] Da die Persönlichkeit als »die Summe der Wirkungen eines Menschen auf seine Mitmenschen« zu verstehen ist, diese Wirkungen aber über den Körper in Szene gesetzt werden, ist der Körper »ebenso *Grundlage wie Ausdruck unserer Persönlichkeit*«. An dieser Stelle leitet Diem zum Sport als Charakter- und Persönlichkeitsschule über. —

Der Mensch hat die Aufgabe, sich fortwährend zu vervollkommnen. Dazu ist er mit einem freien Willen »ausgestattet«, der der Sitz des Charakters ist. Die charakterliche Vervollkommnung ist nur durch die Tat, durch Handeln möglich. »Rücksichtnahme auf den Körperzustand anderer, Duldung der Meinung anderer, Ritterlichkeit im Sportkampf und beim Gedankenausgleich, Schutzbereitschaft für Schwache und Behinderte, Arbeit und Opferfreudigkeit für eine gute Sache, Gleichmut im Erfolg, Festigkeit im Handeln, Höflichkeit im Zorn; dies alles übt man durch *Handeln!*«[49] Für Diem ist Charakterbildung durch Handeln wichtiger als durch »Denken und Lernen«. »Ganz gewiß ist das Denken und Lernen nicht ohne Einfluß auf den Charakter, aber das Hauptprägemittel für diesen ist das Handeln [...]«[50] Die ganze Erziehung des Menschen sollte deshalb auf Handeln abgestellt sein. »Was uns fehlt ist eine Erziehung zum feurigen, blitzschnellen, zähen und gerechten Handeln.« Das gilt besonders für die Jugend. »Eine Erziehung durch Handeln statt durch Hören tut not: *Handeln ist dem Jugendlichen die wahre Welt.*«[51]

In unserer heutigen Zeit sieht Diem den Tatendrang durch die materiellen Einflüsse verschüttet.

Diem unterteilt die Menschen — anknüpfend an den Sport — in wenige Handelnde und die Masse, die zuschaut. »Das Gedankenspiel um den Sport bringt es mit sich, daß sich im allgemeinen Sportbetrieb zwei Welten berühren: die Menschen mit Tatendrang, die Träger der natürlichen Menschenwerte, und die Menschen mit dem Schaudrang, die Zaungäste der Natur, die vom Dasein fordern, daß es ihnen vorspielt, ohne wehe zu tun.«[52]

Die anlagebedingten menschlichen Unterschiede erstrecken sich auch auf die Geschlechter. Der Mann ist der aktive, kämpfende und handelnde »Wirklichkeitsmensch«, die Frau das passive, empfindende Wesen, das schlicht, rein, gemütvoll ist. »Den Mann treibt es aus seiner Mannesnatur heraus vor allem zum Kämpfen, Jagen, Meistern von Schwierigkeiten, Überwinden von Hindernissen. Die Frau neigt dagegen zum Tanzen und Schwingen [...]«[53] Da die Hauptaufgabe der Frau im Muttertum zu sehen ist, heißt es »für die Erfüllung des weiblichen Daseins [. . .] Reservekräfte anlegen«.

Im Rahmen der von der Natur vorbestimmten Anlagen kommt dem Sport für die Formung des menschlichen Wesens eine zentrale Bedeutung zu. Als »zweckfreies Tun, als im Gegensatz zur Arbeit«, das »um seiner selbst willen« betrieben wird, gehört der Sport in den Bereich des Spiels. »Indem sich der Mensch des Spiels bedient, steigt er in eine höhere Sphäre des Daseins auf [. . .] Im Sinne des Spiels liegt sein Freisein von dinglichen Zwecken. Ich spiele das Spiel um des Spiels halber, d. h. ich hebe mich mit diesem Beginnen über des Lebens Notdurft hinaus.«[54] Neben den animalischen Spieltrieb, der auch beim jugendlichen Tier zu finden ist, tritt beim Menschen der geistige. »Der mit freiem Willen ausgestattete Mensch hat die Aufgabe, das zunächst triebmäßig geübte Spiel sinnvoll zu bewahren und damit zugleich auch seinen *geistigen* Spieltrieb zu erfüllen.«[55]

Der Sport ist wie das Spiel »nicht Tagewerk, nicht Arbeit«, unterscheidet sich aber von ihm durch Ernsthaftigkeit und Regeln. »Sport ist demnach ein wertgehaltenes, ernstgenommenes, mit Hingabe betriebenes, genau geregeltes, vereinheitlichtes und verfeinertes, zu höchster Leistung strebendes Spiel.«[56] Regel (Norm) und Leistung stehen für Diem im Mittelpunkt seiner Sportideologie. Die Leistung zählt aber nicht so sehr als solche, wichtiger ist vielmehr das Streben nach ihr. Es soll durch den Sport zum menschlichen »Wesenszug« werden: »Sportliches Streben zur höchsten Leistung wird Wesenszug und Lebensstil des Lernenden und überträgt sich auch auf die anderen Bereiche. In den Jugendjahren erfüllt sich dieses Streben auf dem Gebiet körperfroher Leistungen; nach vollendeter Reife überträgt es sich auf die anderen Werte des Daseins.«[57]

Diem löst das Leistungsstreben aus seinem ökonomischen Zusammenhang und läßt es naturhaft, autonom werden, so daß Leistungen um ihrer selbst willen erbracht werden. Damit zusammenhängend ideologisiert er auch die Isolierung des einzelnen im kapitalistischen Konkurrenzkampf. Die Leistungskonkurrenz wird als individuell bedingt erklärt: »Der Drang der Lebenskräfte zur Entfaltung, durch die Geschlechter hindurch, verbindet sich mit dem Ringen um Leistung, zur Leistung um ihrer selbst willen, die aber doch zum Vergleich strebt, zu dem eben, was mit dem ›Messen der Kräfte‹ gemeint ist. Der Mensch will sich nicht nur als Art, sondern auch als Individuum erhalten.«[58]

Wie die Erziehung zur Leistung ist auch die von Diem dem Sport zugeschriebene Charakterbildung auf das Funktionieren des einzelnen im kapitalistischen System ausgerichtet. »Sport treiben heißt Gesinnung und Haltung bilden.«[59] Die kleinbürgerlichen Tugenden Pflicht, Ordnung, Unterordnung, der »Wille zur Selbstzucht«, die so wichtig für das Funktionieren des Herrschaftsapparates sind, erklärt er zum Ziel der sportlichen Erziehung. Der Sport »dient zur Ausprägung der Persönlichkeit. Das zielstrebige körperliche Training [...] gibt dem Leben eine gewisse Richtung, man gewöhnt sich ans Planvolle, Weitblickende, an das Ordnen der Ziele und an eine Unterordnung darunter [...] Die im Sport geübte Askese schließt in sich eine Beherrschung der Triebe und Überwindung schaler Genußsucht [...]«[60] Ähnliche Werte soll auch die Gemeinschaftserziehung im Sport anstreben: Pünktlichkeit, Lautlosigkeit, Aufmerksamkeit, Willigkeit und Hilfsbereitschaft.

Neben der Erziehung zum systemangepaßten Arbeiter sieht Diem im Sport eine Ausgleichsfunktion für die tägliche Unterdrückung am Arbeitsplatz. »An sich ersetzt der Sport dem Arbeiter am Fließband, dem Buchhalter an der Rechenmaschine, dem Postbeamten am Stempeltisch die sonst nicht gegebene Gelegenheit, sich auszuzeichnen, daran seine Gedankenspiele zu knüpfen, sei es über die Ausübungsweise oder das Leistungserlebnis, erlaubt ihm ferner, kurz aus dem Gleichlauf der Maschine körperlich und geistig herauszutreten.«[61] Auf diese Weise kann beim Sport eine Freiheit vorgegaukelt werden, mit Hilfe derer, »was einem die Lebensbedingungen einschränken, ausgeglichen« werden soll. »Wenn ich sonst noch so ein armer Tagewerker, ein Sklave der Arbeit bin, in dem Augenblick, indem ich mich zum Spiel entschließe, bin ich frei, so frei, wie nur irgendeiner in der Welt [...] Dieses Sichbefreien durch das Spiel ist gewissermaßen die unterste Stufe, über die hinweg der Mensch aus dem Zustande des reinen Arbeitstieres in die Luft der Freiheit tritt [...]«[62]

Daneben werden durch den Sport die gesellschaftlichen Unterschiede verdeckt. In dieser Funktion bezeichnet Diem den Sport als »gesellschaftsbindende Macht«, deren Wirkung er — die emanzipatorischen Forderungen der Französischen Revolution pervertierend — in einem geschichtlichen Rückblick darstellt. »Je totaler der Anspruch der Arbeit wurde, je ärger sich der am Werktisch Stehende als Arbeitssklave fühlte, um so spürbarer wurde der Durst nach frei gewählten Erlebnissen. Alles das führte zum Sport. Hier waren Freiheit, Gleichheit, Brüderlichkeit vereint. Die Freiheit, eine Sportart, eine Trainingsmethode und Gefährten zu wählen. Die Gleichheit, weil jeder, ob arm oder reich, am selben Startbalken steht. Und die Brüderlichkeit, weil dieses gemeinsame, frei gewählte und frei ausgeübte Tun im gemeinschaftlichen Erlebnis eine seltsam verbindende Gewalt besaß.«[63]

Die Gründe für Unterdrückung und Abhängigkeit sucht Diem

nicht im kapitalistischen System. Seine Kritik an der Unmenschlichkeit und Vereinsamung beschränkt sich auf eine reaktionäre
Philosophie der Masse. Die Vermassung unserer Zeit ist mit der
technischen Entwicklung eingetreten, durch die der Arbeitsprozeß »entseelt« und die Persönlichkeit verarmt wurde. »Gewiß
hat die technische Welt auf ihrem Wege von der Fließband-
arbeit zur Vollautomation dem Menschen ein bequemeres Leben
und mehr Freistunden verschafft, aber sie beraubt ihn des
Maßes an Bewegung, das von der Natur für seinen Körper bestimmt zu sein scheint, abgesehen davon, daß der Arbeitsprozeß entseelt, die Persönlichkeit sich in der Masse verarmt fühlt.
Da fällt dem Sport die Aufgabe geistiger und körperlicher
Selbsthygiene zu, er entwickelt eine eigene soziale Kraft im
Sympathiekreis der Ausübenden [...]«[64]
Die eigentliche Ursache der »Vermassung« und des »Raffens
nach Geld und Erfolg«, die Organisationsweise der kapitalistischen Produktion bzw. das kapitalistische Wettbewerbssystem,
wird verdeckt durch die Phrase vom Materialismus als Gegenpol
zum Natürlichen und Geistigen. Auch der Sport wird vom Materialismus »angekränkelt«, was sich besonders am Verfall des
Amateurgedankens zeigt. Jeder soll ehrlicher Arbeit nachgehen
und den Sport als zweckfreien, freudevollen Ausgleich treiben.
»Das Bezahlen von Sportleistungen ist nicht nur eine Verfüh-
rung für die Sportsleute und eine Sünde am Wertgehalt des
Sports, sondern auch eine Sünde an der Würde der wertschaf-
fenden Arbeit. Was soll aus einem Volke werden, dessen Jugend in dem Glauben aufwächst, man könne sich genauso gut
an sportlichen Darbietungen bezahlt machen, wie man Lohn für
ehrliche Arbeit einstreicht: Geld sei eben Geld. Für den Einbruch
der Gewinnsucht in den Sport gibt es eine Erklärung, nicht Ent-
schuldigung: die Überbewertung des Wirtschaftlichen gegenüber dem Geistigen in unserem gesamten öffentlichen Leben.«[65]
Die Gefahr der Vermassung liegt darin, daß die in der Masse
Versunkenen passiv werden und aufhören zu handeln, d. h.
nach Leistung zu streben. »Zuschauen statt des Mittuns ver-
dirbt nicht nur das Leistungsstreben an sich, ein Streben, das
sich vom Sport aufs Leben übertragen soll, es raubt durch das
Lockspiel von Gewinnsucht und Eigennutz die Ehrfurcht vor
ehrlicher Arbeit auf der einen und die vor der Hingabe, also die
Ehrfurcht vor dem Ideal auf der anderen Seite.«[66]
Die bisher aufgeführten Bestandteile von Diems Ideologie verschleiern die Widersprüche des kapitalistischen Systems. Wenn
die Trennung von Elite (Persönlichkeit) und Masse naturhaft
und vorbestimmt ist, liegt die Ursache der gesellschaftlichen Ungleichheit nicht mehr darin, daß sich der Besitz und die Verfügungsgewalt über die Produktionsmittel in der Hand weniger
befinden, von denen die Massen ausgebeutet werden, sondern

sie wird überirdisch verklärt und ist damit nicht mehr von den Menschen aufzuheben.

Auch Diems Leistungsideologie, sein Kampf gegen das Materialistische, seine Erklärungen der Charakterbildung und der gesellschaftsbindenden Kraft des Sports richten sich gegen das Interesse der Mehrheit, das auf eine Veränderung ihrer sozialen Lage drängt. Die Trennung von Arbeits- und Freizeitwelt soll ebenfalls über die Klassenstruktur der Gesellschaft hinwegtäuschen. So leistet Diem, selbst pflichttreu dem System ergeben, seinen Beitrag zu dessen Aufrechterhaltung. Die Ideologie Diems entspricht seiner Tätigkeit im Bereich des Sports und seinen Äußerungen zu politischen Fragen. Wie seine gesamte Ideologie überdauert auch seine politische Einstellung die verschiedenen Perioden des deutschen Kapitalismus ohne größere Veränderungen.

Diems Geschichtsbetrachtung ist durchzogen von der Sehnsucht nach einer heilen einigen Welt, deren Mittelpunkt ein starkes Deutschland ist. Den Kampf Deutschlands gegen eine Übermacht um einen gebührenden Rang in der Welt und den Glauben an die deutsche Berufung — schon 1913 forderte Diem mit dem »prophetischen« Dichterwort, daß am deutschen Wesen dereinst die Welt genesen soll —, proklamiert Diem u. a. in seiner Eigenschaft als Generalsekretär des DRA, als Organisator der Olympischen Spiele und als Hochschuldozent in öffentlichen Reden und Zeitungsartikeln. Sein Traum ist das Deutschlandbild des reaktionären Kleinbürgers: Deutschland als Hort der Treue; Deutschland im Grunde unbesieglich; Deutschland, Herzstück Europas, Ordner des Abendlandes; Deutschland in der Not am stärksten usw.[67]

Für Diem war das Kaiserreich eine Epoche, in der Deutschland auf dem Weg zu seiner von der Natur vorbestimmten Größe war. Der Erste Weltkrieg beendete diese hoffnungsvolle Zeit des Aufbaus. Deutschland wurde herausgefordert, eingekreist und wehrte sich »Alle gegen einen«. Für Diem war die Niederlage keine Folge einer militaristischen Abenteuerpolitik, sondern der Feind im Heimat stieß dem ungeschlagenen Heer den Dolch in den Rücken. »Wer wollte zweifeln, daß eine Abrechnung Deutschlands mit Frankreich allein ein Spaziergang von zwei Monaten gewesen wäre [. . .] Wer wollte zweifeln, daß sie alle zusammen und England dazu Deutschland nicht in die Knie gezwungen hätten. Nicht einmal die Amerikaner brachten den Endsieg. Erst als auch im Innern Deutschlands Feinde aufstanden, war der Krieg verloren.«[68] Die militärische Niederlage wurde im Friedensvertrag von Versailles besiegelt. Diem mußte nicht auf die geschichtlichen Hintergründe des Krieges und des Friedens eingehen: für ihn wurde Deutschland betrogen und beraubt. Das der Monarchie folgende parlamentarische System der

Weimarer Republik lehnte er ab. Das Parlament ist für ihn ein »Zaudersaal des Verstandes« und das »Massengrab aller Persönlichkeitswerte«.

Schuld am unerwünschten Parlamentarismus ist der Nur-Verstand, der Diems irrationalem Bezugssystem entgegensteht. Ihn macht Diem auch für den verlorenen Weltkrieg von 1914/23 — er scheint die unruhigen ersten Jahre der Weimarer Republik mit zum Krieg zu rechnen — verantwortlich. »Wenn dazumal der Schulmeister den Krieg 1870/71 gewonnen hat, der Überschüler, der Theorieschwätzer, der Nur-Verstand hat den von 1914/23 verloren. Die Theorien des Sozialismus, des reinen Industrialismus, des Merkantilismus sind nur in Gehirnen möglich, denen kein inneres Ahnen, kein naturhaftes Verbundensein mit dem Weltgeschehen und dem Volksganzen Warnungsrufe entgegenschickt.«[69]

Das Volksganze wird besonders von den »radikalen« sozialistischen Parteien um seine Geschlossenheit gebracht. Nicht die Klassengesellschaft verursacht den politischen Radikalismus, sondern das parlamentarische System der Weimarer Republik, das dem Treiben der Radikalen Vorschub leistet. Zwar kann Diem nicht umhin, die Proletarisierung weiter Kreise der Bevölkerung unterm Kapitalismus zur Kenntnis zu nehmen, er interpretiert aber die Verelendung als vorübergehende Schwierigkeit aus dem Anfangsstadium des Kapitalismus. Dieser Phase entstammt auch der Sozialismus. »Zugleich entwickelte sich aber auch die Schattenseite aller Industrie, die Entwurzelung der arbeitenden Klasse. Der Arbeiter bestellte den Mutterboden nicht mehr selbst und verlor so die Verbindung mit ihm. Ferner spezialisierte sich der Arbeitsvorgang. Der einzelne war nicht mehr in der Lage, das Ergebnis seiner Arbeit zu überschauen und daraus innere Freude zu gewinnen. Hinzu kam, daß in allen Gründerjahren naturgemäß der Hauptgewinn dem seine Zukunft recht beurteilenden Spekulanten verblieb und der Arbeiter kaum das Nötigste verdiente. Aus dieser Unzufriedenheit heraus entstand der Sozialismus [. . .]«[70]

Bei dem Versuch, die Ursprünglichkeit des Volksganzen gegen Parlamentarismus, Klassenkampf und Sozialismus wiederherzustellen, übernimmt Diem die Unternehmerideologie: Alle müssen zusammengehen, um gemeinsam dem Gemeinwohl zu dienen. Gegen die Wirtschaftskrisen der Weimarer Republik bietet er als Heilmittel die Mehrarbeit der Lohnabhängigen an. Auf das Argument, daß durch Mehrarbeit in erster Linie der Unternehmer verdient, rät Diem zynisch, sich nichts daraus zu machen, »daß der Dicke dadurch noch dicker wird. Mag er platzen!« Außerdem sind die Unternehmer auf die Dauer doch die Stärkeren. »Was hat der Überparlamentarismus und die Arbeiterratsgeschichte denn eingebracht? Die Unternehmer zogen

doch ihren Erfolg [. . .] Unternehmergeist hat eben immer einen höheren Wert, ja er schafft erst den Wert der Handarbeit.«[71] Zur Beseitigung der Inflation von 1923 sind zuverlässige Arbeiter und freie Unternehmer die Voraussetzung. »Haben wir reinen Tisch, Unternehmerfreiheit und Arbeiterverlaß, dann erst kann unsere Währung stehen, und Ordnung kehrt ein.«[72] Eine ähnliche unternehmerfreundliche Motivation steckt hinter den Plänen Diems, den Spiel- und Sportplatzbau in Deutschland anzuregen. An diesem Ziel arbeitete er besonders als Generalsekretär des DRA zusammen mit dem ersten Vorsitzenden Th. Lewald. Durch die vermehrte Sporttätigkeit des Volkes soll die »Sozialhygiene« oder »Volksgesundheit« gesteigert werden, Begriffe, hinter welchen sich nichts anderes als die Fähigkeiten zu höherer Arbeitsleistung oder »Arbeitslust«, wie Diem es ausdrückt, verbergen. »Der Begriff der Gesundheit stützt sich nur auf den normalen Ablauf der Lebensvorgänge; er wird auch getragen vom Gesundheitswillen, d. h. von Lebens- und Arbeitslust. Die Selbsthygiene durch Leibesübungen hat ebenso eine psychologische wie eine physiologische Quelle. Nicht nur der Stoffwechsel sinkt im modernen Fabrikbetrieb ab, sondern auch die Freude an der Arbeit.«[73] Den Bau von Sporteinrichtungen empfiehlt Diem als Investition, die sich immer bezahlt macht. »Wollen wir daher eine vernünftige Arbeitspolitik betreiben und zu einem Arbeitsfrieden kommen, dann sollten Staat und Unternehmertum planmäßig an die Schaffung von Sportstätten und die Unterstützung des Sportbetriebes herangehen. Das Geld trägt Goldzinsen!«[74]
Der Sport soll also nicht nur die Arbeitsleistung steigern, sondern auch den Arbeitsfrieden erhalten. Am Beispiel der sozialdemokratisch geleiteten Arbeitersportbünde zeigt Diem die entpolitisierende Wirkung des Sports. »Man wird nicht fehlgehen, auch gewisse politische Erscheinungen unserer Tage auf die entartete Wirkung des mechanischen Arbeitens zurückzuführen. Es liegt etwas Zerstörungswut, aus dem Gefühl der eigenen scheinbar unabänderlichen Not heraus geboren, in der Ansicht, daß der Arbeiter seine Lage mit Gewalt bessern könne, wenn er nur die Besitzenden arm macht. Alle solche Umwälzungen des Gehirns durch Not und Stumpfsinn verflüchtigen sich vor der klaren Luft beim Sportbetrieb. Dies haben auch die radikalen politischen Parteien erkannt [. . .] Der unentwegte politische Radikalismus hört auf, wenn normaler Blutkreislauf normale Lebensäußerungen erzeugt.«[75] Trotz dieser Wirkung des Sports war der gesellschaftliche Widerspruch nicht so einfach zu lösen, wie es Diem vorschwebte. Die Weltwirtschaftskrise konnte auch durch Massensport nicht beseitigt werden. Deshalb stimmte Diem 1932 in den Ruf des Bürgertums nach Ordnung und nationaler Einheit ein, wie sie die faschistische ›nationale Be-

wegung‹ versprach. »Weg mit der öden Spaltung von arm und reich [...] Weg mit Kastengeist und Klassenkampf [...]«[76] Und im selben Jahr führte er vor seinen Studenten aus: »Unsere ökonomische Welt durchzieht also eine neue geistige Bindekraft. Sie können es unter anderem daran erkennen, daß der Begriff des Klassenkampfes seinen Kampfwert verloren hat.«[77]

Diese Sprache kann ihre Ähnlichkeit zur faschistischen nicht verleugnen. Wenn sich auch Diem im Vergleich zu anderen Sportführern distanzierter gegenüber dem Nationalsozialismus verhielt, so gehörte er doch zu denen, die durch ihre Politik und ihre Ideologie den Faschismus vorbereiteten. In der Erinnerung an das Turnfest von 1933 schreibt Diem 1960: »Es war noch mit der ganzen Treue und Ordnung der voraufgegangenen Zeit vorbereitet und lief, von einer Welle nationaler Begeisterung durchflutet, in wunderbarer Präzision ab.«[78] Auf dieser nationalen Welle jubelte neben führenden Turnführern auch Diem dem bei der Feier anwesenden Adolf Hitler zu: »Und wenn die Turner in diesem Jahr trotz aller Not nicht minder zahlreich als früher ins schöne Stuttgart einziehen werden, so wird dies, dürfen wir hoffen, zugleich die Feier der wiedergewonnenen ganzen Freiheit sein.«[79]

Die Hoffnung auf »Freiheit« durch ein am Führerprinzip ausgerichtetes System ist eine weitere Gemeinsamkeit, die Diem mit dem Faschismus verbindet. Auf sie macht er 1932 aufmerksam: »In unserer politischen Welt sind ebenso Bindekräfte hervorgetreten, eine Wiedererweckung des Glaubens zu mythischen Kräften: die Rassenfrage und die Führerfrage.«[80] Am deutlichsten formuliert Diem seine Führerideologie in seiner 1924 erschienenen Theorie des Sports: ›Persönlichkeit und Körpererziehung‹. Persönlichkeit und Führer sind für Diem zwei identische Begriffe. Der Führer ist eine aus der Masse herausragende Persönlichkeit, ein »Tatmensch« mit gestähltem Willen. Mit dem Ausruf »Durch unser Volk geht das Sehnen nach einem Führer« leitet Diem das Buch ein. »Wenn wir heute nach Führern rufen, so gilt dies nicht dem Heerführer, dem militärischen Führergeist, sondern dem *Führer schlechthin*, auf welchem Gebiet der Politik, der öffentlichen Verwaltung, des Gemeinwesens oder der freien Arbeit es auch sei.«[81] Parlamentarismus und Intellektualismus bringen das natürliche Wachsen »des Führertums in der Persönlichkeit des Menschen« zum Versiegen. »Dieser ›Intellektualismus‹ wurde zum Grabe der Führereigenschaften in unserem Volke, zum Grabe nüchternen, politischen Geistes.«[82] Große Teile dieses Buches verarbeitete Diem wörtlich oder sinngemäß in seinem nach dem Kriege erschienenen Werk ›Wesen und Lehre des Sports‹. Die »Eigenkraft des Sportes« bietet ihm darin für die Heranziehung von neuen Führerpersönlichkeiten immer noch die beste Gewähr. »Sport ist ein Wirkungsgebiet, wo die Kraft der Persönlichkeit ausgebildet wird und wo die Gefahr der Massenflucht vor der Verantwortung nicht so auftritt wie anderswo. Der Kapitän einer Sportmannschaft wird zwar gewählt, aber wenn er gewählt ist, liegen die Entscheidungen bei ihm, und man erwartet von ihm klare Befehle. Seine Pflicht ist es, den nachlassenden Willen der anderen zu festigen und sich durchzusetzen.«[83]

Der Sportlehrer als Vermittler der Werte des Sportes muß eine »Führernatur« sein, der die Jugend nachläuft. Diese Konzeption von 1925 läßt Diem in der 1. Auflage von ›Wesen des Sports‹ 1949 in dieser Deutlichkeit weg. In der 2. Auflage 1960 ist sie jedoch wieder vorhanden, nur daß die »Führernatur« durch den Rattenfänger ersetzt ist. Dem Sportlehrer »sollte, wie einst den Flötentönen des Rattenfängers von Hameln, die Jugend von selber folgen«[84]. Mit diesem Sportlehrertyp hofft Diem für Deutschland wieder ein hartes Geschlecht heranziehen zu können. »Nur ein Geschlecht, das freiwillig, aus Leistungslust, ohne von Übermaß geschreckt zu werden, sich das Unmögliche abverlangt, ein Geschlecht, das am Sich-Schinden seinen inneren Stolz findet und seinen Ehrgeiz befriedigt, das zu Schmerzen lacht, nur ein solches Geschlecht ist in harten Stunden dem Leben gewachsen.«[85]

Das Jahr 1933 hatte die ersehnte Beseitigung des Parlamentarismus gebracht. Diem schrieb und handelte, als ob sich nichts verändert hätte. Die 1931 begonnenen Vorbereitungen zur Olympiade in Berlin liefen bruchlos weiter, nur daß die Sportler statt für die Republik jetzt für den Faschismus kämpften. »In freiwilliger Entfaltung und Opferfreudigkeit, mit leidenschaftlichem Einsatz der Kräfte kämpft der Sportsmann für die Farben seines Landes und für die Ehre seines Volkes.«[86] Die Olympischen Spiele selbst verliefen berauschend und beeindruckten die ganze Welt. Die faschistische Wirklichkeit wurde für einige Wochen verdrängt, und Diem konnte nach dem Krieg die Kritiker nicht verstehen, die ihn mit dem Hinweis auf die propagandistische Wirkung der Olympiade für das faschistische Regime um seinen Ruhm als glänzender Organisator bringen wollten (s. o.). 1938 hatte Diem als Direktor des Internationalen Olympischen Institutes noch sehr genau die Rolle gekannt, die die Sportführer spielten, wenn sie den Sport für das internationale Ansehen des Nationalsozialismus einsetzten. »Für uns Deutsche ist es eine Genugtuung, daß uns diese Aufgabe (Herausgabe der *Olympischen Rundschau* im Auftrage des IOC – J. G.) in voller Einmütigkeit anvertraut ist, und dieses Vertrauen ist zugleich ein schöner Beweis für die Achtung, die sich das neue nationalsozialistische Deutschland auf dem Gebiete des Sports erobert hat.«[87]

Als bereits die Pläne für einen Angriffskrieg gegen Polen ausgearbeitet waren, inszenierte die faschistische Führung Deutschlands die Farce, die Olympischen Winterspiele von 1940 erneut nach Garmisch-Partenkirchen holen zu wollen. Und wieder waren die Sportführer pflichtergeben zur Stelle. Die Winterspiele fielen jedoch dem Krieg zum Opfer, und Diem verzichtete bedauernd auf sein Rahmenprogramm, in dem die Wehrmacht eine Gefechtsübung auf Skiern vorführen sollte. Noch während die deutsche Wehrmacht in Polen einfiel, beteuerte Diem, »daß Deutschland ein treuer Hüter des olympischen Gedankens« wäre. Ein Jahr später lobte Diem den »Sturmlauf durch Frankreich« und organisierte den Sport in den besetzten Gebieten. »Sturmlauf durch Frankreich, wie schlägt uns alten Soldaten, die wir nicht mehr dabei sein können, das Herz, wie haben wir mit atemloser Spannung und steigender Bewunderung diesen Sturmlauf, diesen Siegeslauf verfolgt! Die fröhliche Begeisterung, die wir in friedlichen Zeiten bei einem kühnen kämpferischen sportlichen Wettstreit empfanden, ist in die Höhenlage des kriegerischen Ernstes hinaufgestiegen, und in Ehrfurcht und mit einem inneren Herzbeben, in das etwas von jener fröhlichen Begeisterung hineinklingt, stehen wir staunend vor den Taten des Heeres. In ihnen zeigt sich, was der Deutsche kann, in ihnen wächst der Deutsche von heute über alles frühere und über sich selbst hinaus.«[88]

In diesen Sätzen ist nicht viel von einer Ablehnung des Faschismus zu spüren.

Nach dem Krieg reagierte Diem gekränkt auf die Zurückhaltung, die ihm und anderen bürgerlichen Sportführern entgegengebracht wurde. Sie war ihm unverständlich, da der Sport beinahe ungeschoren und unbeeinflußt von den politischen Ereignissen seine »Substanz gerettet« hatte. Diese Substanz schien Diem nun angegriffen zu werden, und er rief deshalb 1947 dazu auf, den Sport gegen die Krankheitserscheinungen unserer Kultur zu behaupten und die Führungsposition im Sport wieder zu erobern, die inzwischen von antifaschistischen Sportlern in Frage gestellt worden war. »Es ist die Aufgabe unserer Tage, die Führerstellung im Sport wieder zu erobern und damit denjenigen zu helfen, die noch die Festung gegen den Ansturm des Materialismus verteidigen; nostra culpa, wenn dies nicht gelingt.«[89]

Inzwischen bestimmen die alten sozialen Interessen wieder vollständig den bundesdeutschen Sport, dank Sportführern wie Carl Diem, die dem Sport die stets »rechte Substanz« durch die Jahrzehnte hindurch erhalten haben.

Anmerkungen

1 Der Begriff Sport wird im folgenden für den gesamten Bereich der Körper-kultur gebraucht. Es wird dabei nur der bürgerliche deutsche Sport dargestellt, ohne das in jedem Fall zu kennzeichnen.

2 W. Gebhardt: Soll Deutschland sich an den Olympischen Spielen beteiligen? Berlin 1896, S. 85. — Dr. W. Gebhardt gehörte zu den liberalen Vertretern des Bürgertums. 1895 hatte er sich vom Deutschen Bund für Sport, Spiele und Turnen gelöst wegen dessen chauvinistischer Ausrichtung und das Komitee für die Beteiligung Deutschlands an den Olympischen Spielen gegründet. 1907 schied er aus ähnlichen Gründen aus dessen Nachfolgeorganisation, dem DRA, aus, in dem er die Funktion des Generalsekretärs hatte.

3 C. Diem: Der erste Schritt zur VI. Olympiade. In: Olympische Flamme, Bd. 1, Berlin 1942, S. 350. Der Artikel wurde 1913 verfaßt.

4 Aus einer Petition an den Deutschen Reichstag, abgedruckt in: Der Rudersport, 28. 1. 1914

5 1925 traten die Turner für zwei Jahre wegen Differenzen über die Olympiade aus dem DRA aus. Die Gegnerschaft der Turner zum Sport besteht teilweise heute noch.

6 W. Gebhardt, a.a.O., S. 9

7 O. Ruperti, a.a.O.

8 Der Deutsche Reichsausschuß für Leibesübungen und seine Arbeit 1917—1933, Berlin 1933

9 Weltgeschichte des Sports und der Leibeserziehung, Stuttgart 1960, S. 982

10 H. Bernett: Zur Zeitgeschichte der Leibeserziehung. In: O. Grupe (Hrsg.): Ein-führung in die Theorie der Leibeserziehung, Schorndorf 1968, S. 74

11 C. Diem: Gedanken zur Sportgeschichte, Schorndorf 1965, S. 80

12 C. Diem: Weltgeschichte . . ., S. 1017/1018

13 C. Diem: Olympische Erfahrungen. In: Pädagogische Provinz 2, 1948, S. 741

14 Nationales Olympisches Komitee, Gründungsfeier, Köln 1949

15 Deutscher Sportbund (Hrsg.): Deutscher Sport, Stuttgart 1966, S. 26

16 H. Bernett: Sportpolitik im Dritten Reich, Schorndorf 1971, S. 117/118

17 Da durch Kontrollratsbeschluß in den ersten Nachkriegsjahren Sportorganisa-tionen nur auf lokaler Ebene möglich waren, war die größte Einheit der Lan-dessportbund. Das System der Landessportbünde wurde jedoch schon bald durch das alte Fachverbandssystem mit stärker zentralisiertem Aufbau und einer ein-flußreichen Verbandsspitze ersetzt.

18 Deutscher Sport, a.a.O., S. 22

19 So sind z. B. unter den Präsidenten der 18 Bundesligavereine des Fußballs 16 ›Wirtschaftsbosse‹, einer Chefarzt und einer Rechtsanwalt; Vgl. Der Stern, 15. 8. 1971

20 H. Lenk: Zur Soziologie des Sportvereins. In: Der Verein, hrsg. vom Ham-burger Turnverein 1816, Stuttgart 1966, S. 269—270.

21 G. Lüschen: Soziologische Grundlagen von Leibeserziehung und Sport. In: O. Grupe (Hrsg.): Einführung . . ., S. 103

22 K. Hammerich: Soziologische Analysen zur Leistung im Sport. In: Die Leibes-erziehung H. 1, 1971, S. 16. — Vgl. auch B. Rigauer: Sport und Arbeit, Frank-furt/M. 1969, G. Vinnai: Fußballsport als Ideologie, Frankfurt/M. 1970, und M. Prokop: Soziologie der Olympischen Spiele, München 1971

23 G. von Mengden in einem Brief an G. von Opel. In: Olympisches Feuer H. 10, 1954, S. 3

24 Mitteilungen der DOG. In: Olympisches Feuer H. 4, 1953, S. 36

25 Zit. nach G. von Mengden: In memoriam Adolf Friedrich Herzog zu Mecklen-burg. In: Olympisches Feuer H. 7/8, 1969, S. 2

26 W. Daume: Das soziale Problem des Sports. In: Olympisches Feuer, H. 12, 1961, S. 46

27 J. Neckermann, zit. nach Der Spiegel, 23. 8. 1971, S. 91

28 Zit. nach U. Kaiser: Zahlt sich München aus? Frankfurt/M. 1970, S. 22

29 C. Diem: Weltgeschichte . . ., S. 1039

30 O. Model: Funktion und Bedeutung des Sports in ökonomischer und soziologi-scher Sicht, Diss. St. Gallen, 1955, Winterthur 1955, S. 3

31 O. Model, a.a.O.

32 Zit. nach js-magazin, Sondernummer Januar 1971, S. 22

33 C. Diem: Weltgeschichte . . ., S. 581

34 W. Daume vor dem Innenausschuß des Bundestages. Zit. nach: W. Knecht: Partnerschaft auf Raten, Frankfurt/M. 1970, S. 40

35 O. Ruperti: Amateure. In: Olympisches Feuer H. 6, 1957, S. 4

36 W. Kregel: Rede zur Konstituierung der Deutschen Sportkonferenz. In: betrifft H. 2, 1970. Hrsg. vom Bundesinnenministerium.

37 W. Daume: Die Forderungen des deutschen Sports. In: *Olympisches Feuer*, H. 12, 1954, S. 1
38 Zit. nach G. von Mengden: Funktioniert die Demokratie? In: *Olympisches Feuer* H. 6, 1955, S. 9
39 K. Ritter v. Halt: Gedanken zum Amateurproblem. In: Deutscher Sportbund (Hrsg.): Entstehung, Gründung, Aufbau, Frankfurt/M. 1952, S. 43/44
40 C. Diem: Spätlese am Rhein, Frankfurt/M. 1957, S. 50/51
41 W. Kregel, a.a.O.
42 G. von Mengden, zit. nach: Deutscher Sportbund (Hrsg.): Sport und Freizeit, S. 43
43 W. Daume: Sport und Gesellschaft. In: *Die Leibesübungen* H. 7, 1970, S. 9
44 W. Daume: 50 Jahre Deutsches Sportabzeichen. In: Jahrbuch des Sports 1963/64, S. 9
45 C. Diem: Weltgeschichte . . ., S. 1161
46 Ders.: Wesen und Lehre des Sports, 2. Aufl., Stuttgart 1960, S. 68
47 Ders.: Persönlichkeit und Körpererziehung, Berlin 1924, S. 17
48 Ebd., S. 19/20
49 Ders.: Wesen . . ., 1. Aufl., S. 29
50 Ders.: Wesen . . ., 1. Aufl., S. 83
51 Ders.: Persönlichkeit . . ., S. 57
52 Ders.: Wesen . . ., 1. Aufl., S. 19
53 Ders.: Persönlichkeit . . ., S. 99
54 Ders.: Das Spiel — eine Welt. In: *Olympische Flamme*, Bd. 1, 1942, S. 82
55 Ders.: Die Aufgabe des Sports und die moderne Kultur. In: Erziehung zur Menschlichkeit. Festschrift für Eduard Spranger. Tübingen 1957, S. 499
56 Ders.: Spätlese . . ., S. 8
57 Ders.: Wesen . . ., 1. Aufl., S. 29/30
58 Ders.: Weltgeschichte . . ., S. VII
59 Ders.: Sport in Amerika, Berlin 1930, S. 19
60 Ders.: Die Aufgabe des Sports . . ., S. 497
61 Ebd., S. 499
62 Ders.: Das Spiel — eine Welt . . ., S. 82
63 Ders.: Weltgeschichte . . ., S. 584
64 Ebd., S. XII
65 Ders.: Spätlese . . ., S. 54
66 Ders.: Die Aufgabe des Sports . . ., S. 501
67 Ders.: Germanen. In: *Olympische Flamme*, Bd. 1, 1942, S. 30–41
68 Ebd., S. 37
69 Ders.: Persönlichkeit . . ., S. 11
70 Ders.: Das Wachsen der Organisation. In: *Olympische Flamme*, Bd. 2, 1942, S. 688/689
71 Ders.: Arbeitszeit und Sport. In: *Olympische Flamme*, Bd. 1, 1942, S. 101
72 Ebd.
73 Ders.: Gesundheitswert (des Sports). In: *Olympische Flamme*, Bd. 1, 1942, S. 218
74 Ders.: Arbeitszeit und Sport . . ., S. 103
75 Ders.: Gesundheitswert . . ., S. 218
76 Ders.: Germanen . . ., S. 38
77 Ders.: Philosophie der Leibesübungen. In: *Olympische Flamme*, Bd. 1, 1942, S. 66
78 Ders.: Weltgeschichte . . ., S. 1003
79 Ders.: Zum Deutschen Turnfest Stuttgart 1933. In: *Olympische Flamme*, Bd. 2, 1942, S. 720
80 Ders.: Philosophie der Leibesübungen . . ., S. 67
81 Ders.: Persönlichkeit . . ., S. 9/10
82 Ebd., S. 11
83 Ders.: Wesen . . ., 1. Aufl , S. 28/29
84 Ders.: Wesen . . ., 2. Aufl., S. 224
85 Ders.: Menschliche Höchstleistungen. In: *Olympisches Feuer*, H. 6, 1961, S. 20
86 Ders.: Wesen und Wert des Sports. In: *Olympische Flamme*, Bd. 1, S. 117
87 Ders.: Das Internationale Olympische Institut in Berlin. In: *Olympische Flamme*, Bd. 1, 1942, S. 317
88 Ders.: Sturmlauf durch Frankreich. In: *Olympische Flamme*, Bd. 1, 1942, S. 124
89 Ders.: Olympische Erfahrungen . . ., 1948, S. 743

Franz Dwertmann

Sporthilfe: eine gemeinnützige Einrichtung?

Nach den Olympischen Spielen 1964 kommentierte W. Daume,
damals noch Präsident des Deutschen Sportbundes (DSB), das
Abschneiden der BRD-Mannschaft mit den Worten: »Wir sind
noch einmal davon gekommen.« Vier Jahre später, als die olympische Medaillenausbeute noch geringer war, verwirrte J. Nekkermann die BRD-Sportführung durch aufsehenerregende
öffentliche Kritik an der Förderung des Leistungssports: »Hier
sind wir nicht mehr davongekommen, hier sind wir auf die
Nase gefallen. Und wer das nicht begreift und immer noch nach
wohlklingenden Ausreden sucht, der soll sich nicht wundern,
wenn bei den nächsten Spielen 1972 in München gar nichts
mehr herauskommt.«[1]
Um dieses »Waterloo« (*Süddeutsche Zeitung*) zu verhindern,
hat es seitdem wesentliche Veränderungen in der Organisation
des BRD-Sports, besonders des Leistungssports gegeben, die
dadurch gekennzeichnet sind, daß Interessen der Staatsbürokratie und der Wirtschaft direkt und indirekt maßgeblichen Einfluß
nehmen. Im folgenden soll die These belegt werden, daß dieses
Interesse an Fortschritt und Entwicklung des Leistungssports
nicht an der Befriedigung gesellschaftlicher und individueller Bedürfnisse orientiert ist, sondern, wie im ökonomischen Bereich
an den Unternehmensexpansionen und Profiten, so auch hier an
Output von politisch und ökonomisch verwertbaren Spitzenleistungen, Olympiasiegen und Rekorden. Unsere Behauptung geht
allerdings von einer Prämisse aus, die hier nicht detailliert ausgeführt werden kann und auch nur am Rande angesprochen
wird: daß nämlich Abhängigkeit, Entmündigung, ungleiche Verteilung des gesellschaftlichen Reichtums, ungleiche Bildungschancen in der BRD weiterbestehen, daß der größte Teil der Bevölkerung von den relevanten gesellschaftlichen Entscheidungen
ausgeschlossen bleibt, daß es objektive Bedürfnisse der Bevölkerung gibt, die längst nicht befriedigt sind.
In den folgenden Ausführungen kann es nicht um wesentlich
mehr gehen, als die Aussagen von Sport-, Staats- und Wirt-
schaftsfunktionären sowie von Presse und Sportlern ideologie-
kritisch zu betrachten. Zitate können sicherlich abgesicherte empirische Untersuchungen nicht ersetzen und haben nur eine beschränkte Aussagekraft über die tatsächlichen Verhältnisse, immerhin dürften aus ihnen jedoch bemerkenswerte Tendenzen
abzulesen sein.

I

Die Initiative für die ›Stiftung Deutsche Sporthilfe‹ ging 1967 von W. Daume und J. Neckermann aus, unterstand zunächst gemeinsam DSB und DOG (Deutsche Olympische Gesellschaft), wurde bald von beiden Organisationen juristisch vollkommen unabhängig und nimmt heute eine zentrale Stellung im BRD-Leistungssport ein.

Die Sporthilfe sieht ihre Aufgabe als eine gesellschaftliche Verpflichtung an, »Sportler und Sportlerinnen zum Ausgleich für ihre Inanspruchnahme durch die Gesellschaft und der nationalen Repräsentation ideell und materiell zu fördern« (Satzung). Ihre Hilfsmaßnahmen umfassen Ernährungsbeihilfen, Studien- und Ausbildungszuschüsse, Reisekostenerstattung, Versicherungen, Trainerhonorare, Ausbau von Trainingszentren und andere nicht genau meßbare Leistungen wie die Vermittlung günstiger Arbeitsplätze, verkürzter Arbeitszeiten bei vollem Lohn u. ä. Bis 1973 wird die Sporthilfe dafür 35 Millionen DM (1970:7, 1971:10, 1972:15 Millionen) vor allem durch Spenden der Wirtschaft und Zuschlagerlöse von Sonderbriefmarken eingenommen haben.

Den Förderungsmaßnahmen liegen Leistungsnormen zugrunde (A — international, B — national, C — Talente) und gelten für Olympiaanwärter 1972, 1976 und voraussichtliche Vertreter bei Welt- und Europameisterschaften. Im August 1970 wurden ca. 1670 Sportler gefördert, bis dahin insgesamt ca. 3000.

Die Fachverbände des DSB schlagen durch ihre ›Koordinatoren‹ dem Gutachterausschuß der Sporthilfe förderungswürdige Sportler vor. Neben diesem Bewilligungsgremium, dem fünf Vertreter des Sports angehören, hat die Sporthilfe zwei weitere Organe. Der Vorstand setzt sich aus drei Vertretern des Sports, einem des Bundesinnenministeriums und sieben der Wirtschaft zusammen. Im Kuratorium sind ca. 200 »hervorragende Persönlichkeiten des öffentlichen Lebens« vertreten.

II

Während die Organisation des Leistungssports durch den DSB noch mit Worten wie »Zufall«, »Durcheinander«, »Chaos«[2] bezeichnet wurde, konnte die Sporthilfe schon bald nach ihrer Gründung Erfolge melden. »Der einzige Lichtblick im Gestrüpp des deutschen Sports, die auch über eine gefestigte Führung verfügt, ist die Sporthilfe« (H. Kunze, Generalsekretär des Organisationskomitees für die Olympischen Spiele).

Mit einem Minimum an Verwaltungskosten (2,2 Prozent der Einnahmen), durch detaillierte Planung und den Einsatz hochentwickelter Verwaltungsinstrumente, Computertechnik u. ä. gelang eine große Effizienz, die freilich erst dadurch möglich wurde, daß J. Neckermann einen Teil des Verwaltungsapparates seines Unternehmens in den Dienst der Sporthilfe stellte. Neckermann selber folgert: »Das erwerbswirtschaftliche Prinzip als Grundsatz der Verwaltung ermöglicht ein Maximum an Leistung.«[3] Indem er hier den Erfolg der Sporthilfe bei der Beschaffung, Bearbeitung und Verteilung der Mittel auf kapitalistische Wirtschaftsstrukturen zurückführt, unterliegt er allerdings einem Irrtum (oder versucht diese durch die Sporthilfe in ein günstiges Licht zu rücken), denn die Anwendung verfeinerter Planungsverfahren und wissenschaftlich-technischer Organisationsmittel und -techniken sind in jedem wirtschaftlichen System von Vorteil. Ihre Anwendung in einer kapitalistischen Ordnung geschieht aber aus anderen Motiven, unterliegt anderen Bedingungen und hat andere Konsequenzen als etwa in einem sozialistischen System, was sich auch in den Organisationsprinzipien der Sporthilfe zeigt: z. B. durch das Fehlen gesamtgesellschaftlicher Kontrolle. Diese Kontrolle wäre aber nötig, weil sich die Arbeit der Sporthilfe von ihrem Anspruch her als »gesellschaftliche Verpflichtung« versteht: von den 35 Mill. DM, über die die Sporthilfe bis 1973 verfügen wird, kommt weniger als die Hälfte aus Spenden der Wirtschaft zusammen, während der übrige Teil von der Bevölkerung aufgebracht wird. Die Verfügungsgewalt über diese Gelder ist jedoch nur den Vertretern der Wirtschaft vorbehalten, da sie Kuratorium und Vorstand der Sporthilfe beherrschen. Während unter den 200 Mitgliedern des Kuratoriums neben den Vertretern aller großen Konzerne der BRD, den Pressemächtigen und ›rechten‹ Politikern der drei großen Parteien immerhin noch ein Vertreter der Gewerkschaften zu finden ist, kann von einer Repräsentation der breiten Öffentlichkeit im Vorstand der Sporthilfe überhaupt nicht mehr die Rede sein. »Der Vorstand ist das Führungsorgan. Er berät und beschließt über die Tätigkeiten der Stiftung, leitet die Durchführung aller Maßnahmen [. . .]« (Satzung). Aufschlußreich dafür ist die Umbesetzung des Vorstandes, die 1970 vorgenommen wurde: Ursprünglich stellten DOG 4, DSB 4, NOK (Nationales Olympisches Komitee) 1, Kuratorium 2 Mitglieder, während nun nur noch 3 Vertreter des Sports 7 Persönlichkeiten der Wirtschaft und einem Staatssekretär des Bundesinnenministeriums gegenüberstehen.

Die starke Position der Sporthilfe bewirkte, daß deren Repräsentanten auch ohne offizielles Mitspracherecht — was die Presse bedauerte — auf die Führungsgremien des Sports Einfluß nehmen konnten und die Umstrukturierung von Leitung, Planung und Organisation des BRD-Leistungssports forcierten: »Denn im bundesdeutschen Sport fehlte nicht nur Geld, sondern auch das Konzept einer systematischen Förderung des Spitzensports. So mußte die Sporthilfe dank ihrer finanziellen Möglichkeiten und ihrer besseren Ideen zu einem Katalysator im bundesdeutschen Sport werden.«[4] Die *FAZ* mahnte: »Die Repräsentanten der größten Unternehmen, im Kuratorium der Sporthilfe vereinigt, bieten ihre mit vielerlei Beweggründen motivierte Partnerschaft auf die Dauer nur einer Institution, die sich durch qualifizierte Führung ausweist. Wenn sich der deutsche Sport Industriekapitänen und Wirtschaftsmanagern gegenüber koalitionsfähig zeigen will, muß er als geschlossene Einheit auftreten.«[5] Wie dies zu geschehen habe, drückte IOC-Mitglied und Großindustrieller G. v. Opel ganz unmißverständlich aus: »Wir müssen endlich dynamische Persönlichkeiten in die Verbandsleitungen einsetzen, die sich in ihrem Denken und Handeln am Erfolgsdenken der Wirtschaft orientieren [. . .] einer zentralen Stelle muß die Macht gegeben werden.«

Um den veränderten Anforderungen gerecht zu werden, arbeitete 1969/70 die ›Reformkommission‹ des DSB einen neuen Strukturplan für den BRD-Sport aus. Das Ergebnis ihrer Arbeit ist eng verknüpft mit der Person W. Weyers, des Leiters der Kommission, DSB-Vizepräsident, FDP-Innenminister und Vorsitzender des Landessportbundes Nordrhein-Westfalen. Durch seine Verbindung zur Bundesregierung und deren erheblichen finanziellen Versprechungen für eine *einheitliche* DSB-Führung[6] konnte er einschneidende Zentralisierungs- und Planungsmaßnahmen einleiten. Daß diese Entwicklung nicht ohne Widersprüche abläuft, ist an der Politik der Fachverbände deutlich zu machen. Die neue Struktur verdrängte ihre Macht zugunsten zentraler politischer (Sportkonferenz, Bundesausschuß zur Förderung des Leistungssports) und wirtschaftlicher (Sporthilfe) Einflußnahmen. Die Autonomiebestrebungen vor allem der großen Verbände (Fußball, Turnen, Leichtathletik) verhinderten zwar noch die Wahl W. Weyers zum DSB-Präsidenten, im Bereich des Leistungssports können jedoch inzwischen die zentralen Einrichtungen Bundesausschuß und Sporthilfe den Fachverbänden fast immer ihren Willen aufzwingen. So hat der ›Medaillenausschuß‹ (»[. . .] ist bemüht, den gesamten Sport intellektuell in den Griff zu bekommen, um endlich mehr Systematik und Planung ins Spiel zu bringen, damit die Leistungsförderung nicht wie bisher dem Zufall überlassen bleibt.«[7] mit fünf Sitzen die absolute Mehrheit im 9köpfigen Bewilligungsausschuß des DSB, der über die Vergabe der Mittel an die Verbände entscheidet.

Während sich die Fachverbände mit dem Bundesausschuß noch teilweise identifizieren können, da einige Spitzenverbände in ihm vertreten sind, führt die immer stärker werdende Abhängigkeit von der Sporthilfe zu häufigen Querelen. In der Öffentlichkeit wurde vor allem die Auseinandersetzung um R. Altig bekannt, den J. Neckermann über die Köpfe des BDR-Vorstandes (Bund Deutscher Radfahrer) hinweg als Bundestrainer einsetzen wollte. Die Weigerung des BDR mit der Begründung, Altig passe nicht in seine Trainingskonzeption, wurde fast ein Jahr lang aufrechterhalten, bis sich unter einem neuen Vorstand Neckermanns Idee doch durchsetzte. Entgegen ihrem eigenen Anspruch nimmt die Sporthilfe aufgrund ihrer finanziellen Macht massiven Einfluß auf Struktur und Planung des Leistungssports in den Verbänden. Die Fachverbände haben lediglich durch einen Koordinator ein Vorschlagsrecht gegenüber dem Gutachterausschuß der Sporthilfe. Der Koordinator der Gewichtheber, W. Peter, sprach von einer »Diktatur des Geldes«[8] und meinte damit das »Durchgreifen der Sporthilfe«[9]. »Die Sporthilfe verlangt das von uns«, begründete P. Günnemann die neue Förderungskonzeption bei den Amateurboxern. *Die Zeit* kommentierte: »Das Abschneiden bei der letzten (Box-)Europameisterschaft war gleichsam ein Tiefschlag für die Zuversichtlichen gewesen [...] J. Neckermann war erbost und redete Fraktur.«[10] »Die Sporthilfe will nun ›fünf vor zwölf‹, wie es heißt, die Weichen für eine konstruktive Leistungsförderung stellen und sich dabei nicht von den Fachverbänden behindern lassen. J. Neckermann selber: ›Die Kraftprobe ist unausweichlich.‹«[11] Über ihren Ausgang bestanden angesichts des großen Zieles von vornherein keine Zweifel: Ein Jahr nach diesen Äußerungen konnte Neckermann zu dem Resümee kommen: »Ein Großteil der Verbandsführer hatte sich zunächst ganz hart gegen die Sporthilfe gestellt [...] Inzwischen kann ich mit Freude feststellen, daß die Zusammenarbeit zwischen den Verbänden und der Sporthilfe heute sehr gut geworden ist. Selbst jene, die einmal von einer Diktatur der Sporthilfe und der Diktatur des Kapitalismus sprachen, haben sich eines Besseren belehren lassen müssen.«[12]

Das ›Belehren-lassen‹ bedeutet nicht Überzeugtsein, sondern Resignation der Verbandsfunktionäre angesichts der finanziellen und organisatorischen Kraft der Sporthilfe. Sie gibt einen Hinweis, daß in einem kapitalistischen System keine Einrichtung mit gesellschaftlicher Bedeutung von dessen Prinzipien verschont bleibt. Daß sich auch der Sport in Struktur und Planung nur der Rationalität des Kapitals anpassen kann, ist für J. Neckermann selbstverständlich: »In den Verbandsführungen muß trotz des größer gewordenen Verständnisses die Erkenntnis Platz greifen, daß wir derzeit in einer vom Erfolgsdenken geprägten Gesellschaft leben und daß wir mit Methoden der Vergangenheit heute im internationalen Wettkampf nicht bestehen können. Dazu gehört vor allem die Konzentration der Kräfte [...] Nur in einer konzertierten Aktion können wir in der uns zur Verfügung stehenden Zeit das Ziel erreichen. Es muß alles zusammenarbeiten. Nicht nur mit Worten, sondern mit der Tat, und wir müssen uns dabei einzig und allein von dem Gedanken leiten lassen, daß am Schluß der Erfolg zu stehen hat.«[13] Die Konzertierte Aktion meint das Zusammenwirken von Staat, Sport und Wirtschaft und hat nicht nur den Begriff mit der Einrichtung des Bundeswirtschaftsministers gemeinsam. Natürlich dürfen Staat und Wirtschaft nicht allzu massiv in die Sportorganisation eingreifen, da der Schein einer Selbständigkeit des Sports in der Öffentlichkeit gewahrt bleiben muß. Vielmehr sollen die relevanten Einrichtungen der Gesellschaft dazu gebracht werden, von sich aus die Interessen von Staat und Wirtschaft zu erfüllen. Dem widerspricht C. Hess: »Schließlich ist in diesem (Bundes-)Ausschuß der letzte Versuch einer Selbständigkeit zu sehen, bevor der Staat nach dem Sport greift.«[14] Dagegen ist zu fragen, welchen Wert eine formale Selbständigkeit haben kann, da ohnehin im Sinne von Staat und Wirtschaft gehandelt wird.

Um die ihm gestellten und von ihm längst verinnerlichten Aufgaben zu erfüllen und um im ›Konzert‹ von Staat und Wirtschaft mitspielen zu können, läßt der DSB seine Führungskräfte von der Akademie für Führung der Wirtschaft, von IBM-Fachleuten u. a. ausbilden und kommt zu dem Ergebnis: »Der DSB hat feststellen können, [. . .] daß eine sinnvolle Übertragung von Führungsfragen aus Wirtschaft, Industrie und Verwaltung möglich ist, der Sport allerdings auf dem Wege der Anpassung der Organisation und Verhaltensweisen an die gesellschaftspolitischen Erfordernisse erst am Anfang steht.«[15] »Karl Adam sieht Planung als die Erkenntnis an zu erahnen, was die Gesellschaft will. Es geht also nicht darum, ein Appetenzverhalten in diesem Bereich zuzulassen, sondern ein rationales Verhalten zu verwirklichen, das durch Zielvorstellungen gesteuert wird. Das bedarf einer Strategie für rationales Verhalten und der von der gesellschaftlichen Ordnung abhängigen Zielvorstellungen.«[16]

Daß hier der »Kampf mit den Traditionen« (*Bild*-Interview zur Sporthilfe)[17] aufgenommen wird, daß mit der Ehrenamtlichkeit in der Sportführung weitgehend Schluß gemacht wird, soll nicht bedauert werden. Ob aber dadurch, daß die Führungsaufgaben nun nicht mehr nur finanziell gut Situierten überlassen sind, daß »Wege zur Anpassung an die gesellschaftspolitischen Erfordernisse« beschritten und daß »von der Gesellschaft abhängige Zielvorstellungen« entwickelt werden, ob durch all dies mehr Demokratie verwirklicht wird, scheint mehr als fraglich angesichts der nachzuahmenden Führungspraxis der Wirtschaft. Wenn die Führungskräfte ausgerechnet bei denen in die Schule gehen, die zwar ›Kooperation‹ und ›Kreativität‹ als Mittel der Profitsteigerung entdeckt haben, denen Demokratisierung und

Mitbestimmung aber ein Greuel sind, wird deutlich, was von W. Daumes Statement zur Neuordnung des Leistungssports der BRD vor dem Innenausschuß des Bundestages zu halten ist: »Wir müssen die vermenschlichende, im Grunde wunderbare Mühsal der Demokratie auf uns nehmen, wir müssen überzeugen, auch in den eigenen Reihen«, konkret: »Die 38 000 Vereine des DSB sind ein wichtiges Übungsfeld für unser demokratisches Staatswesen.«[18]

Besonders im Bereich des Leistungssports wird »demokratische Willensbildung« von der Basis der Vereine zu den Spitzengremien aufgrund der neuen Führungsstruktur und der zentralisierten Förderungsmaßnahmen gerade verhindert. Dem widerspricht auch nicht, daß sich auf regionaler Ebene ähnliche Prozesse abspielen: die Sportkonferenz in Rheinland-Pfalz, Sporthilfe in Niedersachsen, Berlin und Frankfurt, ›Sportbeauftragte‹ in Bayern usw. Die den Vereinen zugesprochene demokratisierende Funktion erfüllt sich nicht nur deshalb nicht, weil die zentralen Leitungsorgane auf nationaler und regionaler Ebene an ihnen vorbeiregieren, weil etwa Mitgliederversammlungen der Vereine keinerlei Kontrollfunktion ausüben können, sondern vor allem auch, weil in immer stärkerem Maße selbst bei kleineren Amateurvereinen der Sport nach privatwirtschaftlichen Prinzipien strukturiert wird: Grundlegung von Kapital, Anwerbung von Arbeitskräften, hierarchische Verwaltungsbürokratie. »Die Vereine sollten neben einem ehrenamtlichen Präsidium einen Beirat schaffen, dessen Mitglieder quasi Aktionäre oder Gesellschafter des Klubs sind [...] Bei sechs Beiräten z. B. sollte jeder eine Viertelmillion Mark an Einlagen erbringen. Selbstverständlich sollten sie ihr Kapital entsprechend verzinst bekommen. Eine gesunde Finanzpolitik wäre dadurch garantiert.«[19] Aus einem Trainer-Interview: »›Erich Maas wurde verkauft, offensichtlich aus kalten finanziellen Erwägungen. Der FC Bayern gilt in der Tat als kaltschnäuzigste Leistungsgesellschaft der Bundesliga. Wie wirkt sich das auf das Betriebsklima aus?‹. Lattek: ›Sehr gut. Es herrschen bei uns klare Verhältnisse, so wie im Wirtschaftsleben auch.‹«[20] Immer häufiger werden nicht nur Fußball-Bundesligavereine von Wirtschaftsführern nach Prinzipien geleitet und durchorganisiert, die die Freiburger Turnerschaft von 1844 so charakterisiert: »Neue Existenzformel — ›Wir verkaufen Sport‹.«[21] Von den Führungsgremien bis zu den Vereinen lassen sich strukturelle Zusammenhänge zwischen Leistungssport und Wettbewerbsgesellschaft nachweisen; Ch. von Krockow: Der moderne Leistungssport ist ein »Produkt der industriellen Gesellschaft, die symbolische, konzentrierte Darstellung ihrer Grundprinzipien«.[22]

III

Das Interesse der Wirtschaft am Sport ist nicht neu. Nicht nur die Sportartikelindustrie profitiert in immer stärkerem Maße von der öffentlichen Wirksamkeit des Spitzensports sowie von der hohen gesellschaftlichen Wertigkeit ›sportlicher‹ Etikette. Mit diesem Image läßt sich inzwischen der Konsum nahezu aller Verbrauchsgüter anstacheln. Die Werbewirksamkeit hat dazu geführt, daß z. B. Sportveranstaltungen von internationalem Niveau in bestimmten Sportarten (Rudern, Leichtathletik z. B.) ganz von Firmen(-gruppen) ›gesponsert‹ werden. Gemessen an den Werbeetats dieser Unternehmen nehmen sich sogar sechsstellige Beträge, die mitunter in den Sport investiert werden, freilich immer noch bescheiden aus. Die Wirtschaftsvertreter selber betonen, daß trotzdem von Altruismus und uneigennützigem Sportinteresse keine Rede sein kann: »Einer der ersten Faktoren, die wir erwähnen, ist, klar zu betonen, daß wir nichts aus Wohltätigkeit tun, sondern zu unserem wirtschaftlichen Vorteil. Deswegen arbeiten wir auch so eng mit den Sportbehörden zusammen (in der BRD z. B.: Daimler-Benz und Ruderverband — F. D.). Aus purem Wohlwollen tuen wir niemandem einen Gefallen.«[23]

Die *Frankfurter Rundschau* schätzt, daß allein 1971 100 Mill. DM von der BRD-Wirtschaft für den Sport gespendet wurden. Die größten Spendentöpfe sind die Sporthilfe und der Verein zur Förderung der Olympischen Spiele 1972, der sich um Sachspenden zur Organisation der Spiele bemüht.

Mit der Sporthilfe erhalten die Investitionen der Wirtschaft eine neue Qualität. Während alle anderen Spenden für den Sport (inkl. der ›Trimm-Dich‹-Aktion) und für die Olympischen Spiele werbewirksam eingesetzt werden, wollte die Sporthilfe von Anfang an ein »schlichter Akt menschlicher Hilfsbereitschaft« sein (Daume), d. h. die Spenden sollen anonym bleiben.

Das Interesse, die Spenden als selbstlose Hilfeleistung darzustellen, korreliert mit den Bemühungen der Staatsbürokratie, der Sportpresse und vieler Sportwissenschaftler, der BRD-Öffentlichkeit zu suggerieren, daß die Olympischen Spiele in München eine »nationale Angelegenheit« seien: »Für das eine große Ziel: Medaillen in München 1972« (*Bild* über die Sporthilfe).

Die Aktion Sporthilfe ist immer in Zusammenhang zu sehen mit dem »Organisationsboom, (der) in der Sportgeschichte der BRD einmalig ist«[24], vor allem in den zentralisierten Lenkungs- und Planungsmaßnahmen. Die Stiftung Deutsche Sporthilfe, der Bundesausschuß zur Förderung des Leistungssports, das Bundesinstitut für Sportwissenschaften, die Deutsche Sportkonferenz, der Sonderausschuß für Sport und Olympische Spiele des Deutschen Bundestages sind sämtlich zwischen 1967 und 1971 entstanden und dienen praktisch ausschließlich der totalen Aufrüstung für die Olympischen Spiele.

Alle diese Anstrengungen wären nutzlos, wenn die Sporthilfe nicht wäre. Kaum ein Sportler wäre noch bereit, unter weitgehender Aufgabe seines Berufes und vieler individueller Bedürfnisse, sich den Strapazen des modernen Hochleistungssports zu unterwerfen. Andererseits sind die von der Sporthilfe aufgebrachten 35 Mill. DM gering im Verhältnis zu den Ausgaben des Staates zur Organisation der Olympischen Spiele und zur Förderung des Leistungssports. Daß die Unterstützung der Sportler nicht auch noch von der Staatskasse getragen wird, die ja eine Steigerung der Olympiaausgaben um 300 Mill. DM auch verkraftete, dient lediglich der Irreführung der Öffentlichkeit. Bemüht um eine Abhebung von den ›Staatsamateuren‹ sozialistischer Länder soll der Anschein eines unabhängigen Sports und freier Sportler (= Demonstration der ›freiheitlichen Ordnung der BRD‹) geweckt werden.

Das Engagement der Wirtschaft in der Sportförderung hat nichts mit »demokratischer Selbsthilfe« (Neckermann an die Unternehmer) zu tun: die angestrebte Trennung von Staat und Wirtschaft ist eine Fiktion, da beide ein übereinstimmendes Interesse an den Erfolgen der Leistungssportler haben. Die Wirtschaft setzt durch die Sporthilfe nur den Punkt auf das ›i‹, das der Staat durch die umfangreichen grundlegenden Förderungsmaßnahmen bereits geschaffen hat. Ohne diese wären die Unternehmer zu einer Unterstützung des Leistungssports gar nicht bereit gewesen.

Die Motive, die Wirtschaft und Staat bei der Förderung des Leistungssports verbinden, dürften drei ihm von Innenminister Genscher zugeschriebene Funktionen erhellen: »Leistungssport sollte keineswegs in erster Linie um des nationalen Prestiges willen, sondern wegen seiner Ausstrahlung auf die sportliche Einstellung und Beteiligung der ganzen Bevölkerung unterstützt werden. [...] Nur die Sporthilfe löst die Leistungssportprobleme und damit eine positive weitere Entwicklung des Leistungssports.«[25]

1. Die »sportliche Beteiligung der gesamten Bevölkerung« wird leider eine Wunschvorstellung bleiben. Auch wenn Sportwissenschaftler das noch 1971 behaupten (B. Wischmann: »Spitzensport als Bahnbrecher des Breitensports«[26]), gibt es keine Hinweise dafür, daß der Leistungssport heute Begeisterung für die eigene sportliche Betätigung des Zuschauers bewirkt und über die bloße Identifikation hinaus dem Breitensport Impulse gibt. »Beide haben sich so weit voneinander entfernt, daß man sie nicht mehr als Variation ein und desselben Betätigungsdranges ansehen kann. Der bisher als selbstverständlich gezo-

gene Schluß, Erfolge im Höchstleistungssport verliehen dem Breitensport automatisch Auftrieb, hat sich als fragwürdig erwiesen. Aber genausowenig garantiert umgekehrt eine noch so große Breite automatisch entsprechende Spitzenleistungen.«[27] F. Schirmer, ehemaliger Zehnkampftrainer und jetzt Sportexperte der SPD im Bundestag, glaubt sogar, der Spitzensport könne auf den Breitensport völlig verzichten.[28] Warum trotz dieser Einsicht maßgeblicher Politiker und Sportfunktionäre die unangemessen hohen Ausgaben für 3000 Sportler nicht zugunsten der restlichen 10 Mill. Mitglieder des DSB bzw. unorganisiert Sporttreibender reduziert werden, wird sich noch zeigen. Dem häufig vorgebrachten Argument, die Aufwendungen für die Spitzensportler könnten, auch wenn sie vollständig dem Breitensport zugute kämen, dessen Lage nicht wesentlich verbessern, kann entgegengehalten werden: 1971 wurde der Sporterat des Bundes mit insgesamt 200 Mill. DM veranschlagt. 85 Mill. davon werden für die Olympischen Spiele bereitgestellt, 19,5 Mill. für die Finanzierung der Bundesleistungszentren, weitere 20,1 Mill. für »zentrale Maßnahmen des Sports«. Demgegenüber stehen für allgemeine Aufgaben — den Bau von Sportstätten für den Breitensport — ganze 7,5 Mill. DM im Etat. Für das ›Zonenrandgebiet‹ und West-Berlin sind allein 16 Mill. reserviert, 35 Mill. für den Ausbau des Berliner Olympiastadions. Bezeichnenderweise hat sich der Bund auch aus der Finanzierung des ›Goldenen Plans‹ zurückgezogen, der eine umfassende Versorgung der Gemeinden und Städte mit Sporthallen und -plätzen konzipiert.[29]

2. Die »sportliche Einstellung der Bevölkerung«: In Verbindung mit dem Leistungssport kann damit eigentlich nur gemeint sein, daß dessen Prinzipien von der Bevölkerung verinnerlicht werden sollen. Das ist um so wichtiger in einer »gesellschaftspolitischen Situation der Bundesrepublik [...], (da) nicht nur die kritische Jugend der BRD immer lauter gegen Leistungszwänge opponiert. Das Gros der bundesdeutschen Gesellschaft entfernt sich ständig weiter von dem früher gerade für die Deutschen typischen Leistungsstreben« (FAZ über die Sporthilfe).[30] Leistung wird zum Fetisch erhoben: »Was einer tut, ist nicht so wichtig, nur was er tut, das tue er ganz«, heißt der Leitsatz von J. Neckermann[31], und er drückt damit ein Charakteristikum sowohl der kapitalistischen Wirtschaft als auch des in ihr betriebenen Leistungssports aus: ob einer Maschinengewehre, Wintermäntel oder Groschenromane produziert, ist »nicht so wichtig« (Hauptsache: die Wirtschaft wird angekurbelt und die Freiheit des freien Unternehmertums wird nicht angetastet!). Für die Lohn- und Gehaltsabhängigen heißt das: Macht eure Arbeit, kümmert euch nicht (Konsumiert!), für die Sportler der Sporthilfe: »Wir müssen uns *einzig* und *allein* von

dem Gedanken leiten lassen, daß am Schluß der Erfolg zu stehen hat.«[32] Mit welchen Motiven einer produziert, arbeitet, Sport treibt, unter welchen Bedingungen, mit welchen Inhalten, für wen — soll letztlich gleichgültig sein. Entscheidend ist nur das Ergebnis: Profit hier, Medaillen und Rekorde dort.

Wenn ein Vertreter der Sportwissenschaft den Spitzensport als »Beispiel für alle Lebensbereiche« bezeichnet und glaubt, »daß auch unser Volk nicht ohne ein charakterformendes, sauberes Höchstleistungsstreben auskommt und dessen gestaltender Kräfte dringend bedarf«, so kann er damit allenfalls sein Engagement in der Organisation des Leistungssports, das ihm die Einsicht in die realen gesellschaftlichen Prozesse versperrt, rechtfertigen.[33]

3. Entgegen der Aussage Genschers geht es bei der Förderung des Leistungssports doch in erster Linie um das nationale Prestige. Zumal die Olympischen Spiele im eigenen Land stattfinden, kann die Leistungsfähigkeit der BRD-Gesellschaft via Medaillen bewiesen werden: ihr selbst und anderen.

Das »Sozialwerk des deutschen Sports« (Daume über die Sporthilfe) soll »kein übertriebener (!) Nationalismus« leiten, es will »auch keinen Chauvinismus fördern (!)«, es will vielmehr verstanden werden als eine »gesellschaftliche Verpflichtung« und geschieht im Namen eines »öffentlichen Interesses«, das u. a. durch die Presse schon so angestachelt ist, daß, »versagen wir in München, die Leute mit Steinen werfen« (Neckermann).[34]

Erst über die Identifikation der Bevölkerung mit ›ihren‹ Athleten werden die Motive für das Engagement der Wirtschaft im Sport klar. »Bei der regressiven Identifikation wird in den Sportstar das eigene nicht erreichte Ich-Ideal hineinprojiziert [. . .] Der regressive Anschluß an das Kollektiv, dem die Aufputschung des Nationalismus mit Hilfe internationaler Sportbegegnungen dient, erleichtert es den Herrschenden, die Völker in Gefolgschaften zu verwandeln.«[35]

Neckermann machte den potentiellen Spendern in dem Organ des BDA (Bund Deutscher Arbeitgeber), *Der Arbeitgeber*, deutlich: »[. . .] wurde zunehmend dem Leistungssport eine seinem eigentlichen Wesen nicht gemäße Komponente beigelegt: Er ist heute nationales Aushängeschild, nicht nur für die jungen Nationen. Staat und Gesellschaft sehen sich — mehr denn je — in ihren Spitzensportlern repräsentiert und identifizieren sich mit ihren Erfolgen oder Niederlagen.«[36] In den Bittbriefen an die Unternehmen heißt es: »Der Leistungssport hat eine Bedeutung für die Gesellschaft schlechthin. Der sportliche Erfolg gilt heute als ein Gradmesser für die Leistungskraft eines Volkes.« Schließlich dürfte J. Neckermann auch in seinen ›Gesprächen unter vier Augen‹ die Wirtschaftsbosse davon überzeugt haben, daß hier durch wenig Geld — was sind schon 50 000 DM im

Werbeetat von Bayer — viel für die Wirtschaft erreicht werden kann.

Die Sportler selber lassen sich von dem ideologisch überbelasteten Vokabular der nationalen Repräsentation nicht mehr stimulieren. »Bei uns fehlen nationalistische und ideologische Antriebsmomente« (J. Nöcker, Sportwissenschaftler und Mitglied des Gutachterausschusses der Sporthilfe). Ihnen wird klargemacht, daß es bei der Sporthilfe um ein Geschäft zwischen Sportlern und Wirtschaft geht: »Sie treten auch als Repräsentanten unserer Wirtschaft auf«, ermahnte J. Neckermann die Leichtathleten vor der Europameisterschaft. Ein Vertreter der Wirtschaft: »Unsere Geldgeber wollen natürlich wissen, wofür das Geld ausgegeben wird.«[37]

Ob die internationalen sportlichen Erfolge tatsächlich die Leistungsfähigkeit einer Volkswirtschaft beweisen können, muß bezweifelt werden. Auf jeden Fall können sie aber, ideologisch verwertet, in eine Akklamation für das politische bzw. ökonomische System verwandelt werden.

Wenn die Sportler als »Repräsentanten der Gesellschaft im internationalen Wettbewerb«[38] aufzutreten haben, so werden zwei auffällige Tendenzen sichtbar: a) »Die Medaillenjagd ist typisch für die internationale Leistungskonkurrenz, die nach kapitalistischen Prinzipien auch hier bis zur ruinösen Konkurrenz geht.«[39] Zu einem Zeitpunkt, da die Vermachtung und Konzentration den freien Wettbewerb in der BRD-Wirtschaft nahezu beseitigt haben, der internationale Konkurrenzkampf jedoch immer härter wird, können sportliche Erfolge möglicherweise psychologisch wirksam werden und auf indirekte Weise auch den ökonomischen Prozeß beeinflussen (z. B. hat die internationale Aufwertung der DDR, nicht zuletzt auch durch sportliche Erfolge bewirkt, ihre Außenhandelsbilanz verbessert). b) Je mehr die Monopolisierung in der BRD voranschreitet, desto wichtiger wird es, sie ideologisch zu verdecken. Indem der Öffentlichkeit durch den Sport vor Augen geführt wird, wie einer »aus eigener Leistung« es zu etwas bringen kann, soll der Transfer auf die Wirtschaft gelingen. Es wird »auch dem sozial Schwächeren Gelegenheit gegeben werden, am Wettbewerb um die höchste Leistung teilzunehmen« (Neckermann zu den Intentionen der Sporthilfe).[40] So gewähren die Herren der Wirtschaft durch die Sporthilfe im Sport, was im ökonomischen Bereich eine Fiktion geworden ist und hoffen, daß das Volk es nicht merkt.

Ein wesentliches, damit zusammenhängendes Antriebsmoment zur Förderung des Leistungssports ist die ›Angst‹ vor dem Sozialismus, die allen Wirtschaftsführern gemeinsam ist. Wenn C. Hess fordert, den »Kampf mit der DDR als Realität zu begreifen«[41], Neckermann im *Arbeitgeber* mit der »gesellschaftspolitischen Konkurrenz der sozialistischen Länder« argumentiert, verfehlt das seine Wirkung sicherlich nicht, denn »eine mögliche schlechte Placierung der BRD, eventuell wiederum hinter der DDR, könnte bei der Bevölkerung Zweifel letztlich an der Effizienz des bundesrepublikanischen Kapitalismus hervorrufen, damit die Position der herrschenden Klasse verunsichern und im Ausland gewissen Machtverlust bedeuten, d. h. möglicherweise den ökonomischen BRD-Imperialismus schwächen«.[42] In den von BMW- und Coca-Cola-Werbeagenturen arrangierten Texten und Illustrationen für die Sporthilfe, die von der Presse oft ganzseitig und kostenlos veröffentlicht wurden, heißt es dann auch: »Er stößt nicht weiter, weil er Marxist ist, sondern weil er besser trainieren kann«, und: »Russe müßte man sein«. Über dem furchterregend verzerrten Gesicht eines chinesischen Tischtennisspielers wurde der einfache Bürger zum pädagogischen Bekenntnis herausgefordert: »Heute spielt Ihr Sohn noch Manfred Germar und Martin Lauer. Muss ER sich morgen seine Vorbilder woanders suchen?«

Neben dem Antikommunismus erweist sich auch hier die Partnerschaftsideologie als probates Mittel zur Identifikation der Masse der Abhängigen mit dem ökonomischen System, das ihre Entfaltungsmöglichkeiten verhindert. Im Sinne der ›sozialen Integration‹ spielen Prominente für die Sporthilfe Fußball, singt ein oberhessisches Dorf für sie, spendet Nero-Doldinger 1000 DM, verwandelt ein großes Unternehmen jedes Müller-Tor in der Bundesliga in einen Tausender für die Sportförderung, stehen in den Kneipen Sporthilfe-Sparschweine usw. Mit Hilfe der Sportförderung rückt *Bild* die Klassen in der BRD wieder zusammen: »J. Neckermann ist glaubwürdig, weil er nicht nur erfolgreicher Unternehmer, unabhängiger Funktionär im Sport, sondern erfolgreicher Sportler ist [...] Und der Mann auf der Straße spürt, was es bedeutet, wenn es J. Neckermann schafft, immer wieder mit sportlich erstklassigen Leistungen aufzuwarten.«[43] Neckermann selbst meint: »Im Sport müssen wir alle sozialen Unterschiede verwischen. Deshalb habe ich den Vorsitz der Sporthilfe übernommen.«[44] Warum nur im Sport, warum nur verwischen, sollte sich der Mann auf der Straße fragen. Neckermanns Wort gilt höchstens für den sportlichen Wettkampf, nicht einmal mehr in der Organisation des Sports. All das Gerede von den gemeinsamen Anstrengungen, die bis München unternommen werden müssen, entlarvt sich angesichts der Verfügungsmacht über die gemeinsam aufgebrachten Mittel: Der ›kleine Mann‹ darf spenden; mitbestimmen soll er nicht. Da wird deutlich, was die Großunternehmer Neckermann und Daume meinen, wenn sie von der »demokratischen Selbsthilfe«, der »wunderbaren, das Leben so sehr vermenschlichenden Mühsal der Demokratie« sprechen.

Unter dem Deckmantel Sporthilfe wird darüber hinaus gezielt (psychologische) Wirtschaftspolitik getrieben! v. Brauchitsch (Flick-Manager und Vorstandsmitglied der Sporthilfe): »Die Wirtschaft tritt zur Zeit der gesunkenen Gewinne kurz, und sie tut sich schwer herauszufinden, wer denn in diesem Spendendschungel unter dem Titel Sport überhaupt vorrangig ist.«[45] Sieben Monate später sagt Neckermann im *Bild*-Interview: »Geld genug werden wir nie haben. Zumal die Wirtschaft heute nicht mehr so großzügig spenden kann wie vor einigen Monaten noch.«

Indem sie in ihrer Reklame auf die hohe ideelle Wertigkeit der Sporthilfe in der Bevölkerung abzielen, machen einige Unternehmen ihren direkten Profit mit der Sportförderung, wodurch sich ihre Spenden mehr als amortisieren: Die ›Deutsche Granini‹ z. B. preist ihre Obstsäfte an: »HELFT GEWINNEN — München Olympische Spiele 1972. Aktion für den Deutschen Sport. Jede Flasche ›gesund & munter‹ bringt der Stiftung Deutsche Sporthilfe bares Geld und uns mehr Chancen auf Olympia-Medaillen. Ehrenmedaillen für ganz aktive Förderer [...] Mittrinken — Mithelfen. Damit wir in München gut abschneiden. Die Summe macht's.«

Insgesamt läßt sich tendenziell feststellen, daß die die BRD beherrschenden Industrie-, Bank- und Pressemonopole auch den Leistungssport auf den ›rechten‹ Weg bringen. Daß die Masse der Bevölkerung von ihnen am besten vertreten wird, kann nur jemand behaupten, der selber noch der repressiven Bedürfnismanipulation und Partnerschaftsideologie unterlegen ist. So wird in Zukunft mit Hilfe des Sports ein noch schöneres Bild vom Unternehmer aufgezeigt werden können als bei einer Untersuchung von 1970: »Zu der Behauptung nämlich: ›Die Unternehmer versuchen, von sich aus die Wünsche ihrer Arbeiter und Angestellten so gut es geht zu erfüllen‹, sagten ›ja‹: 1950: 14 Prozent, 1956: 23 Prozent, 1965: 29 Prozent, 1970: 44 Prozent. ›Die Unternehmer‹, so zeichneten die [...] Sozialforscher das Bild im Denken und Fühlen der Bundesdeutschen nach, ›haben die eigentliche Macht im Staate, aber das ist auch richtig so.‹«[46] Resümee der *Bild*-Zeitung im Sporthilfe-Interview: »Der kleine Mann kann stolz sein . . .«

Stolz ist auch die Sportpresse (damit sind gar nicht so sehr die Sportzeitungen selber gemeint als vielmehr der Sportteil der Tages- und Wochenzeitungen) über die »gesellschaftliche Aufwertung des Sports« dadurch, daß sich die ökonomisch Herrschenden endlich auch seiner angenommen haben. Die überdimensionalen Anteile des Sports an der Berichterstattung der Tageszeitungen zeigen, daß die Presse selbst ein materielles Interesse an den nationalen Erfolgen der Sportler hat. Und sie weist ihre ökonomische Affinität zur Sporthilfe auch in der Berichterstattung über diese aus: In allen Auseinandersetzungen um die Sportförderung stand sie stets auf der Seite Neckermanns. Bezeichnenderweise kritisiert sie allenfalls die verschiedenen Maßstäbe bei der Aufstellung der Leistungsnormen. Grundton: »Was die leistungswillige und talentierte Sportjugend von heute braucht, sind väterliche Helfer, die wissen, daß in dieser Zeit zu leben kein Honigschlecken ist [...] Da müssen alle zusammen helfen: die Deutsche Sporthilfe ebenso wie die Arbeitgeber und — wenn es auch da und dort schwerfällt — die Universitäten« (L. Koppenwallner, *Süddeutsche Zeitung*).

Im *Arbeitgeber* bestätigt Neckermann den Wirtschaftsbossen: »Sie haben nicht gezögert, die Verpflichtung auf sich zu nehmen, mit ihrem Rat oder ihrer finanziellen Hilfe den Gedanken ›Sozialwerk Sporthilfe‹ mit Leben zu füllen und durch ihr persönliches Engagement den Sport in unsere Gesellschaft zu integrieren. Dies wird auch bei den gesellschaftlichen Veranstaltungen der Stiftung, wie dem alljährlichen ›Ball des Sports‹ gepflegt.« ›Unsere Gesellschaft‹, von der hier die Rede ist, kann nicht den größten Teil der Bevölkerung meinen, für den der Sport sicher nicht durch die Sporthilfe zu einem integrierten Bestandteil des Lebens geworden ist, sondern, wenn auch in der Form des ›Zuschauersports‹, es bereits vorher war. Bleibt nur zu folgern, daß Neckermann damit seine eigene Klasse meint, die in der Tat erst jetzt den Sport richtig entdeckte. »Den Sport in unsere Gesellschaft zu integrieren« hieße dann, ihn den sozioökonomischen Prinzpien und Absichten dieser kleinen Gruppe von Herrschenden unterzuordnen.

Der als beispielhaft angeführte ›Ball des Sports‹ bestätigt diese Behauptung. Zwar bedankte sich Heide Rosendahl 14mal bei der Wirtschaft[47], doch die Sprecherin der Nationalmannschaft der Leichtathleten, Brigitte Berendonk, kommentierte: »Gewerkschaftler und besonders Wissenschaftler waren trotz anderslautender Pressemeldung so gut wie gar nicht repräsentiert. Die Festleitung hatte außerdem das Gerücht herausgegeben, es seien keineswegs nur Prominente geladen, vielmehr habe man auch aus umliegenden Betrieben ein paar arbeitende Menschen und ein paar alte Mütterchen von den Hecken und Zäunen quasi als Vertreter des schlichten Volkes geladen [...] Einige Sportler schauten sich verlegen an: Das Perverse war deutlich spürbar. Hier benutzte eine Schickeria, die mit Sportlern im Grunde nichts verbindet, die augenblickliche Popularität des Sports als Vehikel zur politischen Demonstration und zur Selbstdarstellung. Das weiß doch jedes Kind, daß diese Sorte feiner Leute privatim L. Westermann, H. Faßnacht oder H. Norpoth als ›arme Irre‹ ansieht [...] Da kriegen also die armen Irren ihr diurnales Rumpsteak von der Neckermann-Society, um sich den Sport, den sie sich eigentlich nicht leisten könnten, leisten zu können, und dafür sind sie dann nett zu den Spendern. Ein schaler Reeperbahn-Geschmack schmeckt da immer deutlicher aus den Neckermann-Steaks heraus: Sporthilfe-Prostitution.«[48]

IV

Die Umstrukturierung der westdeutschen Sportführung geschieht genau zu der Zeit, da wesentliche Veränderungen im ökonomischen und politischen System vor sich gehen. Während Wirtschaftsminister Schiller nach der Rezession von 1966/67, die den ersten empfindlichen Rückschlag in der wirtschaftlichen Entwicklung der BRD bedeutete, die Anfälligkeit des kapitalistischen Systems durch Planung und Kooperation überwinden wollte, wurden — zeitlich nur gering verschoben — die gleichen Mittel angewandt, um das ›Chaos‹ im Leistungssport zu beseitigen.

»Notwendigerweise muß sich in einem privatwirtschaftlichen System, zudem der Staat (gleichgültig, wer an der Regierung ist), will er nicht Konjunktur und Wirtschaftswachstum in Gefahr bringen, an der Profitlogik dieses Systems orientieren. Die ›Konzertierte Aktion‹ ist hier nur konsequent: besser als Wähler, als die Parteien, besser aber auch als die Gewerkschaften können die Unternehmerverbände im Verein mit den Konjunkturforschungsinstituten und systemkonform denkenden ›Fachleuten‹ beurteilen, was der hochkonzentrierten und damit auch hochgradig sensiblen Wirtschaft guttut. Die ›Freiheit‹, die diese Planung ermöglicht, sieht zwangsläufig so aus, daß nur ein Teil der Menschen sie ausüben kann, während ein großer Teil der Gesellschaft von vornherein von ihrem Genuß ausgeschlossen ist. Das heißt: die sogenannte ›Wirtschaftsfreiheit‹ dient zunächst der Freiheit des ›freien Unternehmers‹, also der Freiheit des Privateigentums von Produktionsmitteln, während die anderen höchstens Nutznießer und in jedem Fall Abhängige sind.«[49]

Da die SPD ein primäres Interesse daran hat, an der Regierung zu bleiben, will sie den Kapitalismus nicht abschaffen, sondern planen. Folglich werden die Massen nicht zum Kampf gegen unsoziale Verhältnisse und Entmündigung aufgerufen, vielmehr im Gegenteil entpolitisiert. Nicht zufällig wird auch von einer »Konzertierten Aktion« (Neckermann) zur Kennzeichnung der Zusammenarbeit zwischen Staat, Wirtschaft und Sport gesprochen. Soll die wirtschaftliche Stabilisierung gelingen und damit die politische Konsolidierung, müssen sich möglichst alle relevanten d. h. öffentlich wirksamen Bereiche durch Integration und Partnerschaft der verschiedenen Interessengruppen dem staatlichen Regulierungsprozeß anpassen. Daß diese soziale Stabilisierung durch viele Widersprüche gekennzeichnet ist, ergibt sich daraus, daß die angestrebte ökonomische Stabilisierung eben nicht, wie es vorgegeben wird, der Gesamtheit zugute kommt, sondern letztlich dem Profit einiger immer weniger, immer mächtiger werdender Wirtschaftsgruppen dient. Zwar lassen sich die Widersprüche in der Sportpolitik der Regierung von daher nicht empirisch ableiten, sie müssen jedoch in diesem Zusammenhang gesehen werden. (Das Dilemma der Regierung in der Gesetzgebung zur Vermögensbildung, zum Mieterschutz, zur Betriebsverfassung kann letztlich auch nicht mit dem Widerstand des Koalitionspartners, der Opposition oder mit fehlenden finanziellen Mitteln erklärt werden.)

Die Widersprüche in der Sportförderung der Bundesregierung sind eklatant: Die Mittel, die in der mittelfristigen Finanzplanung für den Sport bis 1973 mit 574,8 Mill. DM veranschlagt sind, dienen einseitig der Förderung des Leistungssports (s. o.). In einer riesigen Werbekampagne in Form eines Rechenschaftsberichts nach zwei Jahren Amtszeit rechtfertigt die Bundesregierung das mit den »Anreizen zum Volkssport« und der damit verbesserten »Volksgesundheit«. Daß solche Begründungen nicht haltbar sind und die wahren Gründe verschleiern, ist bereits gezeigt worden. Fast schizophren sind die weiteren Ausführungen zu nennen: »Wir brauchen keine Medaillen zur nationalen Selbstbestätigung, gleichwohl freuen wir uns über jede Medaille, die in München und Kiel errungen wird. Deshalb sind die Förderungsmaßnahmen [. . .] mehr als verdoppelt worden.« Wenn Medaillen gar nicht so wichtig sind und das primäre Förderungsziel ein Sport zum Spaß und zur Gesundheit der Bevölkerung ist, wozu dann die immense einseitige Förderung des Leistungssports? Die Erklärung dürfte sein, daß die Erwartungen progressiver Teile der Bevölkerung, die die sozialliberale Koalition in der Hoffnung auf ›Innere Reformen‹ unterstützt haben, rein verbal erfüllt werden sollen. Noch offensichtlicher wird diese Widersprüchlichkeit, wenn in der Grundsatzerklärung zum ›Sport in Schule und Hochschule‹ vom Schulsport verlangt wird, »vor allem Kritikfähigkeit gegenüber den Erscheinungen des massenpsychotisch-materialistischen Sports in unserer Zeit« anzuregen, gleichzeitig jedoch genau diese »Erscheinungen« mit Hunderten von Millionen unterstützt werden. Der für den Sport verantwortliche Staatssekretär im Innenministerium meint zur »sportfreundlichen Haltung des Finanzkabinetts«: »Noch nie ist der Sport so gut behandelt worden.«[50] Ein Interview mit ihm deutet die Widersprüche ebenfalls an: »Von Hovora: ›Wenn ein gut organisierter und zielbewußter Block von 10 Mill. Menschen in unserem Land vom Staat unabhängig zu sein wünscht, dann sehe ich in unserer demokratischen Staatsordnung keine Möglichkeit, ihn solcher Unabhängigkeit zu berauben‹ — ›aber dieser Block wünscht die Hilfe des Staates‹ — ›. . . Und mit Recht. Sie wird ihm auch gewährt, weil der Staat seine Verpflichtung dafür anerkennt. Aber Sie können versichert sein, daß deshalb niemand in diesem Hause und sicher auch im Parlament an irgendeine Form des Staatssports denkt.‹«[51]

Trotz fehlender Mittel für ›Innere Reformen‹ gab sich Innenminister Genscher angesichts der bevorstehenden Olympischen Spiele großzügig: »Der Sport darf nicht Bittsteller sein, wenn es darum geht, daß der Staat die Voraussetzungen für seine Arbeit schafft und mitfinanziert.«[52] »Der Staat hat sich des Sports mit großer Tatkraft angenommen.«[53] Wenn er andererseits betont: »Nur die Sporthilfe löst die Probleme des Leistungssports«, deutet er die Interessenverflechtung zwischen Staat und der Wirtschaft an, die ja nur aufgrund der riesigen finanziellen Vorleistungen der Politiker sinnvoll in den Leistungssport investieren kann. Wie der Staat die wirtschaftliche Sportförderung absichert, mag an einer banal klingenden Meldung gesehen werden: »Die Justizminister haben den Gerichten die Sporthilfe als förderungswürdig empfohlen.«[54]

Gesundheitsminister K. Strobel bringt die Vorstellungen von Staat und Wirtschaft auf einen Nenner: »Wir betrachten den Sport als einen stabilisierenden Faktor in unserer Gesellschaft.«[55]

V

Wenn die Sporthilfe für die Sportler ›Chancengleichheit‹ gewährleisten will, unabhängig von der sozialen Stellung, wenn innerhalb der Führungsgremien jedoch nur bestimmte Schichten repräsentiert sind, so weckt das den Verdacht, daß die kontrollierenden Schichten die Unterprivilegierten nur soweit zu ihrem Recht kommen lassen, als es ihnen selber von Nutzen ist.

Im folgenden versuchen wir die These zu belegen, daß der Anspruch der Sporthilfe, die »persönliche Freiheit des Athleten« zu garantieren, Wortgeklingel ist und das eigentliche Interesse der Förderer verdeckt.

Eine immer wieder angeführte Begründung der Sporthilfe kann dabei von vornherein abgetan werden, da sie empirisch widerlegt ist, nämlich, daß sie dafür sorgt, die sportliche Leistung zu einem »persönlichkeitsbildenden Faktor« werden zu lassen (Nekkermann). Tutko/Ogilvie untersuchten 15 000 US-Athleten über mehrere Jahre und »fanden keine empirische Bestätigung für die traditionelle Auffassung, daß Sport den Charakter bildet. Vielmehr gibt es Beweise, daß der athletische Wettbewerb die Entwicklung auf einigen Gebieten einengt. Es scheint, daß die Persönlichkeit des idealen Athleten nicht das Ergebnis irgendeines Formungsprozesses ist, sondern das Resultat des rücksichtslosen Auswahlprozesses auf allen Ebenen des Sports. Charakter zeigen nur die, die bereits geistig fit, beweglich und stark sind.«[56]

Daß Charakterbildung und persönliche Freiheit ohnehin nicht aus Menschenfreundlichkeit gegenüber den Athleten angestrebt werden, sondern um der verwertbaren Leistungsmaximierung willen, wird von J. Neckermann und W. Daume selbst ausgedrückt: »Die persönliche Freiheit, die unsere Athleten wünschen, und die sie auch — als wichtiger Impetus für die Leistungsförderung — behalten sollen [...]«[57] Die Sporthilfe wolle beitragen, »die sportliche Leistung [...] zu einem persönlichkeitsbildenden Faktor werden zu lassen, denn internationale sportliche Spitzenleistungen sind heute nicht mehr ein Produkt von Muskeln und Reflexen allein«.[58]

Unserer Ausgangsthese scheinen die Äußerungen einer Reihe von Sportlern zu widersprechen, die betonen: »Ich will Freude, Spaß am Sport haben, nach meinem Gusto Sport treiben« (Fechtweltmeister F. Wessel).[59] Gegen Liesel Westermann, die den Diskus nur für sich selbst über 60 m zu werfen beanspruchte, erklärte Manfred Steinbach als eine der einflußreichsten Personen im BRD-Leistungssport 1970 öffentlich[60], daß dies für Sporthilfeempfänger unmöglich sei. Die Sporthilfe fördere nicht, um die individuellen Bedürfnisse der Sportler zu befriedigen. Das Prinzip heißt vielmehr: »Wir investieren etwas, und erwarten, daß du uns nicht enttäuschst. Der Rekord, die Medaille muß das Ziel sein.«[61]

Diesem im Grunde selbsttrügerischen Individualismus einiger Athleten steht die weitgehend indifferente Haltung des größten Teils der Sporthilfeempfänger gegenüber, für die Dreisprungmeister M. Sauer typisch sein könnte: »Meinetwegen soll mir ein Konzil, zwei protestantische Landessynoden, drei internationale Soziologenverbände, der Kressbronner Kreis und der Martin Lauer unisono die Hanteln vermiesen — ich stemme, laufe, springe weiter. Mir schmeckt das Steak, auch wenn es von der Sporthilfe subventioniert wird. Mir passen die Rennschuhe, auch wenn sie von einer Firma mit Hinterlist zu Werbezwecken kostenlos überlassen wurden. Mir macht das Training Spaß, auch wenn ein Dutzend Literaturpreisträger dies bezweifelt oder es Muskelkater gibt nachher.«[62] Ihr Verhalten entspricht dem der entpolitisierten, entmündigten, autoritätsfixierten Mehrheit der BRD-Gesellschaft. So hat Neckermann in einer bedauerlichen Weise recht, wenn er die Sporthilfe als »ein Stück moderner Gesellschaft« bezeichnet, als »einen Weg, der unserer freiheitlichen Gesellschaftsordnung entspricht«.[63] Die angesprochene Freiheit konkretisiert sich in der Wirklichkeit als erzwungener bzw. internalisierter Verzicht auf Selbstbestimmung und entdeckt sich in dem Augenblick, da ein einzelner oder eine Gruppe sie beansprucht.

Unter Berufung auf »demokratische Verhaltensweisen« hatte die Leichtathletik-Nationalmannschaft auf dem DLV-Verbandstag durch ihre Sprecherin mehrere Anträge vorgelegt, die weitergehende Selbstbestimmung ihrer sportlichen Tätigkeiten beinhalteten. »Für die Ablehnung des Antrages, Aktiven zu gestatten, sich selbst zu sportlichen Veranstaltungen einschließlich aller Meisterschaften zu melden, waren organisatorische Gründe maßgebend.«[64]

Daß solche Ansprüche der Athleten die Organisation Sporthilfe herausfordern, wurde konkreter sichtbar, als die Gewichtheberbrüder X. und R. Mang unter Berufung auf Verletzungen kurz vor den Deutschen Meisterschaften 1970 ihre Teilnahme absagten. Der weniger bekannte Xaver wurde daraufhin aus dem Olympiakader und damit aus der Sporthilfe gestrichen, während der schon lange Zeit auf Weltrekord und Olympiasieg programmierte Rudolf zunächst von allen Wettbewerben ausgeschlossen wurde und zahlreiche Auflagen erhielt. »Die drastischen Auflagen, die der Heberverband dem hoffnungsvollen Talent auferlegt, erinnerten, sosehr sie auch aus der Sicht der verantwortlichen Funktionäre gerechtfertigt und notwendig erscheinen mögen, stark an die schroffen Gesetze einer rauhen Leistungsgesellschaft, an die Prinzipien von Arbeitgebern, die konsequent die Kündigung ins Haus flattern lassen, wenn die Leistung nicht mehr dem Lohn zu entsprechen scheint.« R. Mang: »Ich hasse das — Gewichtheber als Profi. Ich werde wohl keine Sporthilfe mehr annehmen.« Die *Frankfurter Rundschau* kommentierte: »Denn das programmierte Schema zwischen Leistungsförderung und Leistungsnachweis kollidiert zwangsläufig mit jedem ausgeprägten Individualismus, auf den andererseits der wirkliche, unverfälschte Sport nicht verzichten kann. Vielleicht kostet dieser Konflikt im Falle des Rudolf Mang eine Olympia-Medaille. Ein durchaus tröstlicher Gedanke, denn die Alternative, der zielgerichtete ›Sportroboter‹, der zum Ruhme des Vaterlandes auf Erfolg getrimmt wird, wäre unerträglich.«[65] Warum Mang doch weiter Höchstleistungssport treibt, treiben muß, begründete er im Fernsehen, als er frei heraus plauderte, daß die Sporthilfe 1070 Mark monatlich für ihn aufwende (was ihm die Funktionäre übelnahmen, da die Öffentlichkeit schockiert war), daß er nicht wie jeder andere Mensch leben wolle und daß er auf die Ausbildungsbeihilfen der Sporthilfe nach den Olympischen Spielen angewiesen sei. Verzweifeltes Fazit: »Man möchte einen ganz abhängig machen von der Sporthilfe [...] ich weiß gar nicht, was noch einmal werden soll.« Neckermann hatte davon gesprochen, daß die Sporthilfe die Voraussetzung schaffe, um »leisten zu können, nicht leisten zu müssen«.[66] Überzeugender scheint da die These B. Rigauers: »Leistungssport treiben heißt leisten müssen, um gesellschaftliche Erwartungen zu erfüllen.«[67]

»Niemand kann auf die Dauer erwarten, daß großzügige Unterstützungen gegeben werden, wenn entweder der Erfolg nicht sichtbar wird oder der Sportler auf seine individuelle Freiheit pocht«, formuliert die *Welt der Arbeit* (DGB!) treffend die Konsequenz der Sporthilfe.[68] Und damit entlarvt sich endgültig, welche Bedeutung »mittel- und langfristige Planung der Sporthilfe« und die vielbejubelte Zentralisierung und Konzentration im Leistungssport der BRD haben. Es bestätigt sich, »daß der Sport das Leistungsprinzip der kapitalistischen Gesellschaft und ihre Ideologie übernommen hat und stützt, [...] gerade unkritische Menschen werden zu intensivem Training angelockt und angehalten, es gibt keine freie Entscheidung mehr, vielmehr sind Leistungssportler das Ergebnis fortwährender Korrumpierung und Manipulation«.[69] Rudolf Mang ist eben kein Extremfall, wie ihn der Philosophieprofessor und Olympiasieger H. Lenk der »Neuen Sportlinken« zugesteht zu kritisieren, sondern der Normalfall, d. h. er müßte es sein. Er ist es nur deshalb nicht, weil die repressiven gesellschaftlichen Bedingungen individuelle Bedürfnisse nur in bereits festgelegten Bahnen sich artikulieren lassen.

Die sportliche Höchstleistung ist so durch die immer stärkere gesellschaftliche Integration zur Ware geworden, nicht nur weil sie z. B. auf dem Fußballplatz gegen Geld angeboten wird, sondern auch, weil sie unabhängig vom Inhalt für die unterschiedlichsten Interessen zur Verfügung steht. Die Parallele zum ökonomischen Bereich sei nur angedeutet: »Die Arbeit produziert nicht nur Waren, sie produziert sich selbst und den Arbeiter als eine Ware, und zwar in dem Verhältnis, in welchem sie überhaupt Waren produziert [...] Der Arbeiter legt sein Leben in den Gegenstand; aber nun gehört es nicht mehr ihm, sondern dem Gegenstand. Je größer also diese Tätigkeit, um so gegenstandsloser ist der Arbeiter. Was das Produkt seiner Arbeit ist, ist er nicht. Je größer also dieses Produkt, je weniger ist er selbst. Die Entäußerung des Arbeiters in seinem Produkt hat die Bedeutung, nicht nur, daß seine Arbeit zu einem Gegenstand, zu einer äußeren Existenz wird, sondern daß sie außer ihm unabhängig, fremd von ihm existiert und eine selbständige Macht ihm gegenüber wird, ihm feindlich und fremd gegenübertritt.«[70] — Harald Norpoth: »Lieber sechs Stunden arbeiten als eine Stunde hart trainieren.«[71]

»Seit einigen Jahren ist unter der Sporthilfe ein neuer Sportlertyp entstanden«, stellte M. Steinbach fest, und eine Untersuchung des Zehnkampftrainers H. Oberbeck ergab: »Es zeigte sich ein bemerkenswerter Aspekt: die Diskrepanz zwischen der durch sportlichen Erfolg erreichten persönlichen Autonomie und dem Tatbestand existentieller Verunsicherung und Abhängigkeit [. . .]« Das Stadion, so Oberbeck, habe als Zufluchtsstätte an Anziehungskraft gewonnen. »In was flüchtet sich der Athlet? In die Beschäftigung mit sich selbst. Ein deutscher Zehnkämpfer sprach von Egoismus bis Egozentrik, Fetischismus, Vordergründigkeit, geistiger Eingleisigkeit, Ruhmsucht, ichbezogener Umweltverklammerung mit dem Ziel: Leistungssteigerung.«[72]

Als der Ruderer J. Henn bei der Vorbereitung zur Europameisterschaft 1971 einen Herzinfarkt erlitt und zwei weitere mit Kreislaufschäden ins Krankenhaus gebracht werden mußten, konnte auch C. Hess (Ruderpräsident und Vorsitzender des Bundesausschusses zur Förderung des Leistungssports) nicht verleugnen, »daß Spitzensportler aus Angst um Streichung aus der Sporthilfe sich zu starken Belastungen aussetzen«.[73] J. Neckermann und die Presse kritisierten dagegen die mangelnde medizinische Betreuung beim Ruderverband, ohne auch nur in Ansätzen das gegenwärtige System der Förderung des Leistungssports in Frage zu stellen. Es handelt sich bis auf die fast tödliche Konsequenz auch hier prinzipiell nicht um einen Extremfall. Er wäre es, wenn alles so einfach zu erklären wäre, wie die ›Sporthilfe an die Sportler‹ es beschreibt: »Daß Sie in eine Abhängigkeit zur Sporthilfe geraten, ist schon deshalb ausgeschlossen, weil die Anträge auf Förderung von Ihnen gestellt und jederzeit von Ihnen auch zurückgezogen werden können.«[74] Mit der Unterschrift unterwirft sich der Sportler einem abgesicherten System von Bedingungen und Normen, die ihn in vielfältiger Weise existentiell beeinflussen.

Nach den Europameisterschaften der Boxer, Leichtathleten und Ruderer 1971, hieß es: »Wir werden die Zahlungen [. . .] einer eingehenden Prüfung unterziehen« (Neckermann); »Wir sind keine Sportlerpension« (Geschäftsführer Pelshenke); und die Bild-Zeitung trommelte: »Das Sieb muß her«, damit die »Spreu vom Weizen« getrennt werden könne. Die »Flurbereinigung« (FAZ) fand auch statt: Nach der Maxime »Qualität statt Quantität« wurden 700 (!) Sportler im September 1971 gestrichen. »Wir werden bis zur endgültigen Nominierung der Olympiateilnehmer im Juli 72 rigoros all jene streichen, die nicht beweisen, daß sie in München Chancen haben« (C. Hess). Daß es um nichts anderes als um die Medaillenausbeute geht, wird noch deutlicher, wenn man bedenkt, daß theoretisch die Möglichkeit bestände, für jede Disziplin drei Teilnehmer zu benennen, was Gastgeberrecht ist. Vergessen scheinen alle ›sozialen‹ Intentionen der Sporthilfe, keine Rede mehr von den hehren olympischen Ideen.

Aufschlußreich ist in diesem Zusammenhang ein Brief der Stiftung Deutsche Sporthilfe an die Mentoren der von der Sporthilfe geförderten Sportler vom September 1971. Dort heißt es u. a.: »Aus gegebenem Anlaß bitten wir Sie dringend, darauf hinzuwirken, daß von allen Seiten äußerste Diskretion gewahrt wird und die beschlossenen Hilfen in keiner Weise bekanntgemacht werden. Es muß vermieden werden, daß die Sportler untereinander Vergleiche der jeweiligen Förderungsmaßnahmen anstellen. Die Förderungsmaßnahmen werden nach Prüfung der individuell verschiedenen Voraussetzungen beschlossen; Vergleiche untereinander werden daher nicht zu gerechter Beurteilung führen können.«

Fatal ist an der Lage der Sportler vor allem ihre Rechtlosigkeit: gegenüber der Sporthilfe können keine juristischen Ansprüche geltend gemacht werden, sie entzieht sich überhaupt jeder Kontrolle durch die Sportler. Selbst wenn sie jahrelang ihre Ausbildung hintenan gestellt haben, wie die Sporthilfe das von ihnen verlangt, und sie kurz vor den Olympischen Spielen aus dem Olympiakader gestrichen werden, sind sie plötzlich auf sich gestellt, da nur endgültige Olympiateilnehmer weiterhin Beihilfen erhalten. Gegen diese totale Disziplinierung wäre höchstens eine solidarische praktische Verweigerung auf dem Sportplatz erfolgversprechend, wie es etwa die finnischen Speerwerfer Nevala und Kinnunen demonstrierten, die als Weltklasseathleten aus Protest gegen die Funktionärsclique absichtlich die Qualifikation für die finnische Meisterschaft verfehlten.

Wie dagegen die BRD-Sportler die Prinzipien der Sporthilfe internalisiert haben, geht nicht nur aus dem Mammuttraining einiger Sportler bis zum physischen Zusammenbruch hervor, sie ergibt sich auch aus den gegenseitigen Bezichtigungen, die Verantwortlichkeit, die sich aus dem Empfang der Sporthilfe ergebe, zu untergraben: Der deutsche Meister T. Jordan ließ die Mannschaft im Stich, weil ihm als angehendem Mediziner das Physikum vorging. Dazu F. J. Kemper verärgert: »Ich bin bestimmt Individualist, was sich der Jordan seinen Kameraden gegenüber aber geleistet hat, kann fast als Verrat an der Sache bezeichnet werden. Schließlich streicht er sein Scherflein aus dem Fonds der Sporthilfe auch eifrig ein.«[75]

Als »Methoden kapitalistischer Ausbeutung« beschrieb die DDR-Zeitschrift *Körperkultur* diese Art Leistungsförderung, und das Anreiz-, Konkurrenz- und Beeinflussungssystem der Sporthilfe hat Formen aus dem ökonomischen Bereich in der Tat übernommen: keine Kontrolle über die Verwertung des Produkts durch die Produzenten, Einbeziehung wissenschaftlicher Methoden zur Erhöhung der Profitrate (psychologische Tests, Technisierung, Rationalisierung), Leistungsdruck durch genaue Festlegung der Tätigkeiten des Produzenten, ideologische Beeinflussung und Verinnerlichung der Manipulation.

Zwei Dinge gilt es für die Sporthilfefunktionäre zu verhindern: Einmal darf sich in breiter Öffentlichkeit nicht die Erkenntnis durchsetzen, daß die Sportler nur »Alibi« sind und »daß der Beifall für Strauß die Spender entlarvt« (*FAZ*-Leser und Vater eines potentiellen Sporthilfeempfängers anläßlich des ›Balls des Sports‹).[76] Zum anderen muß die Möglichkeit ausgeschaltet werden, daß unter den Athleten die »große Verweigerung« (Marcuse) einsetzt: »Sport ist Mord«, begründete die Turnerin H. Loewenberg ihren Rücktritt aus dem Olympiakader.[77]

Die Sporthilfe versucht dem in einer sehr bedenklichen Weise vorzubeugen. Besonders intensiv soll in Zukunft die Talentförderung forciert werden. Neben der von der Illustrierten *stern* betriebenen nationalen Aufrüstung des Schulsports (»Jugend trainiert für Olympia«) werden die von der Sporthilfe wesentlich finanzierten Sportinternate und Auslesewettbewerbe für Kinder und Jugendliche zur Sicherung der Medaillen bei den übernächsten Olympischen Spielen benutzt: »Bundesentscheid der 13- und 14jährigen in Nürnberg«; »9jährige im Rennboot«.[78] Beim Deutschen Schwimmverband beschäftigen sich — zur Beruhigung der Öffentlichkeit — die Trainer »nur in Ausnahmefällen bereits mit Dreijährigen«.[79] Immerhin: »Soll die Leistung gelingen, muß der Weg der motorischen Bildung schon im frühkindlichen Alter beginnen« (Sportwissenschaftler und Leistungssportförderer W. Gerschler). An der Kölner Sporthochschule werden »Fitnesstests ausgearbeitet zum Auffinden von Talenten«.[80]

Wie die Sportinternate und Modellschulen »für Gleichberechtigung von Sport und Schule« die Kinder und Jugendlichen auf zukünftige Aufgaben vorbereiten, mag am Tagesablauf des Sportinternats für Schwimmer in Saarbrücken abgelesen werden: 6.55 Uhr: Frühstück, 8—13 Uhr: Unterricht, 13.45 Uhr: Mittag und Bettruhe, 15—16 Uhr: Schulaufgaben, 16 Uhr: Milchpause, 16.15—17.15 Uhr: Schulaufgaben, 17.30—19.30 Uhr: Training, anschl. Essen, 21.30 Uhr: Bettruhe. Ein Schüler, W. Lenaczky (Jg. 1954), dazu: »Was mir besonders auffiel? Daß die Lehrer hier strenger und autoritärer sind als in Marl-Hüls, daß es mir etwas schwerfällt, morgens um 6 Uhr aufzustehen, daß ich abends gern um 21.30 Uhr ins Bett gehe, weil Schule und Training mich völlig in Anspruch nehmen.«[81]

Diese Zusammenarbeit von Schule und Leistungssport dürfte noch besser gelingen, wenn sich J. Neckermann nach 1972 dem Schulsport widmet. Damit dürfte eine gründliche, noch effektivere Ausbeutung der nationalen Reserven gelingen und u. a. die ideologische Absicherung gewährleistet sein. Der »Aufstand der Athleten«, den J. Neckermann durch die Sporthilfe schon einmal verhindert haben will, ist dann in weite Ferne gerückt. Die Ausbeutung der sportlichen Leistungskraft der Jugendlichen wird so verfeinert sein, daß sie als solche kaum noch durchschaubar ist, »Ausfälle« und »sportliches Versagen« in ihren Ursachen bei den Individuen gesucht werden können, da ja die Voraussetzungen optimal sein werden, und die Frage, wem das alles denn noch nützt, gar nicht mehr ins Bewußtsein dringen kann.

›Ruderprofessor‹ Karl Adam hat inzwischen einen Vorschlag zur Perfektionierung der Leistungssportförderung gemacht, weil er »die heutigen Praktiken der Sporthilfe für überholt« hält. Ihm schwebt eine Vertragspartnerschaft von vier bis fünf Jahren vor: In »Kommunen [. . .] sollen die Athleten während der Vertragszeit unter Berücksichtigung ihrer individuellen Bedürfnisse zusammen wohnen und trainieren«, denn »für einen erfolgreichen Aktiven kommt es darauf an, die ihm eigene — und darum menschliche — Aggression selbst so zu manipulieren, daß er sie in die Leistung umsetzen kann. Der Athlet, auf sich allein gestellt, ist als Individuum in dieser Konsum-, Renten- und Orgasmus-Gesellschaft verloren [. . .]«[82]

Anmerkungen

1 C. F. Mossdorf: Josef Neckermann, München 1969, S. 151
2 T. Lempart (Leitender Direktor beim Bundesausschuß). In: *Stuttgarter Zeitung*, 13. 11. 1970
3 C. F. Mossdorf, a.a.O., S. 100
4 *Frankfurter Allgemeine Zeitung (FAZ)*, 7. 7. 1971
5 W. Knecht. In: *FAZ*, 21. 5. 1969
6 *Süddeutsche Zeitung*, 31. 12. 1970
7 *FAZ*, 22. 7. 1970
8 *Sportmagazin* (DDR), 1/1971
9 *Süddeutsche Zeitung*, 29. 8. 1970
10 *Die Zeit*, 37/1971
11 *FAZ*, 7. 7. 1970
12 *Wirtschaftswoche*, 21/1971
13 *Süddeutsche Zeitung*, 31. 12. 1970
14 *Die Zeit*, 4. 12. 1970
15 *FAZ*, 22. 4. 1970
16 *FAZ*, 11. 6. 1970
17 *Bild-Zeitung*, 26. 8. 1971
18 Grundsatzreferat von DSB-Präsident W. Daume beim Sport-Hearing vor dem Innenausschuß des Deutschen Bundestages am 23. 1. 1969 in Bonn (hektographiert)
19 *FAZ*, 20. 3. 1971
20 *Frankfurter Rundschau*, 13. 11. 1970
21 *Stuttgarter Zeitung*, 19. 6. 1971
22 Chr. G. v. Krockow: Der Wetteifer in der industriellen Gesellschaft und im Sport. In: Der Wetteifer, Frankfurt 1969, S. 59
23 *Die Zeit*, 39/1970
24 F. Nitsch: Zwischen Olympismus und Antiolympia. In: *Kürbiskern*, 4/1971, S. 605
25 *Münsterländische Tageszeitung*, 26. 2. 1971
26 B. Wischmann: Leistungssport — ein Mittel zur Selbsterziehung, Berlin, München, Frankfurt 1971, S. 17
27 *FAZ*, 21. 1. 1971

28 *Kürbiskern*, S. 623
29 *Kürbiskern*, S. 624
30 *FAZ*, 29. 8. 1971
31 C. F. Mossdorf, a.a.O., S. 99
32 *Süddeutsche Zeitung*, 31. 12. 1970
33 B. Wischmann, a.a.O., S. 23
34 *Bild-Zeitung*, 26. 8. 1971. Vgl. auch: »Wenn wir bei den Olympischen Spielen in Sapporo und München nicht erfolgreich bestehen können oder bestehen werden, dann glaube ich, daß auch unsere Wirtschaft, die sich heute in einem hervorragenden Maße der Sportförderung zur Verfügung stellt, genauso wie unsere Politiker oder der Bund, nicht mehr gewillt sein wird, weiterhin die Hilfe zu gewähren, die der Sport notwendig hat.« Neckermann. In: C. F. Mossdorf, a.a.O., S. 151
35 G. Vinnai: Fußballsport als Ideologie, Frankfurt 1970, S. 81
36 *Der Arbeitgeber*, 16/1971
37 *Der Spiegel*, 35/1971
38 So Neckermann lt. K. H. Vogel: ›Warum denn Sporthilfe?‹ In: *FAZ*, nach einer Dokumentation der Sporthilfe, o.O., o.J.
39 Thesen zu: ›Olympische Spiele — contra und pro‹, Tagung der Evangelischen Akademie Tutzing, 3.—5. 11. 1970
40 C. F. Mossdorf, a.a.O., S. 100
41 *dpa*-Interview, 12. 11. 1970
42 J. O. Böhme, u. a.: Sport im Spätkapitalismus, Frankfurt 1971, S. 119
43 *Bild-Zeitung*, 26. 8. 1971
44 *Sportbericht*, 18. 5. 1969
45 *FAZ*, 17. 1. 1971
46 *Südwest-Presse*, 2. 9. 1970
47 *Süddeutsche Zeitung*, 16. 2. 1971
48 *Olympische Jugend*, 2/1971
49 U. Jaeggi, Macht und Herrschaft in der BRD, Frankfurt 1969, S. 78
50 *FAZ*, 9. 1. 1971
51 *Olympisches Feuer*, 5/1970
52 *Wirtschaftswoche*, 21/1971
53 *Süddeutsche Zeitung*, 23. 12. 1970
54 *FAZ*, 28. 12. 1970
55 Thesen, a.a.O.
56 *FAZ*, 23. 9. 1971
57 Grundsatzreferat, a.a.O.
58 C. F. Mossdorf, a.a.O., S. 101
59 Lehrerbeiheft zu: Olympisches Lesebuch, Hannover 1971, S. 7
60 Referat zum Kongreß: Motivation im Sport, Münster 1970
61 B. Harenberg. In: *Christ und Welt*, 22. 9. 1967
62 *Olympisches Feuer*, 5/1970
63 *Der Arbeitgeber*, 16/1971
64 *Leichtathletik*, L 3/1971
65 *Frankfurter Rundschau*, 1. 6. 1970
66 C. F. Mossdorf, a.a.O., S. 101
67 *FAZ*, 18. 9. 1970
68 *Welt der Arbeit*, 10. 9. 1971
69 IfL-Post Hamburg, Sommersemester 1970
70 K. Marx: Ökonomisch-philosophische Manuskripte, MEW Ergbd. 1, S. 511
71 *Der Spiegel*, 25/1967
72 »Geld ist für mich Leistungsmotivation«. In: *FAZ*, 31. 7. 1971
73 *Der Tagesspiegel*, 21. 8. 1971
74 Sporthilfe an die Sportler, 3. Ausgabe — Juli 1971
75 *Südwest-Presse*, 31. 8. 1970. Vgl. auch: »Umfrage des Sportinformationsdienstes unter Sportlern, wer nach ihrer Meinung der Sportführer sei, der ihren Vorstellungen am meisten entspreche. Klarer Sieger: Josef Neckermann«. C. F. Mossdorf, a.a.O., S. 153
76 *FAZ*, 2. 3. 1971
77 *Rheinischer Merkur*, 23. 7. 1971
78 *FAZ*, 27. 7. 1970
79 *FAZ*, 24. 9. 1970
80 *FAZ*, 11. 7. 1970
81 *FAZ*, 6. 1. 1970
82 *Stuttgarter Zeitung*, 21. 8. 1971

Wolfgang Zwick

Militär und Sport

I

Der übliche Ausgangspunkt bei sich gesellschaftskritisch gebenden psychoanalytischen Autoren ist die Unterstellung eines Systems von mehr oder weniger positiven Begriffen wie Individualität, lebensgeschichtliche Identität, Spontaneität, Kreativität, Kommunikation usw. Diese Begriffe werden als Maßstab an verschiedene gesellschaftliche Bereiche angelegt, und es wird untersucht, inwieweit die Bedingungen, denen das menschliche Leben in diesen Bereichen unterliegt, die Individualität usw. einschränken oder im Widerspruch zu ihr stehen.

So konstatiert Klaus Horn mit Bezug auf Eissler, daß die »zweckrationalen Beziehungen, in welche die Soldaten eingeplant sind, zumal in einer hochtechnisierten Armee, einen Grad von Anpassung verlangen, der es verbietet, irgendwelche Züge der persönlichen lebensgeschichtlichen Identität in die durchgenormte Rollenaufgabe einzubringen [. . .] Eine ›gesunde Person‹ [. . .] ist hier offensichtlich fehl am Platz.«[1] Oder wie Eissler formuliert, ist »ein Weg, in dieser Gesellschaft effizient zu werden, die Reduktion der Individualität auf bloß organische Reaktibilität, die Unterordnung unter die äußeren Erfordernisse und die Anpassung an ein soziales Muster, wobei die Konstellation des internen Mikrokosmos nicht berücksichtigt wird«.[2] Das Apriorische dieses Ansatzes muß kritisiert werden. Die Annahme einer ›gesunden Person‹ oder eines ›internen Mikrokosmos‹ hat unter den verallgemeinerten Bedingungen der Lohnarbeit ideologischen Charakter.

II

Das von den zitierten Autoren verwendete Begriffssystem entspricht den Kategorien der Rechts- und Willensverhältnisse, die das ökonomische Verhältnis der einfachen Warenzirkulation ausdrücken: »Was allein hier herrscht, ist Freiheit, Gleichheit, Eigentum und Bentham. Freiheit! Denn Käufer und Verkäufer einer Ware [. . .] sind nur durch ihren freien Willen bestimmt. Sie kontrahieren als freie, rechtlich ebenbürtige Personen. [. . .] Gleichheit! Denn sie beziehen sich nur als Warenbesitzer aufeinander und tauschen Äquivalent für Äquivalent. Eigentum! Denn jeder verfügt nur über das Seine. Bentham! Denn jedem von den beiden ist es nur um sich zu tun.«[3]

Der Austausch zwischen Kapital und Arbeitskraft geht zwar auch nach den Regeln des Äquivalententausches vor sich, aber der Widerspruch zwischen Tauschwert und Gebrauchswert der Ware Arbeitskraft erlaubt ihrem Anwender, mehr Tauschwert aus ihr herauszupressen, als er zum Zweck ihrer Reproduktion an sie abläßt. Der Gebrauchswert der Arbeitskraft ist ihre schöpferische Fähigkeit. Sie allein ist in der Lage, aus weniger mehr zu machen. Aber unter den Bedingungen der Tauschwertproduktion gilt diese schöpferische Lebendigkeit allein als »Verausgabung von menschlichem Hirn, Muskel, Nerv, Hand usw.«.[4] Diese Abstraktion von der konkret nützlichen Arbeit gewinnt mit der Entwicklung der großen Industrie harte und unerbittliche Realität: »Während die Maschinenarbeit das Nervensystem aufs äußerste angreift, unterdrückt sie das vielseitige Spiel der Muskeln und konfisziert alle freie körperliche und geistige Tätigkeit. Selbst die Erleichterung der Arbeit wird zum Mittel der Tortur, indem die Maschine nicht den Arbeiter von der Arbeit befreit, sondern seine Arbeit vom Inhalt. Aller kapitalistischen Produktion, soweit sie nicht nur Arbeitsprozeß, sondern zugleich Verwertungsprozeß des Kapitals ist, ist es gemeinsam, daß nicht der Arbeiter die Arbeitsbedingung, sondern umgekehrt die Arbeitsbedingung den Arbeiter anwendet, aber erst mit der Maschinerie erhält diese Verkehrung technisch handgreifliche Wirklichkeit. Durch seine Verwandlung in einen Automaten tritt das Arbeitsmittel während des Arbeitsprozesses selbst dem Arbeiter als Kapital gegenüber, als tote Arbeit, welche die lebendige Arbeitskraft beherrscht und aussaugt. ... Die technische Unterordnung des Arbeiters unter den gleichförmigen Gang des Arbeitsmittels und die eigentümliche Zusammensetzung des Arbeitskörpers aus Individuen beider Geschlechter und verschiedenster Altersstufen schaffen eine kasernenmäßige Disziplin, die sich zum vollständigen Fabrikregime ausbildet und die [...] Arbeit der Oberaufsicht, also zugleich die Teilung der Arbeiter in Handarbeiter und Arbeitsaufseher, in gemeine Industriesoldaten und Industrieunteroffiziere, völlig entwickelt.«[5]

Unter entwickelten kapitalistischen Bedingungen wird die Unterordnung unter das Kapital zur Norm, davon abzuweichen Privileg. »Der Kapitalist muß Eigentümer oder Besitzer von Produktionsmitteln auf einer gesellschaftlichen Stufenleiter sein, in einem Wertumfang, der alles Verhältnis zu der möglichen Produktion des einzelnen oder seiner Familie verloren hat. Das Minimum des Kapitals ist um so größer in einem Geschäftszweig, je mehr er kapitalistisch betrieben wird, je höher die gesellschaftliche Produktivität der Arbeit in ihm entwickelt ist. In demselben Umfang muß das Kapital an Wertgröße zunehmen und gesellschaftliche Dimensionen annehmen, also allen individuellen Charakter abstreifen. Eben die Produktivität der Arbeit, Masse der Produktion, Masse der Bevölkerung, Masse der Surplusbevölkerung, die diese Produktionsweise entwickelt, ruft mit freigesetztem Kapital und Arbeit beständig neue Geschäftszweige hervor, in denen das Kapital wieder auf kleiner Stufenleiter arbeiten und wieder die verschiedenen Entwicklungen durchlaufen kann, bis auch diese neuen Geschäftszweige auf gesellschaftlicher Stufenleiter betrieben werden. Dieser Prozeß beständig. Gleichzeitig die kapitalistische Produktion tendierend, sich aller ihrer bisher noch nicht bemächtigten Industriezweige, wo nur noch formelle Subsumtion zu erobern.«[6]

Wenn die Unterordnung unters Kapital und die »Verwandlung des Arbeiters in den selbstbewußten Zubehör einer Teilmaschine«[7] zur Normalität werden, ist es inadäquat, zu fragen, unter welchen Folgen eine entfaltete Persönlichkeit durch den ›Zwang der äußeren Verhältnisse‹ restringiert wird, denn wir stellen fest, daß höchstens in den Kreisen der Bourgeoisie so etwas wie Persönlichkeitsentfaltung möglich ist, und auch dort nur in sehr verzerrter Weise, denn die Genußfähigkeit der Bourgeois beruht auf der Mehrarbeit der Ausgebeuteten.

Also ist auch in bezug auf das Militär nicht zu fragen, um welchen Preis eine sogenannte gesunde Persönlichkeit die Restriktionen des Armeelebens erträgt, sondern es müssen die Unterschiede untersucht werden, die zwischen der Unterordnung unter das Einzelkapital und unters Militär bestehen. Der grundsätzliche Unterschied ist, daß sich dort die Arbeitskraft gegen Kapital austauscht und hier gegen öffentliche Revenue; aber dieser Unterschied fällt hier nicht in Betracht. Uns interessieren vielmehr die Unterschiede, die aus den gegensätzlichen Verkaufsbedingungen in beiden Sphären resultieren.

III

Der Arbeiter ist in doppelter Hinsicht frei. Frei von Produktionsmitteln und frei — bei Gefahr des Verhungerns —, seine Arbeitskraft zu verkaufen. Er verkauft die Disposition über den Gebrauchswert seiner Arbeitskraft nur für die Dauer des Arbeitstages. Der Soldat wird in den Ländern mit allgemeiner Dienstpflicht zwangsweise eingezogen und kaserniert. Ökonomisch gesehen wird er in das Verhältnis der Leibeigenschaft oder Sklaverei gesetzt. Für seine materielle Reproduktion wird zwar gesorgt, aber die Reproduktionsmittel werden nicht in Form von Geld, sondern in Naturalform ausgegeben. »Es ist davon auszugehen, daß [...] (die Wehrpflichtigen) nicht marktgerecht entlohnt werden; sie stellen ihre Arbeitskraft lediglich für ein ›Taschengeld‹ zur Verfügung. [...] Die staatliche Wehrhoheit ist also insofern betriebswirtschaftlich wesentlich, als sie es dem Verteidigungsbetrieb ermöglicht, die Wehrpflichtigen zu einer nicht marktgerechten Entlohnung bei der Leistungserstellung einzusetzen; sie bewirkt demnach eine Verminderung des Personalaufwandes. Ebenfalls entfällt bei der Heranziehung der Wehrpflichtigen jeglicher Werbeaufwand. Bei Streitkräften ist auch in Zeiten der Vollbeschäftigung immer die Gewähr für eine ausreichende Versorgung mit menschlichem Leistungsvermögen gegeben; man spricht davon, daß sie einen ›Blankoscheck, gezogen auf die Bank für menschliche Reserven‹, besitzen.«[8]

Zwar verkaufen auch die Berufssoldaten ihre Arbeitskraft für Jahre oder gar Jahrzehnte, aber sie werden marktgerecht entlohnt. »Das Vorgehen des Verteidigungsbetriebes bei der Beschaffung dieser Gruppe von Soldaten unterscheidet sich nicht von dem Verhalten anderer Betriebe. Auch die Streitkräfte müssen sich auf dem Markt um die Heranziehung der von ihnen benötigten Freiwilligen bemühen [...] Die Beschaffung von Freiwilligen ist abhängig von den allgemeinen Arbeitsmarktverhältnissen und gestaltet sich in Zeiten der Vollbeschäftigung schwieriger als bei rückläufiger wirtschaftlicher Entwicklung. ›Schon diese Überlegung zwingt zur allgemeinen Wehrpflicht, weil allein auf freiwilliger Basis niemals genug Soldaten zu bekommen wären.‹«[9]

Der Zweck einer Friedensarmee ist die ›Erstellung der Verteidigungsleistung‹. »Da aber im Hinblick auf die militärische Aufgabenstellung ausgebildete Arbeitskräfte kaum vorhanden sein dürften, kann der Verteidigungsbetrieb die Erstellung seiner Leistung nicht anstreben, ohne sich vorher geeignetes menschliches Leistungsvermögen geschaffen zu haben.«[10]

Kriterium der Qualifikation ist die Kriegstüchtigkeit: »Die Rekruten haben grundsätzlich die Ausführung aller Tätigkeiten zu erlernen, die sich im Falle einer kriegerischen Auseinandersetzung möglicherweise ergeben.«[11]

Dabei bekommt die Armee noch die besondere Gratisgabe, daß ihr die qualifizierten Arbeitskräfte über die Dienstzeit hinaus zur Verfügung stehen. »[...] die Möglichkeit zur Aktivierung von menschlichem Leistungsvermögen, das gar nicht mehr effektiv an der Leistungserstellung teilnimmt, besteht nur beim Verteidigungsbetrieb. Ein Lagerproblem ergibt sich nicht, da die Wehrpflichtigen in den privaten Haushalten leben und in den normalen Wirtschaftsprozeß eingegliedert sind.«[12]

»Zur Erhöhung der Einsatzbereitschaft werden [...] Übungen und Manöver durchgeführt; hier erfolgen also probeweise Kombinationen. Mit der Abhaltung von Übungen unter den Bedingungen eines Ernstfalles ist der von Streitkräften im Frieden zu erfüllende Aufgabenkreis abgeschlossen.«[13] Zu diesem Prozeß der Qualifikation des Soldaten gehört der Sport.

IV

Die hauptsächliche Funktion des Armeesports ist militärtechnischer Natur: auf dem Gefechtsfeld ist die motorisierte Bewegung zu Ende, und der Soldat ist auf seine körperliche Leistungsfähigkeit angewiesen. Generalmajor Laegeler definierte in einer Rede 1956 (Eröffnung des 1. Lehrganges für Sportoffiziere und Sportlehrer der Bundeswehr in Köln) die Funktion des Sports in der Bundeswehr als »Ausgleich und Gegengewicht zur Motorisierung«: »Die hochentwickelte Mechanisierung und Technisierung unserer Zeit — nicht nur in den Streitkräften — bringt es mit sich, daß die körperliche Bewegung an Bedeutung verliert, damit zu kurz kommt und daß als Folge die gesamte Leistungsfähigkeit absinkt. Dem muß vor allem beim Soldaten entgegengewirkt werden, denn daran kann kein Zweifel bestehen, daß die motorisierte Bewegung der Truppe auch heute auf dem Gefechtsfeld meist ihr Ende findet, und dort an die Beweglichkeit, Schnelligkeit und Wendigkeit des Mannes zu Fuß, der befähigt ist, sein Kampfgerät mit sich zu führen und sich in weit aufgelockerten Formationen querfeldein zu bewegen, höchste körperliche Anforderungen gestellt werden. Ganz allgemein müssen wir daher den Sport auch als dringend nötigen Ausgleich und als Gegengewicht gegen einseitige Inanspruchnahme durch Fahren und Gefahrenwerden ansehen. — Die Anforderungen an den Soldaten der heutigen Zeit weisen auf die Vorteile einer überdurchschnittlichen körperlichen Kondition und Leistungsfähigkeit des einzelnen wie der gesamten Truppe hin. Ein Kämpfer, sportlich fit und beweglich, wird auch eher die Forderung nach dem *entschlossen und selbständig handelnden Soldaten* erfüllen, den wir brauchen und schaffen sollen. Dem Sport im Heere kommt künftig eine höhere Bedeutung zu als in früheren Zeiten. Der früher vordergründig betriebene Exerzierdienst — jetzt Formalausbildung genannt — wurde erheblich eingeschränkt. Das Ziel dieser Ausbildung wird durch richtig betriebene Sportausbildung besser und schneller erreicht.«[14] In erster Linie dient also der Sport »zur Ausbildung des Soldaten als Einzelkämpfer«. Und nur deshalb wird der Sport heute mehr betont als in früheren Armeen, weil die heutige militärtechnische Situation in höherem Grade den »selbständig handelnden Soldaten« erfordert. »Jedes Abweichen von dieser kriegsnahen Ausbildungslinie im Körpertraining kostet im Ernstfall nur kostbares Blut.«[15]
In den Waffengattungen, in denen der Soldat die bloße Be-

dienungs- und Überwachungsfunktion von Maschinen zu erfüllen hat, soll der Sport als Ausgleich dienen: »Im Gegensatz zu früheren Heeren fordert [...] der Dienst in den modernen Streitkräften eine besondere körperliche Leistungsfähigkeit vom Soldaten, die ihn befähigt, starke psychische und physische Belastungen durchzustehen. Darüber sagte Bundesminister der Verteidigung von Hassel [...]: ›Der Panzerschütze im Turm, der Pilot in der Überschallmaschine, der Beobachter am Radarschirm, der Maschinist im U-Boot — sie alle sind im Einsatz für Stunden an ihren Platz gefesselt. Trotz dieser Bewegungsunfähigkeit müssen die Organe einwandfrei arbeiten, Herz und Hirn ununterbrochen wach bleiben, damit der Soldat im entscheidenden Moment zielsicher handelt. Der Sport führt somit den Soldaten aus der Belastung durch den technischen Dienst heraus, indem er ihn durch Bewegungsformen kräftigt, die seinen natürlichen Anlagen entsprechen.‹«[16]

Da der Sport für verschiedene Waffengattungen verschiedene Funktionen hat, einerseits direkte Unterstützung der militärischen Ausbildung und auf der anderen Seite bloßer Ausgleich, können die Propagandisten den Sport auch im »Reich der Freiheit« ansiedeln: »Was wir wollen, ist ein Sport, der den Charakter des Spiels behält, der im Gegensatz steht zu der unerbittlich ernsten und zwingenden Kampfaufgabe des Soldaten. Er soll im Reich der Freiheit wurzeln zum Ausgleich gegen das ohnehin so große Reich des Zwanges und der harten Pflicht. Wir wollen keinen Knobelbecher-Sport und keinen Wehr-Sport, also kein verkrampftes Zerrbild des Sportes. Es gibt keinen ›militärischen‹ Sport.«[17] Doch der Widerspruch folgt auf dem Fuß. Der nächste Satz lautet: »Der Sport in der Truppe wird ebenso planmäßig betrieben werden wie jeder andere Dienstzweig. Dabei ist die tägliche Sportstunde vorgesehen, d. h. für den Sport sind mindestens 45 Minuten als Dienst für die ganze Einheit in Aussicht genommen. [...] Die Lehrweise in allen Übungsgebieten entwickelt sich vom Einfachen zum Schwierigen, von spielerischer Betätigung über Bewegungsaufgaben und Training zur Leistung. Wie schon gesagt, soll der Sportdienst ungezwungen und natürlich betrieben werden.«[18] Offensichtlich fällt es also den Sportpropagandisten der Armee äußerst schwer, eine Trennungslinie zwischen Sport und Ausbildung zu ziehen. Einer von ihnen sieht gar den Unterschied nur in der Bekleidung: »Sportliche Übungen dürfen [...] nicht in Uniform ausgeführt werden. Organisatorisch wird somit eine scharfe Trennung zwischen dem ›reinen‹ Sport und dem sogenannten ›angewandten‹ Sport gezogen.«[19]

Auf den zutreffendsten Nenner bringt folgende Äußerung das Verhältnis von Sport und Training: Es »ist ersichtlich, daß der Sport auf rein sportlicher und das Körpertraining auf rein militärischer Ebene in der praktischen Durchführung klar voneinander zu trennen sind. Sie sind aber im Hinblick auf das Endziel der gesamten militärischen Ausbildung und Erziehung als eine einheitliche sportlich-körperliche Ausbildung zu werten. Im Endeffekt ist das Körpertraining nichts anderes als eine militärisch zweckgerichtete sportliche Ausbildung mittels sportlicher Übungen, teilweise mit anderen sportlichen Mitteln und Geräten.«[20]

V

Die Sprecher der Armee beklagen sich häufig über den Mangel an sportlicher Qualifikation bei den frisch Eingezogenen. Der Adressat dieser Klagen sind die Schulen, die nicht genügend Vorarbeit für das Militär leisten. Die »männliche Jugend von heute« bringe »eine unzureichende körperliche Belastbarkeit zum Wehrdienst« mit.[21] »Das ist eine Folge der Zivilisationsentwicklung, mit deren Auswirkung die Schulen bisher nicht fertig werden konnten.[22] So kommt es, daß viele junge Menschen körperlich unterentwickelt und ungelenk sind, wenn sie ihren Wehrdienst antreten. Hier muß die Bundeswehr auf den Gebieten der Leibesübung und Leibeserziehung etwas nachholen, was die Umwelt an den jungen Menschen zwischen 14 und 20 Jahren versäumt hat.«[23] Der Armee hat also nicht nur Menschenmaterial zur Verfügung zu stehen, sondern körperlich und sportlich qualifiziertes Menschenmaterial. Da, wo die sportliche Qualifikation nicht vorliegt, wird sie beim Militär nachgeholt. Allerdings: »Man ist sich dabei bewußt, daß man in den zur Verfügung stehenden 18 Monaten am wehrpflichtigen Soldaten keine ganze Arbeit leisten kann.«[24]

VI

Fragen wir nach den einzelnen Soldaten und den psychischen Bedingungen, die sie dieses Training ertragen lassen, so finden wir am ehesten eine Antwort, wenn wir uns denen zuwenden, die das Armeeleben nicht nur ertragen, sondern sich damit noch identifizieren, den Unteroffizieren und Offizieren. Eisendorfer und Bergmann[25] interviewten 1945 100 amerikanische Offiziersanwärter und legten ihnen projektive Tests vor. Sie unterschieden vier Typen von Führern. Die Verteilung sah folgendermaßen aus:

Reifer Führer   18
Kompensierender F.   17
Rigider F.   32

Ängstlicher und
unreifer F.   30
nicht kategorisierbar   3

Eine typische Antwort des ›reifen Führers‹ auf die Frage, warum er Offizier werden wolle, lautete: »Because I want to run things. [. . .] I feel, I have a knack for handling people and I want to cultivate this knack [. . .]«[26] Der ›kompensierende Führer‹ gibt an, er könne keinen Rivalen neben sich dulden. Der ›rigide Führer‹ legt mehr Wert auf »technische Qualifikationen für einen bestimmten Job als auf Führerschaft«.[27] Den ›unreifen Führer‹ »lockt die Uniform und ein kindisches Bild vom Führer auf dem Schlachtfeld«.[28] In bezug auf die Sexualität sprechen die Autoren aufgrund ihrer Untersuchung dem ›reifen Führer‹ ein festes Verhältnis zu, »bei dem das Sexualobjekt auch geliebt wird«.[29] Beim ›kompensierenden Führer‹ sind die sexuellen Beziehungen »nur in die Tat umgesetzte masturbatorische Phantasien.«[30] ›Rigide Führer‹ sind meist mit frigiden Frauen verheiratet, und für den ›unreifen Führer‹ hat das Sexuelle etwas Drohendes und Angsteinflößendes.

Die Autoren scheinen als zentrales Kriterium für die Unterscheidung der verschiedenen Führertypen Anpassung an moralische Mittelschicht-Standards und Übereinstimmung mit der Ideologie eines ideal american boy gewählt zu haben. Aber sie können nicht erklären, warum die Zahl der ›reifen Führer‹ so gering ist, oder warum die anderen Führertypen im Dienst nicht weniger erfolgreich sind. Ihre Untersuchung legt dagegen die These nahe, daß gerade eine bestimmte Struktur der Hemmung und Nicht-Entwicklung der Sexualität Voraussetzung und zugleich Resultat der Militärtauglichkeit ist. Das zeigen auch sehr deutlich die Untersuchungen von Eissler. Eissler führte mit acht Offizierskandidaten tiefenpsychologische Interviews durch. Die von ihm interviewten Personen waren, mit einer Ausnahme, verheiratet; ihre Frauen wohnten außerhalb des Camps. Die Offizierskandidaten gaben an, keine vor- oder außereheliche Beziehungen gehabt zu haben. Die Antworten auf die Frage nach den Sensationen während des Koitus wiesen bei allen Interviewten auf Angst vor einer »starken orgastischen Erfahrung«[31] hin. Die Interviewten bezweifelten, daß sie »jemals während der Ejakulation im Penis ein lustvolleres Gefühl gehabt hätten als in irgendeinem anderen Teil ihres Körper«.[32] Einer der Interviewten sagte, daß »er während der Ejakulation ein lustvolles Gefühl in der unteren Hälfte des Magens, in der Schamgegend und im oberen Teil der Beine habe, aber er versicherte, daß er im Genitale keine Sensationen habe«.[33]

Diese Ergebnisse schlüssig zu interpretieren, ist äußerst schwierig, nicht nur wegen ihrer geringen Repräsentativität, sondern hauptsächlich wegen mangelnder Stringenz bisher formulierter

Sexualtheorien. Einige konkrete Ansatzpunkte der Interpretation bietet Keiser: »Normalerweise wendet sich die Libido während des Koitus ab vom Körper und konzentriert sich in den Genitalien, die den Kontakt mit dem Partner halten. Dies ermöglicht, die Vorstellung vom eigenen Körper zu fixieren. Frigidität hemmt diese Fähigkeit, den Kontakt mit der Welt aufrechtzuerhalten und so eine momentane Auflösung des Körperbildes zu ertragen.«[34] Das würde bedeuten, daß in den von Eissler untersuchten Personen die Angst vor der orgastischen Erfahrung großenteils von der Angst vor Auflösung der bewußten und der unbewußten Orientierungssysteme herrührt. »Während des Koitus tritt Desorientierung auf, solange die sexuelle Spannung steigt, während gleichzeitig die Besetzung des Körperschemas nachläßt. Wenn die Libido ausschließlich sich bei den Genital-Sensationen zentriert, verringert sich mehr und mehr das Bewußtsein vom Körper als einem Ganzen. Dies wird bestätigt durch Fälle, in denen körperliche Schmerzen oder Unbehagen erst nach dem Orgasmus wieder gespürt werden.«[35]

Nach der Lehre der Psychoanalyse aber müßten bei Hemmung der genitalen Sexualität neurotische Symptome auftreten, hysterische oder Zwangssymptome. Dies ist weder bei den von Eissler noch bei den von Eisendorfer und Bergmann untersuchten Personen der Fall. »Die geringe genitale Aktivität war nicht begleitet von sichtbaren neurotischen Symptomen, wie im Fall der Hysterie. Noch berichteten die Untersuchten von großen Konflikten zwischen Trieb und Hemmung. In den meisten Fällen berichteten sie, sexuelle Wünsche beschäftigten sie kaum. Sie schienen in dieser Hinsicht gehemmt zu sein. Sie erinnerten irgendwie an frigide Frauen, die keine neurotischen Symptome [...] entwickeln. [...] Sie fühlten keinen Drang nach genitaler Aktivität.«[36] Man könnte die These wagen, daß das Körpertraining in der Armee ein nicht unwesentlicher Grund für das Ausbleiben von Symptomen ist. Am Anfang der Dienstzeit wird das Training hauptsächlich als ein Faktor der Sexualverdrängung wirken, während es später immer mehr die Rolle des Ersatzes übernimmt. Einen solchen Fall, bei dem das militärische Training eine wesentliche Rolle bei der Sexualverdrängung spielt, berichtet Schilder von einem Studenten: »Ich habe (auf studentisches Ehrenwort) niemals ein Weib gebraucht, weil ich kein Tier nötig haben wollte. Ich habe aber trotzdem, vor allem in der Tanzstundenzeit, sehr heftig geliebt, das heißt geistig. Sobald aber der Körper dann geil wurde, war ich höchst empört über mich selbst und über den Geschlechtstrieb überhaupt. Ich wollte ein Weib finden, welches meinen Körper nicht liebte, sondern meinen Geist haben wollte. [...] Ich habe mit Freude gedient, habe das ganze Kaisermanöver durchgehalten, aber nicht deswegen, weil ich befördert werden wollte, sondern deswegen, weil ich sehen wollte, was der Mensch mit dem Körper im äußersten Fall, mit Aufbietung der größten, allerhöchsten Energie leisten kann.«[37]

Ein ähnliches Verhältnis zur Sexualität finden wir in den autobiographischen Aufzeichnungen von Ernst Jünger. Er schildert, wie er nach einer Verwundung ins Lazarett kam. »Dann kam ich in die Hände der Schwestern. Trotzdem ich kein Weiberfeind bin, irritierte mich jedesmal das weibliche Wesen, wenn mich das Schicksal der Schlacht in das Bett eines Krankensaales geworfen hatte. Aus dem männlichen, zielbewußten und zweckmäßigen Handeln des Krieges tauchte man in eine Atmosphäre undefinierbarer Ausstrahlungen. Eine wohltuende Ausnahme bildete die abgeklärte Sachlichkeit der katholischen Ordensschwestern.«[38] Auch Höß, der spätere Kommandant von Auschwitz, beklagt sich über eine Krankenschwester, die ihn wegen einer Verwundung pflegte: Es »verwirrte mich ihr zartes Streicheln, ihr länger als nötiges Festhalten und Stützen, da ich allen Zärtlichkeitsbeweisen seit meiner frühesten Jugend stets aus dem Wege gegangen war«.[39] Insofern hat Werner Picht unrecht, der Mitte der fünfziger Jahre die Identität zwischen Mann- und Soldat-Sein als völlig neue Qualität proklamierte: »Der einfache und elementare Tatbestand: Weil und sofern ich Mann bin, bin ich Soldat, und in der soldatischen Form finde ich den kongenialen Ausdruck meines Menschentums, der uns so vertraut im Ohr klingt und kaum eines Aufhebens wert scheint, der aber in Wahrheit eine völlig neue Stufe in der Entwicklung des deutschen Menschen bezeichnet.«[40]

VII

Daß das militärische Körpertraining die genitale Sexualität absorbiere, ist nur eine These. Es gibt bislang keine psychoanalytischen Untersuchungen, die dies im einzelnen nachgewiesen hätten.[41] (Außerdem fehlen adäquate Begriffsmodelle von physischer und psychischer Energie sowie dem Zusammenhang beider.) Eine nicht zu übersehende Bestätigung dieser These liefern dagegen die Sportideologen selbst. Sie propagieren den Sport als Sexualverdrängung und -ersatz zugleich: »Unsere Arbeit am Körper geschieht mit Lust und Liebe, sie soll mitunter anstrengend, ja hart sein. Diese sinnvolle Körperarbeit an sich selbst, das freudebetonte Austoben mit den Kameraden und Kampfgefährten im sportlichen und spielerischen Leistungsmessen vollzieht sich ohne ›tierischen Ernst‹; sie ist bei aller Arbeit zugleich Erholung, bei aller Anstrengung zugleich Freude.«[42] Diese Intention der Sportpropaganda ist nicht beschränkt auf den Militärsport. Sie tritt besonders deutlich hervor, wenn die Propaganda die Ziele des Schulsports formuliert, der von der Armee aus gesehen ja nichts anderes als mehr oder weniger gut geleistete Vorarbeit ist. Dietz schildert aus seinen Erfahrungen als Sportlehrer Schülerfälle, »die auf des Messers Schneide stehen und in denen der junge Mensch das Chaos erlebt wie eine Brandung, die alle Spuren und *Orientierungs*zeichen zerstört. Was hier der sportliche Einsatz bewirken kann, erleben wir an den Nullpunkten der Selbstverwirklichung, in der Gnadenlosigkeit des Ungeordneten und Chaotischen, des scheinbar Ausweglosen, des panisch Aufgeputschten und Verwirrten. Im Kreise der Unschlüssigen, Unlebendigen, Gelangweilten, nihilistisch Affizierten, der in Krisen und Pannen verschütteten und Gedemütigten, der in Phantasmen Gefesselten und Süchtigen: in diesem Kreise ist der Sport ein heilender und erweckender Faktor.«[43] Die Wirkung dieses heilenden Faktors stellt Dietz am Beispiel eines Jungen dar, der sich vor der Sport-Behandlung sehr ›ungelenk‹ benahm. »Nun führt er [...] vor jedem Sprung einen Dialog mit seinen ungebärdigen Beinen. Der Appell an seinen ›schwachen Körperteil‹ scheint Erfolg zu haben.«[44] Ungebärdige Beine werden vom Sportlehrer geschliffen, und wer sich damit nicht identifiziert und selbst an seinen schwachen Körperteil appelliert, gehört aus der Sicht des Lehrers zu den »nihilistisch Affizierten«, »in Phantasmen Gefesselten und Süchtigen«, wenn er sich später dem nach den Verwertungsbedürfnissen organisierten Arbeitsprozeß nicht unterordnet, gehört er zum Lumpenproletariat, und erst recht beim Militär wird es ihm sehr schlecht gehen, denn dort werden die ungebärdigen Bewegungen mit Drill und Terror unterdrückt.

Der Zweck des heilend wirkenden Sports besteht für Dietz im Sieg des Geistes über den Körper (sprich: Disposition des Kapitals über den Gebrauchswert der Arbeitskraft): »Man ist entlastet von dem im eigenen Wesen gespeicherten Überdruck ungesunder Erwartungen[45] und nimmt natürliche und elementare Erwartungen in sich auf. Man ist entlastet von dem schlechten Gewissen, das sich doch in jedem jungen Menschen regt, wenn er seine Kräfte im falschen und aufreibenden Sinn gebraucht. Man erhält Anschauung von der dauernd in Frage gestellten Verfügungsgewalt des Geistes über den Körper.«[46]

VIII

Dietz vergleicht die Lebendigkeit seiner Schüler, die er »Spannkraft« nennt, mit einem Flitzebogen. Nach ihm ist es das Ziel der schulischen Erziehung, die Spannung dieses Flitzebogens nicht der Sexualität zu überlassen, sondern die »spannende Kraft der Sexualität« durch die Anforderungen des Sports zu ersetzen. »Die Fragen, die hier angesprochen werden, sind natürlich komplizierter als im Bild des Spannens und Entspannens eines ›Flitzbogens‹. Aber eine Erfahrung ist beim einen wie beim andern ›Spannen‹ durchschlagend: Wir haben es beim Flitzebogen mit einem Instrument zu tun, dessen elastisches Material — unter ständiger Spannung — schnell ermüdet, seine Qualität und Beanspruchbarkeit einbüßt und bei häufiger Anspannung brüchig wird. [...] Die dauernde Spannung des jungen Menschen, dessen Phantasie von Reizbildern übersättigt und aufgeputscht ist, deformiert den seelischen Spannungsbogen in unheilvoller Weise. Sie kann den jungen Menschen unfähig machen zu natürlicher, gesunder Spannung. Wer den prall gespannten Bogen der jugendlichen Phantasie entspannen will, ohne die Spannkraft als solche zu deformieren, der muß Entspannung und Neuspannung auch für die Phantasie suchen. Er kann sie auf dem sportlichen Gebiet erreichen. Der Sport entlastet die Phantasie von den Geltungs- und Sexualphantasmen und spannt sie andererseits durch Leistungsbilder und Leistungserlebnisse. [...] Daher gilt es, für die Spannungen, die aus den Sexual- und Geltungsbereichen aufkommen, entsprechende aus dem sportlichen Sektor zu gewinnen.«[47]

Nur wenn die sexuellen Spannungen aufgelöst sind, ist »das Individuum leistungsfähig, ja lebensfähig und kann die ihm vom Leben gestellten Aufgaben erfüllen«.[48]

Die Armee betreibt bei ihren Rekruten denselben Prozeß der Ersetzung. Wahrscheinlich geht er hier leichter vor sich als im Schulsport, denn hier gibt es weniger Ablenkung und bessere Ersatzmöglichkeiten. Colonel Ford, der über das ›Quick Kill training program‹ der US-Armee berichtet, propagiert »instinct shooting«: »Das Gewehr wird zum verlängerten Auge, wie ein ausgestreckter Finger. Der Experte nennt es ›doing what comes naturally‹.«[49]

Jüngers Kriegsaufzeichnungen sind ein Dokument äußerst weitgehender Identifikation mit kriegerischer Aggression. Man könnte mit Herbart sagen, daß hier die Ersetzung der sexuellen Spannungen durch »die vom Leben gestellten Aufgaben«[50] gelungen und das »Individuum leistungsfähig, ja lebensfähig«[51] geworden ist: »Auch das moderne Gefecht hat seine großen Augenblicke. Man hört so oft die irrige Ansicht, daß der Infanteriekampf zur uninteressanten Massenschlächterei herabgesunken ist. Im Gegenteil, heute mehr denn je entscheidet der einzelne. Das weiß jeder, der sie in ihrem Reich gesehen hat, die Fürsten des Grabens mit den harten, entschlossenen Gesichtern, tollkühn, so sehnig geschmeidig vor- und zurückspringend, mit scharfen, blutdürstigen Augen, Helden, die kein Bericht nennt. [...] Unter allen nervenerregenden Momenten des Krieges ist keiner so stark, wie die Begegnung[52] zweier Stoßtruppführer zwischen den engen Lehmwänden des Grabens. Da gibt es kein Zurück und kein Erbarmen. Blut klingt aus dem schrillen Erkennungsschrei, der sich wie Alpdruck von der Brust ringt.«[53] Die Ersetzung kann soweit gehen, daß den Soldaten ›blutige Schleier vor den Augen wallen‹, die sie zu Massakern befähigen. Diese Massaker sind, obwohl sie meist als Betriebsunfälle dargestellt werden, normaler Bestandteil der Kriegführung kapitalistischer Armeen. »Der Kämpfer, dem während des Anlaufs ein blutiger Schleier vor den Augen wallte, kann seine Gefühle nicht mehr umstellen. Er will nicht gefangennehmen; er will töten. Er hat jedes Ziel aus den Augen verloren und steht im Banne gewaltiger Urtriebe. Erst wenn Blut geflossen ist, weichen die Nebel aus seinem Hirn; er sieht sich um wie aus schwerem Traum erwachend. Erst dann ist er wieder moderner Soldat, imstande, eine neue taktische Aufgabe zu lösen.«[54]

Anmerkungen

1 Horn, K.: Über den Zusammenhang von Angst und politischer Apathie. In: H. Marcuse, A. Rapaport, K. Horn, A. Mitscherlich, D. Senghaas, M. Markovic: Aggression und Anpassung in der Industriegesellschaft, 1969[2], S. 66. Bei dem Ausdruck ›gesunde Person‹ mögen selbst Horn Zweifel gekommen sein, ob es sie gibt bzw. geben sollte, was ihn dazu veranlaßt haben mag, sie in Anführungsstriche zu setzen.
2 Eissler: The Efficient Soldier. In: The Psychoanalytic Study of Society, Vol. I, 1968[2], S. 79
3 Marx, K.: Das Kapital, MEW, Bd. 23, S 189 f
4 Ebd., S. 58
5 Ebd., S. 445 ff — Marx zitiert den englischen Ökonomen Ure: »Die Hauptschwierigkeit in der automatischen Fabrik bestand in der notwendigen Disziplin, um die Menschen auf ihre unregelmäßigen Gewohnheiten in der Arbeit verzichten zu machen und sie zu identifizieren mit der unveränderlichen Regelmäßigkeit des großen Automaten.«« (Ebd., S. 447)
6 Marx, K.: Resultate des unmittelbaren Produktionsprozesses, Frankfurt 1970, S. 61
7 Marx, Kapital, a.a.O., S. 508
8 Klee, M.: Streitkräfte als Betrieb. In: Betriebswirtschaftliche Forschung und Praxis, H. 9, 1965, S. 501 — Genau diesen Sachverhalt traf Hitler, als er in ›Mein Kampf‹ schrieb: »Man gebe der deutschen Nation sechs Millionen sportlich tadellos trainierter Körper, alle von fanatischer Vaterlandsliebe durchglüht und zu höchstem Angriffsgeist erzogen, und ein nationaler Staat wird aus ihnen, wenn notwendig in nicht einmal zwei Jahren eine Armee geschaffen haben.« (Adolf Hitler: Mein Kampf, München 1943, S. 611 f)
9 Klee, a.a.O., S. 498 f — Im letzten Satz zitiert Klee einen Aufsatz aus dem Jahre 1957. Daß heute das Berufsheer diskutiert wird, könnte nicht zuletzt an den Anzeichen einer nahenden Rezession liegen.
10 Ebd., S. 505
11 Ebd. — Nach Heuss besteht der Sinn der Streitkräfte darin, »einfach durch Da-Sein und So-Sein die Verwirklichung jener schlimmen Gegebenheiten einer militärischen Konfliktslage zu verhindern«. (Zitiert S. 508)
12 Ebd., S. 508
13 Ebd., S. 509
14 Laegeler: Sport in der Bundeswehr (Auszüge aus einer Rede). In: Leibesübungen, H. 7 1956, S. 4
15 Rinke, F.: Stets einsatzbereit durch Sport und Körpertraining. In: Wehrausbildung in Wort und Bild, H. 8, 1966, S. 321
16 Uhl, H. G.: Der Sport des deutschen Soldaten. In: Wehrkunde, H. 10, 1964, S. 529. Vgl. auch: Kluss, H.: Überforderung durch Unterforderung. In: Wehrkunde, H. 7, 1966, S. 349–356

17 Laegeler, a.a.O., S. 5
18 Ebd.
19 Leusch, M.: Sport in Streitkräften unter Berücksichtigung des Sports in der deutschen Bundeswehr. In: *Wehrkunde*, H. 10, 1961, S. 295
20 Rinke, a.a.O., S. 321
21 Uhl, a.a.O., S. 533
22 Die Sportlehrer jedoch trifft an diesem Versäumnis die geringste Schuld. Sie bemühen sich redlich und führen sogar Spiele zur Schulung des schnellen Antritts durch. Denn: »Der schnelle Antritt entscheidet häufig über Sieg oder Niederlage.« (H. Timmermann: Spiele zur Schulung des schnellen Antritts. In: Leibesübungen, H. 8, 1962, S. 26.) Über den Beitrag der Jugendbewegung zur Volksertüchtigung für den Ersten Weltkrieg, siehe Pross, H.: Jugend, Eros, Politik, 1964
23 Uhl, a.a.O., S. 533
24 Leusch, a.a.O., S. 295
25 In bezug auf die im folgenden zitierten psychologischen Untersuchungen über das Armeeleben sei angemerkt, daß die Psychologen, die psychoanalytische Richtung macht dabei keine Ausnahme, ihre Wissenschaft, die durchaus Methoden und Ansätze zur kritischen Analyse des Militärs bietet, im Dienst und Interesse des Kapitals und seiner Armee betreiben. Am deutlichsten formuliert dies Murray, der Autor des berühmten Thematic Apperception Test, in einem Aufsatz über die Verbesserung der Auswahlmethoden für Offiziersanwärter: »Unter denen, die für die Offiziersschule ausgewählt werden, gibt es eine ziemlich große Anzahl . . ., die während der Übungsperiode ausfällt; andere bekommen ihre Offizierspatente, aber bewähren sich nicht als Kampf-Offiziere, wieder andere versagen später im Feuer. So wird viel Zeit, Energie und Geld für die Ausbildung von untauglichem Menschenmaterial verschwendet.« (Murray, H., und Stein, M.: Note on the Selection of Combat Officers. In: *Psychosomatic Medicine*, H. 5, 1943, S. 386)
McDougall schildert vier Fälle von Regression bei Soldaten; als Kriterium von Regression gilt ihm Kampfunfähigkeit und mangelndes Durchhaltevermögen bei Fronteinsatz. (McDougall, W.: Four Cases of ›Regression‹ in Soldiers. In: *J. of Abnormal Psychology*, H. 15, 1920, S. 137–156) Die Psychiater Maskin und Altman nennen jeden Soldaten schizoid, der darunter leidet, in der Kaserne nie allein zu sein. (Maskin, M. H. und Altman, L. L.: Military Psychodynamics. In: *Psychiatry*, H. 6, 1943, S. 263–269). Ebenso ist für Janis jeder neurotisch, der sich nicht an das Armeeleben anpassen kann. (Janis, J.: Psychodynamic Aspects of Adjustment to Army-Life. In: *Psychiatry*, H. 8, 1945, S. 159–176) Die Reihe ließe sich endlos fortsetzen
26 Eisendorfer, A., und Bergmann, M. S.: The Factor of Maturity in Officer Selection. In: *Psychiatry*, H. 9, 1946, S. 76
27 Ebd.
28 Ebd.
29 Ebd.
30 Ebd.
31 Eissler, a.a.O., S. 46
32 Ebd.
33 Ebd., S. 54 — Eisslers Erklärungsversuche bleiben rein individualpsychologisch. Als Interpretationshintergrund werden die jeweiligen Familienkonstellationen herangezogen. Sein gesellschaftliches Unverständnis gipfelt in der Bemerkung über einen der Offiziersanwärter, der auf Grund seiner Untersuchung als »idealer Soldat« bezeichnet werden muß: »Er hat sich an die Gesellschaft angepaßt um den Preis seines emotionalen Lebens. . . . Er war der ideale Soldat, aber ich bezweifle, daß dieses Land den Krieg gewonnen hätte, wären alle Soldaten wie er.« (S. 55)
34 Keiser, S.: Body Ego During Orgasm. In: *Psychoanalytic Quarterly*, H. 21, 1952, S. 164 — Siehe auch:
Bose, G.: The Duration of Coitus. In: *Int. of Psychoanalysis*, H. 18, 1937, S. 235–255; Feldman, S. S.: Anxiety and Orgasm. In: *Psychoanalytic Quarterly*, H. 4, 1951, S. 528–549; Keiser, S.: On the Psychopathology of Orgasm. In: *Psychoanalytic Quarterly*, H. 16, 1947, S. 378–390
35 Keiser, Body . . ., a.a.O., S. 160 f
36 Eissler, a.a.O., S. 66 f
37 Zit. bei Schilder, P.: Wahn und Erkenntnis, 1918, S. 33 — Mit dieser Haltung korrespondiert die traditionelle Vorstellung vom Leib-Seele-Verhältnis, die seit je das Töten rationalisierte. Der von Schilder zitierte Student »suchte das Absolute, das er Gott und Idee nannte. Er behauptete, von jedem Menschen existierte eine Idee, die unvergänglich sei. Man könne den Menschen totschießen, ohne daß es etwas ausmachte. Es sei auch gar nichts daran, wenn man einen Menschen totschösse. Nur einzelne vergingen mit dem Leib.« (Schilder, a.a.O.,

S. 29) Ebenso Leutnant Ernst Jünger, Stoßtruppführer im Ersten Weltkrieg: »Ab und zu beim Scheine einer Leuchtkugel sah ich Stahlhelm an Stahlhelm, Seitengewehr an Seitengewehr blinken und wurde von dem stolzen Gefühl erfüllt, einer Handvoll Männer zu gebieten, die vielleicht zermalmt, nicht aber besiegt werden konnten. In solchen Augenblicken triumphiert der menschliche Geist über die gewaltigsten Äußerungen der Materie, der gebrechliche Körper stellt sich, vom Willen gestählt, dem furchtbarsten Gewitter entgegen.« (Jünger, E.: In Stahlgewittern, 1922², S. 73 f) Was Jünger formuliert, ist nichts anderes als die Konsequenz, die sich aus dem Verhältnis, in das die Ware Arbeitskraft gesetzt ist, ergibt. Unterm Kapitalverhältnis wird der Arbeiter in den »selbstbewußten Zubehör einer Teilmaschine« verwandelt; seine schöpferische Kraft zählt allein als Verausgabung von »Hirn, Nerv, Muskel, Hand usw.«. Und was sollte erst recht im Krieg, wo die Arbeitskraft nicht mehr produktiv vernutzt wird, sondern zur Destruktion eingesetzt und damit der eigenen Destruktion ausgesetzt wird, anderes erhöht werden als das, was es nicht gibt, also auch nicht destruiert werden kann, der Geist? Siehe dazu auch: Adorno, Th. W., und Horkheimer, M.: Interesse am Körper, in: Dialektik der Aufklärung, 1947, S. 246 bis 250

38 Jünger, a.a.O., S. 247

39 Höß, R.: Kommandant in Auschwitz (Autobiographische Aufzeichnungen), 1958, S. 32

40 Zit. nach Mosen, W.: Bundeswehr — Elite der Nation? 1970, S. 68 f

41 Einen vergeblichen Versuch unternimmt Kubie, L.: Competitive Sports and the Awkward Child. In: *Child Study*, H. 31, 1954, S. 10—15

42 Rinke, a.a.O., S. 322; siehe auch: Hermann, R.: Erziehung zur Härte. In: *Wehrkunde*, H. 2, 1964, S. 69—78

43 Dietz, J.: Jugendliche Entwicklung im Regelkreis des Sports. In: *Leibesübungen*, H. 2, 1968, S. 17

44 Ebd.

45 Von der Vorstellung eines solchen Überdrucks scheint auch Sportsmann Brücke auszugehen. Deshalb empfiehlt er dem Sportler eine fein dosierte Sexualität. Grundregel: »Sport und Weib vertragen sich miteinander nie; denn beide wollen den ganzen Mann!« (Brücke, H., Sport und Sexualität; Geschlecht und Gesellschaft, 1913, 8, 11, S. 482. »Daher wird der Sportsmann in dem Weibe . . . den Faktor erblicken, der ihn nur für sich gewinnen will, um ihn körperlich und oft auch geistig mit Beschlag zu belegen. Gelingt dieses, dann mag es gewiß zu sexuellen Höchstleistungen kommen, der Sportsmann aber wird verloren sein« (Ebd). Seine Beschwörungen sind allzu plastisch: Nach Brücke »ist jeder Verlust an Sperma ein Verlust an Nervenkraft, der unbedingt nachteilig wirkt«. (Ebd.) ». . . keineswegs aber ist . . . die völlige Enthaltsamkeit die beste Lösung. Sie erfordert einen beträchtlichen Aufwand an Energie und ist dann meist so heimtückisch, zu den unpassendsten Zeiten zu Pollutionen zu führen. Eine solche vor dem Wettkampf eintretende Pollution vermag die wochenlange Arbeit des Trainings zum größten Teil zu vernichten.« (Ebd. S. 481. Insgesamt, ein Problem, vor dem die Sportler noch heute stehen.)

46 Dietz, a.a.O., S. 18

47 Ebd., S. 19

48 Ebd. — Dietz zitiert hier den Philosophen J. F. Herbart.

49 Ford, J. J.: Quick Kill. In: *Army Information Digest*, H. 9, 1967, S. 50; siehe auch: Altrichter, F.: Das Wesen der soldatischen Erziehung, 1937, bes. S. 175

50 Zit. b. Dietz, a.a.O., S. 19

51 Ebd.

52 »Das ›begegnende Handeln‹ im Sport zieht den Bogen . . . scharf an und fordert auf seine Weise die Spannkraft heraus.« (Dietz, a.a.O., S. 19) Deutlicher sein wird das versteckte Wiederauftauchen der unterdrückten sexuellen Spannungen bei der Schilderung des Verhältnisses Führer–Mannschaft: »Ich habe immer erfahren, daß in solchen Augenblicken der gewöhnliche Mann, der vollauf mit seiner persönlichen Gefahr beschäftigt ist, die scheinbar unbeteiligte Sachlichkeit des Führers bewundert, der inmitten der tausend entnervenden Eindrücke des Gefechts die Ausführung seines Auftrages klar im Auge hat.« Das spornt den Führer »zu immer größeren Leistungen an, so daß Führer und Mannschaft sich aneinander zu gewaltiger Energieentfaltung entzünden« (Jünger, a.a.O., S. 113)

53 Jünger, a.a.O., S. 182

54 Ebd., S. 204 f

(Zitate aus fremdsprachiger Literatur wurden vom Verfasser übersetzt. Sämtliche Hervorhebungen in den Zitaten sind ebenfalls vom Verfasser.)

Christine Kulke

Emanzipation oder gleiches Recht auf ›Trimm Dich‹?
Diskussionsbeitrag zum Problem des Frauensports in der BRD

> »Hat die Frau das Recht, das Schafott zu besteigen,
> so muß sie auch das Recht haben, die Tribüne zu
> besteigen.«
> Olympe de Gouche*

In diesem Beitrag geht es nicht darum, eine Frauenfrage im Bereich des Sports ›an und für sich‹ und ›als solche‹ zu konstatieren, die es nicht gibt. Was es dagegen gibt, ist die Tatsache, daß weniger Frauen Sport treiben als Männer, daß sie im organisierten Sport in Sportvereinen unterrepräsentiert sind, daß Vorurteile gegenüber (Hoch-) Leistungssportlerinnnen vorherrschen[1] und ein Dschungel von Ideologien über das »Wesensgemäße« wuchert, in dem zwischen tradierten Rollenvorstellungen und der Rechtfertigung von Werterhaltungsfunktionen für den Produktionsprozeß nur graduelle Unterschiede bestehen.

Noch immer sind nicht alle Sportarten für Frauen zugänglich, wenngleich Äußerungen aus dem *Amtsblatt des Deutschen Schwimmsportes* von vor 80 Jahren (1895) heute nahezu absurd anmuten: »[...] Wir (sind) nicht derart entnervt, um uns durch solchen sinnlichen Köder einfangen zu lassen, und wir wollen von der Damenschwimmerei absolut nichts wissen.«

Um die gleiche Zeit wurde jedoch bereits in einem grundlegenden Handbuch zum ›Mädchenturnen‹ einiges über den Verwertungscharakter des (Frauen-) Sports erkannt: »Turnen ist eine rechte Brauchkunst für das praktische Leben. Turnerinnen werden sich auch ihrer Berufsarbeit ernstlich, unverdrossen, gewissenhaft und heiter hingeben; erzogen zum Wohlgefallen an der Anstrengung werden sie nicht gern müßig sein.«[2]

Jene heitere weibliche Hingabe an Sport und Berufsarbeit wurde bereits gegen Ende des 19. Jahrhunderts vom damaligen preußischen Kultusminister von Goßler zur staatsbürgerlichen Pflicht erhoben: »Das Schulleben unseres Volkes (ist) allmählich in Bahnen zu leiten, in welchen auch unsere Mädchen sich darüber klar werden, daß auch die Ausbildung des Körpers zu ihren Pflichten gehört, und daß sie, wenn sie diesen Pflichten nachkommen, auch etwas tun, wofür der Staat ihnen zu Dank verpflichtet sein muß.«[3]

Eine stärker politisch prononcierte Begründung gab 1912 der Kongreß für Volks- und Jugendspiele in seinen Leitsätzen:
»1. Die Kraft der Frau ist für die Nation von ebenso großer Bedeutung wie die des Mannes. Deshalb ist auch die Pflege der Leibesübungen für das weibliche Geschlecht notwendig [...]
6. Nach vollendeter Schulzeit dürfen Turnen, Volks- und Jugend-

---

* Aus der Begründung der ›Frauenrechte‹, die sie Ende des 18. Jahrhunderts der Konvention der Menschenrechte gegenüberstellte.

spiele und verwandte Leibesübungen in freier Luft nicht aufhören. Jeder wahre Vaterlandsfreund sollte ernstlich mit dem Zentralausschuß dahin wirken, daß die genannten Leibesübungen auch beim weiblichen Geschlecht in Deutschland zur allgemeinen Volkssitte werden [. . .]«[4]

Die Inanspruchnahme sportlicher Ertüchtigung von Frauen für nationale Ziele steht in engem Zusammenhang mit der Entwicklung der Pädagogik und des Schulturnens im Zuge der Entfaltung der Produktivkräfte und der frühkapitalistischen Industrieproduktion zu Beginn des 19. Jahrhunderts.[5]

Innerhalb dieser Bedingungen entwickelte sich der Frauensport nach den Prämissen einer Schul- und Sportpädagogik unter den Erfordernissen einer veränderten Produktionsweise und nicht primär im Zuge einer Emanzipationsbewegung als Folge der ›sozialen Frauenfrage‹. So haben Sport und ›körperliche Ertüchtigung‹ für die Emanzipations- und Gesellschaftsmodelle der Frühsozialisten keine nennenswerte Rolle gespielt; desgleichen auch in den marxistischen und frühen sozialdemokratischen Konzeptionen zur gesellschaftlichen Befreiung der Frau, insbesondere der Proletarierin wie aller Lohnabhängigen unter kapitalistischen Produktionsbedingungen.

Erst die bürgerliche Frauenbewegung, nach Clara Zetkin »das Kind der kapitalistischen Produktionsweise«, nimmt sich des Sports, der Gymnastik und des Spiels für (bürgerliche) Frauen an, um die männliche Dominanz zu beseitigen, nicht aber die Produktionsbedingungen! Nationalistische und funktionale Kriterien haben einen entsprechenden historischen Stellenwert in der Tradition des Frauensports, die sich keineswegs aus primär emanzipatorischen Interessen herleitet.[6]

Dennoch zeigt die historische Entwicklung seit Beginn des 19. Jahrhunderts von Friedrich Ludwig Jahn, der sicher nicht als ›Turnvater‹ für Mädchen anzusprechen ist (»Fechten ist unnatürlich, es verstiert den milden Blick, und bleibt immer dem weiblichen Körperbau zuwider . . .«), über den eigentlichen Begründer des ›Mädchenturnens‹ als ›schulfähiges Fach‹, Adolf Spieß, bis zur Leibeserziehung der Richtlinien und Rahmenpläne der bestehenden Schule zweifellos einen beachtlichen Fortschritt für die gesellschaftliche Stellung der Frauen im Bereich des Sports. Nicht nur dadurch, daß der Katalog der unerlaubten sportlichen Handlungen für Frauen, wie Beinseitspreizen, Kniehseben und Beinstoßen (nach Spieß, vgl. Anmerkung 7), heute nahezu abgebaut ist — zweifelsohne ein Erfolg der differenzierten geschlechtsspezifischen Didaktik der Leibesübungen! Aber bereits zu Zeiten von Adolf Spieß war für die Arbeiterin in der Fabrik alles das erlaubt, ja Pflicht, was — aus welchen Gründen auch immer — für die zukünftigen Lohnabhängigen als unschicklich verboten war. Auch der Fortschritt hat seine doppelte Moral! —

Inzwischen bezwingen die besten Hochspringerinnen eine Höhe, die um einiges über ihrer Körpergröße liegt, bewältigen auch längere Strecken in einer Zeit, die noch vor wenigen Jahren selbst von ihren männlichen Kollegen nicht ohne weiteres erreicht wurde (800 Meter in 1:58 Minuten, wie Hilde Falck bei den Deutschen Meisterschaften im Juli letzten Jahres). Dabei hatte noch 1959 der Sportmediziner Prokop vor dem Langstreckenlauf gewarnt: er sei »für eine Frau vollkommen unangebracht«.

Die Frauen setzten mit ihren sportlichen Leistungen den klassischen Schiedsspruch des französischen Olympia-Barons Pierre de Coubertin bedenkenlos außer Gefecht: »Was die Beteiligung der Damen an den Olympischen Spielen anbetrifft, so bleibe ich ihr abgeneigt.«

Vergleichbar mit der Herausbildung hochspezialisierter und rationalisierter Arbeitsmethoden im Zuge der Entwicklung des industriellen Produktionsprozesses sind rational geplante und kontrollierte Trainingsmethoden, aufbauend auf arbeitskonformen Handlungsverläufen und Leistungseinheiten, erarbeitet worden[8], mit denen die biologischen und geschlechtsspezifischen ›Leistungsdefizite‹ von (Hochleistungs-) Sportlerinnen zunehmend nivelliert und eliminiert werden: Auf diese Weise konnten die Langstreckenläuferinnen trotz ihrer vergleichsweise 40 Prozent geringeren Muskelkraft und Herz- bzw. Kreislaufleistung den Olympia-Vorkriegs-Rekord (vor dem Ersten Weltkrieg) ihrer männlichen Kollegen brechen. Und das, obwohl der leichtathletische Wettbewerb für Frauen erst 1928 mit fünf Wettbewerben in das olympische Programm eingeführt wurde (100-m-Lauf, 800-m-Lauf, 4 × 100-m-Staffel, Hochsprung und Diskuswurf).

»Vor allem in der nach Metern und Sekunden kontrollierbaren Leichtathletik springen und sprinten Sportlerinnen zugleich gegen Leistungs-Barrieren, Vorurteile und Tabus an.«[9]

Jene vorurteilhaften Rollenklischees[10] und Bilder vom Weiblichkeitsideal (›Leistungssportlerinnen sind keine richtigen Frauen‹) gerieten zunehmend in Widerspruch zu einem Leistungsprinzip, mit Hilfe dessen die Warenproduktion unter kapitalistischen Verwertungsbedingungen organisiert und damit die bestehenden gesellschaftlichen Bedingungen stabilisiert werden. Die Konformität mit der Arbeitssituation, ja mit der Integration von Frauen in den Produktionsprozeß bei tradiertem gesellschaftlichen Bewußtsein von ›der Rolle der Frau‹ (primär noch immer familienzentriert)[11], ist evident. Auch hier erweisen sich Rollenvorurteile als lediglich partiell funktional für die Rationalität des Leistungsprinzips. Ebenso im Bereich des Sports[12], wo geschlechtsspezifische ästhetische Kriterien, wie Anmut, Geschicklichkeit und Schönheit, orientiert an männlicher Schaulust, den »Warencharakter‹ der Frau ideologisch bestimmen und zunehmend in Konflikt zur Leistungsrealität geraten müssen. Fremdbestimmte Arbeit wie fremdbestimmte Sport-Freizeit betrifft zwar alle Lohnabhängigen, jedoch einzelne Gruppen unterschiedlich. So betrifft die der gesellschaftlichen Realität eigene, aber ihr widersprechende Unterdrückung durch herkömmliche Leitbilder und Rollenmuster vorwiegend arbeitende und sporttreibende Frauen. Und nur in diesem Zusammenhang — wenn überhaupt — ist es berechtigt, von spezifischen Problemen des Frauensports entsprechend der Berufstätigkeit von Frauen zu reden, nämlich als Teilaspekt des Hauptwiderspruchs von Lohnarbeit und Kapital. Dieser wird auch dann nicht beseitigt, wenn geschlechtsspezifische Benachteiligungen und deren ideologische Begründungen unter dem Druck des Leistungssystems abgebaut werden, im Gegenteil. Werden sportliche Leistungen durch Disziplinierungsmechanismen und Verwissenschaftlichung der Trainingsmethoden auf breiterer Basis eher möglich und werden ihre Standards erhöht, dann verändern sich materiell und ideell die Prämissen und Bedingungen sowohl derer, die Sport treiben, wie jener, für die sportliche Aktivität unter Disziplinierungs- und Verwertungskategorien nutzbringend ist.

Dieser qualitativ andere Prozeß ist gekennzeichnet durch stärkeres Leistungstraining *aller* Sporttreibenden, durch die Integration der Frauen auch in die Leistungsdisziplinen und durch die Entwicklung von Sportmöglichkeiten für breite Kreise der Bevölkerung (zweiter Sportweg, ›Trimm Dich‹). Seine Ambivalenz und Widersprüchlichkeit tritt deutlicher zu Tage oder aber setzt sich verschleiert fort: Ließ der herkömmliche Frauensport auf privater oder Vereinsebene den Leistungsentzug durch Elemente von Entspannung, Spiel und Muße sowie den Rückzug in die private Geselligkeit durch Erholung von fremdbestimmter Berufsarbeit grundsätzlich zu, so lassen sich alle diese Bedingungen nicht mehr vereinbaren mit einem einseitig an strikten Leistungsnormen orientierten, rationalisierten Sportbetrieb.

Dennoch wird das, was einigen bislang möglich war, nämlich mit entsprechenden Konsum- und Zeitaufwendungen die Reproduktion ihrer Arbeitskraft mit der Illusion zu betreiben, Unabhängigkeit, Initiative und Selbstverwirklichung zu realisieren, auch weiterhin nicht wesentlich tangiert. Nur wird durch die Rationalisierung des Sports unter den Bedingungen der Rationalisierung des Arbeits- und Produktionsprozesses für Frauen zunehmend bewußt oder resignativ erfahrbar, welche Doppelfunktion diese Rest-Autonomie im individuellen, bürgerlich emanzipativen Freiraum hat: Sport als Mode, Kosmetik, Hygiene erleichtert der Angestellten zweifellos die Bewältigung ihres Arbeitstages und begünstigt ihre Anpassung an die herkömmliche Frauenrolle — die Arbeiterin kann sich aufgrund ihrer materiellen und Sozialisationsbedingungen nicht einmal das uneingeschränkt leisten —, erhöht jedoch zugleich ihre Verwertungschancen im Produktionsprozeß. Noch sinnfälliger kann dieses Problem am Beispiel der sportlichen Betätigung von Frauen zum Zwecke der Gesunderhaltung bzw. Rehabilitation diskutiert werden. Hier ermöglicht sie eine zweckmäßigere Anpassung und größere psychophysische Belastbarkeit in Bezug auf die Berufs- und natürlichen Reproduktionsleistungen. Der Widerspruch besteht nur darin, daß mit zunehmender Leistungsfähigkeit und Belastbarkeit der Sport vollends die Notwendigkeit gesellschaftlicher Einrichtungen verschleiern hilft und durch die Rückverlagerung des Problems auf das Individuum zur Symptomkuriererei wird.

Aber nicht nur das — Turnen, Gymnastik, Entspannung sollen doch zu jenen Eigenschaften verhelfen, die die Attraktivität der Frau als Sexualpartnerin steigern: Schönheit, Schlankheit und Jugendlichkeit, sodann jenes Maß — wer bestimmt es eigentlich? — von Energie, Willenskraft und ›Lebensbejahung‹, das zu erwerben den erotischen Tauschwert erhöht, aber nichts darüber hinaus.

Obgleich wissenschaftliche Untersuchungen ergeben haben, daß sich das Psychogramm des Sportlers »bezüglich inhaltlich bestimmter Charaktereigenschaften [...] bei Leistungsstreben, Lebensgrundstimmung, Eigenmachtgefühl, Füreinandersein sich nicht so stark oder wie bei Fairness..., Einsatzbereitschaft, Geltungsdrang, Pflichterfüllung, gar nicht vom Nichtsportler unterscheidet«[13] — es läßt sich lediglich eine Tendenz zu ›formaler Aktivität‹ gegenüber den Nicht-Sporttreibenden nachweisen —, spielen jene Motive vitaler und psychischer Fitness gerade für Frauen eine nicht unerhebliche Rolle. So gaben bei einer Befragung, die vom Arbeitskreis für Frauenfragen im Deutschen Sportärztebund in Zusammenarbeit mit dem Institut für Demoskopie in Allensbach 1965/66 durchgeführt wurde, mehr als die Hälfte der Frauen gesundheitliche Gründe für ihre sportliche Aktivität an. Der zweite und dritte Rangplatz wurde von Motiven belegt, die den Wünschen nach größerer Spannkraft und Jugendlichkeit entsprechen (vgl. hierzu Tabelle 1).

Gerade bei diesen vitalen Bedürfnissen treten kaum geschlechtsspezifische Unterschiede in den Angaben auf. Auch als Ausgleichssport wird die sportliche Betätigung von Frauen wie von Männern annähernd gleich oft genannt bzw. gewünscht. Lediglich das Statement, das Ansporn und Ehrgeiz anspricht, zeigt eine typische Erwartungshaltung in der Verteilung der Antworten auf: Sport wird bei Männern wesentlich häufiger mit der Freude am sportlichen Ehrgeiz betrieben, bzw. wird Freude am Wetteifern wesentlich häufiger als Grund für eine sportliche Betätigung genannt.

Der hohe Rangwert, den die psycho-physischen Bedürfnisse für die Motivation, Sport zu treiben, einnehmen, steht zweifellos in

Tabelle 1*

	Frauen		Männer	
	Warum wird Sport getrieben	Was würde reizen, Sport zu treiben	Warum wird Sport getrieben	Was würde reizen, Sport zu treiben
	in Prozent			
Man kommt dabei an die frische Luft	60	35	58	34
Es stärkt die Gesundheit	60	46	64	45
Bleibe dabei elastisch	47	21	47	21
Ich will damit etwas für meine Figur tun	45	21	19	12
Ich finde, Sporttreiben ist sinnvoll für den ganzen Menschen, für Körper, Geist, Charakter und Nerven	39	23	46	25
Ich brauche Bewegung, sitze sonst zu viel still	26	10	28	12
Mir macht es Freude, sportlich etwas zu leisten und mich darin mit anderen zu messen	8	3	18	6

engem Zusammenhang mit den herrschenden gesellschaftlichen Bedingungen, unter denen der berufliche und ›private‹ Konkurrenzkampf um gesellschaftlichen Aufstieg kräftezerstörend wirkt. Das um so mehr, als sich die Vorstellung von der Mobilität in der Gesellschaft als Ideologie entlarvt hat. Diese Ideologie reproduziert sich in den Funktionen des Sports:
»Der Sport wird zur praktischen Einübung der funktionalistischen Schichtenideologie [. . .], der Ideologie von der unaufhebbaren sozialen Ungleichheit [. . .]«, die Belohnung nur für die Tüchtigsten aufspart. »Der Sport unterrichtet anschaulich davon, daß die natürliche physische und psychische Ungleichheit der Leistungsfähigkeit die dem einzelnen erreichbaren Erfolge begrenzt.«[14]
Das Verhältnis von beruflich-gesellschaftlichen Gratifikationen und Freizeit-Aktivität wird von der gesellschaftlichen Stellung im Arbeitsprozeß definiert. Es ist daher aufgrund der Arbeitssituation der meisten Frauen gegenüber den übrigen Lohnabhängigen noch widerspruchsvoller; was für alle Arbeitskräfte gilt, hat daher für die weiblichen Angestellten und die Arbeite-

* Die Tabelle ist auszugsweise entnommen aus: Frau und Leibesübungen. Auswertung einer Umfrage über die Rolle der Leibesübungen in den Lebensgewohnheiten der Bevölkerung, hg. von Inge Bausenwein und Auguste Hoffmann, veröffentl. im Auftrage des Bundesministeriums für Gesundheitswesen, Mülheim 1967, S. 99 f.
Das Sample bezieht sich auf die Bevölkerung der Bundesrepublik mit West-Berlin ab 16 Jahre.

rinnen in schlechtbezahlten, abhängigen Positionen noch unmittelbarere Bedeutung: »Das ›Bedürfnis‹ nach Freizeitaktivitäten im Sport wie im gesamten kulturindustriellen Bereich äußert sich bei den Gruppen und Schichten am stärksten, die das in den spätkapitalistischen Strukturen gegebene Ausmaß an Gratifikationen perzipieren, daran auch in gewissem Ausmaß teilhaben, zugleich aber auch aufgrund ihres relativ niedrigen Status geringere Realisierungschancen von Konsum und Aufstieg haben: den mittleren sozialen Schichten. Diese umfassen sowohl die oberen Gruppen der Arbeiterschaft als auch die Gruppen der unteren und mittleren Angestellten. Ihre strukturelle Lage wird im allgemeinen als ›relativ depriviert‹ bezeichnet: ›depriviert‹, weil Aufstiegs- und Konsumchancen zwar ›relativ‹, weil die subjektive Deprivation dieser Schicht sich von der objektiven der unteren abhebt. Diese relative Deprivation kompensieren die mittleren Schichten durch demonstrative Freizeitaktivitäten, die ihnen zusätzlich Selbstbewußtsein verschaffen.«[15]

Benachteiligt sind demnach jene, die nicht einmal das vermögen. Es genügt jedoch nicht, festzustellen, daß sich der statistische ›Idealtyp‹ des nicht kompensierenden, des nicht-sporttreibenden Individuums haarscharf einem solchen annähert, der schon mehrfach im Zusammenhang mit der Benachteiligung in seinen Ausbildungschancen definiert worden ist[16]: Das (katholische) Arbeitermädchen vom Lande. — Zu fragen ist vielmehr: was verändert sich, wenn eine offizielle Sportpolitik[17] auch hier — gezwungen durch die Bedingungen des gesellschaftlichen Leistungssystems — durch zunehmende Integration des Sports und der ›Leibeserziehung‹ in den Verwertungsprozeß, durch Rationalisierung und Funktionalisierung des Sportbetriebs, qualitativ neue Situationen schafft und Prozesse in Gang setzt? Und hier verändert sich nicht nur jener statistische ›Idealtyp‹, für den der Körper dann vielleicht einmal mehr sein wird als nur ein Maschinen-Anhängsel.

Nur: *vielleicht*, weil der bloße Abbau der Ideologie des ›Wesensgemäßen‹, Naturhaften und ihre Ersetzung durch die Ideologie der Rationalität und technokratischen Sachzwänge noch keine Garantie dafür ist, daß für alle, von denen Leistungen gefordert werden, auch die Bedingungen für das Leisten geschaffen werden.

Weil dann der Zusammenhang von Lust und Leistung zwingender wird: Leistungs- und andere Sportlerinnnen dürfen und sollen nun auch ihre sexuellen Wünsche erfüllen (vgl. den *Stern*-Report ›Müssen Sportlerinnen wie Nonnen leben?‹, *Stern* 48/1970), quasi als Bestandteil des Trainings zur Vorbereitung auf den Wettbewerb. (Kontrollierbares, kalkulierbares) Glück ist selbst bei der *Taylorisierung* des Körpers inbegriffen, wenn es zur Leistungssteigerung beiträgt.

Dieser Prozeß, in dem sich Arbeit und Freizeit sozioökonomisch immer stärker gegenseitig bedingen und definieren, gilt in seiner Ambivalenz für sporttreibende Männer wie für Frauen: Dadurch, daß nun *alle* jenen Bedingungen von Effizienz und Leistungsrationalität unterworfen sind, daß individuell-emanzipatives Ausbrechen und dergleichen Freiräume zunehmend kontrollier- und eliminierbar werden, entstehen neue Widersprüche, die über die bloße subjektive Erfahrbarkeit dieser Lage hinausgehen.

Die zunehmende Rationalisierung der sportlichen Leistung in ihrer Funktion als Ware — ähnlich wie die der Leistung im Arbeitsprozeß — verdeutlicht, daß sich der Kampf gegen Diskriminierung nicht gegen die männlichen oder weiblichen Konkurrenten richten und damit für eine abstrakte Gleichheitsvorstellung geführt werden kann, sondern verweist Männer und Frauen vielmehr auf ihre gemeinsame Klassenlage statt auf ihr Geschlecht.

Anmerkungen

1 Vgl. zu diesen Aussagen: I. Bausenwein u. A. Hoffmann (Hg.), Frau und Leibesübungen. Auswertung einer Umfrage über die Rolle der Leibesübungen in den Lebensgewohnheiten der Bevölkerung, Mülheim 1971, passim.

2 K. Heßling, Das Mädchenturnen, 4. Aufl., Berlin 1905, S. 4.

3 A. Hoffmann, Frau und Leibesübungen im Wandel der Zeit, Stuttgart 1965, S. 39 (Bd. 24 der Beiträge zur Lehre und Forschung der Leibeserziehung).

4 Ebd. S. 47.

5 Vgl. hierzu: J. Kuczynski, Die Bewegung der Deutschen Wirtschaft von 1800 bis 1946. 16 Vorlesungen, 2. erw. Aufl. Meisenheim am Glan 1948, passim.

6 Vgl. A. Hoffmann, a.a.O., passim.

7 Als ungeeignete Übungen für Mädchen galten nach Adolf Spieß folgende: Vor- und Rückspreizen, Knieheben und Beinstoßen, Beugen und Strecken des Unterbeins im Laufen. Am Barren sind nicht erlaubt: Schwingen, Sitzwechsel, Kehre, Grätschsitz und Liegestütz wie auch Bockspringen. Dagegen sind alle Hangübungen mit gestreckten und geschlossenen Beinen erlaubt, nicht aber solche mit verschiedener Haltung der Beine (Kniehebehalte etc.).
Entnommen aus: A. Hoffmann, a. a. O., S. 28.

8 B. Rigauer, Sport und Arbeit, Frankfurt 1969, S. 30 f.

9 *Der Spiegel* Nr. 30/Juli 1971, S. 88.

10 Vgl. W. Gottschalch, M. Neumann-Schönwetter, G. Soukup, Sozialisationsforschung. Materialien, Probleme, Kritik, Frankfurt 1971, S. 121 ff.

11 Vgl. ebenda und J. Menschik, Gleichberechtigung oder Emanzipation? Die Frau im Erwerbsleben der Bundesrepublik, Frankfurt 1971, passim.

12 Vgl. zum Bereich des Sports die ausführliche gesellschaftskritische Darlegung: Böhme, Gadow, Güldenpfennig, Jensen u. Pfister, Sport im Spätkapitalismus, Frankfurt 1971.

13 U. Prokop, Soziologie der Olympischen Spiele. Sport und Kapitalismus, München 1971, S. 90.

14 Ebd., S. 30.

15 Ebd.,S. 73.

16 Vgl. zum Problem Sport und Beruf (schichtenspezifische Sportarten): I. Bausenwein, A. Hoffmann, Frau und Leibesübungen, a.a.O., S. 18 f, und Tabellen A 25, A 26, A 20, A 21.
Vgl. auch H. Pross, Über die Bildungschancen von Mädchen in der Bundesrepublik Deutschland, Frankfurt 1969.

17 Sport — ein Dienst an der Volksgesundheit, in: *Das Parlament* Nr. 3/17. 1. 1968, S. 1 ff.

Lothar Hack

Alle hatten doch die gleiche Chance
Leistungssport — Leistungsgesellschaft — Gerechtigkeit?

Du siehst doch, dass er besser ist — oder nicht?

Die siebeneinhalb Runden sind lang. Am Wassergraben und an den Hindernissen zeigt es sich mit zunehmender Distanz immer deutlicher, ob die Läufer gut vorbereitet sind, ob Kondition und Sprungtechnik ausreichen, damit noch genügend Kraft und Aufmerksamkeit übrigbleiben, die Zwischenspurts der Gegner abzuwehren, kleine Rempeleien zu überstehen und in der Zielkurve noch soviel zusetzen zu können, daß es am Ende reicht. Tausende oder, bei Fernsehübertragungen, möglicherweise Millionen Zuschauer können sehen, welcher Läufer im Kampf gegen die Uhr, gegen die Gegner und eventuell auch gegen sich selbst der Bessere ist, wer schließlich zu Recht auf die oberste Stufe des Treppchens gehört.

Ganz anders und doch auch wieder ähnlich ist es beim Fußball, wo jeder Spieler nicht nur für sich kämpft, die Spielregeln komplizierter sind und die Fähigkeiten des einzelnen vielleicht vielfältiger und mehr aufeinander abgestimmt sein müssen. Aber auch hier sind neunzig Minuten lang genug zu zeigen, ob die Verteidiger schnell und zäh genug sind oder wenigstens so gerissen, daß sie die Notbremse vor der Strafraumgrenze ziehen können; ob der Regisseur die Übersicht behält und, auch wenn ihm sein Bewacher auf den Füßen steht, seine Pässe so weit und so genau schlagen kann, daß es im Sturm läuft. Und am Ende markieren die Tore zweifelsfrei, wie die Punkte verteilt werden.

So schwer es wäre, einen Begriff wie ›mannschaftsdienlich‹ exakt zu definieren: auf dem Spielfeld kann man *sehen*, was er meint; ob ein Spieler in der Lage ist, zwei oder drei Gegner auf sich zu ziehen, ohne dabei den Ball zu verlieren, ob er den günstiger zum Tor stehenden Mitspieler bedient und dabei den eigenen möglichen Treffer zugunsten eines wahrscheinlicheren für seine Mannschaft opfert — das alles läßt sich beobachten.

Beobachtbar ist auch das Verhältnis zwischen dem Verhalten der Spieler und den festgelegten Spielregeln. Der Unterschied, ob ein Verteidiger den gegnerischen Angreifer regelrecht oder regelwidrig stoppt, mag in der Hitze des Gefechts zwar manchmal undeutlich werden, im Normalfall ist er jedoch klar erkennbar; und wenn die Spieler nicht selbst darauf achten, daß die Regeln eingehalten werden, werden sie vom Schiedsrichter durch Strafstöße, Verwarnungen oder gar Platzverweis zur Raison gebracht.

Die genaue, beobachtbare Einhaltung der Regeln der jeweiligen Sportart sind Voraussetzung dafür, daß eine Leistung als solche anerkannt wird. Das Abseitstor wird nicht gegeben; der Weitsprungrekord, der mit zu starker Rückenwindunterstützung erzielt wurde, wird nicht gewertet; der durch Tiefschlag erzielte Knockout beim Boxen führt zur Disqualifikation des ›Siegers‹.

Das Verhalten eines Sportlers gegenüber Regeln und Gegner zeigt schließlich noch etwas, was den Wert des Sports in der Gesellschaft vollends begründet: die Fairneß. Obwohl man sich vermutlich in einem konkreten Fall sehr schnell einigen kann, ob ein bestimmtes Verhalten fair oder unfair war, ist das, was übereinstimmend gemeint ist, doch nur schwer zu definieren. Man kann vielleicht noch am ehesten sagen, daß Fairneß die Fähigkeit und Bereitschaft ist, den Sinn oder ›Geist‹ der sportlichen Regeln auch da noch einzuhalten, wo er nicht ausdrücklich formuliert ist. Das heißt, ein fairer Sportler nutzt nicht irgendwelche Lücken in den Regeln oder das Eintreten unvorhergesehener Zwischenfälle dazu aus, sich einen ungerechtfertigten Vorteil zu verschaffen. Dazu gehört zum Beispiel die genaue, oft nicht einmal mehr bewußte (habitualisierte) Herstellung einer Beziehung zwischen einzelner Handlung oder Aktion und dem Zweck der Gesamtaktivität. Das bekannteste Beispiel ist vermutlich der Stürmer, der über den am Boden liegenden Torwart hinwegspringt und dabei eine mögliche Torchance nicht ausnutzt, um eine Verletzung des Gegners zu vermeiden. »Das ›Fair play‹ ist zu einer international anerkannten Tugend geworden, unter der man übereinstimmend folgendes versteht: Einhaltung der Kampfbestimmungen, Regeln und Abmachungen, die für alle gleich sein müssen, auch wenn durch ihre Einhaltung dem einzelnen Nachteile erwachsen; ehrenvolle Behandlung des Unterlegenen, Achtung des Überlegenen: kein kleinliches Wahrnehmen der eigenen Chancen; peinlichste Rücksichtnahme, nicht nur im sportlichen Kampf, sondern ebenso im Kampf ums Dasein, selbst in seiner härtesten Form, dem Kampf mit tödlichen Waffen.«[1]

Damit ist die Grenze zwischen dem Sport und sonstigen gesellschaftlichen Lebensbereichen deutlich überschritten. Berno Wischmann, von dem dies Zitat stammt, spricht denn auch davon, daß die Fairneß nicht nur im Sport, sondern insbesondere auch im Konkurrenzkampf des Wirtschaftslebens ein angenehmes Klima zu schaffen vermöge, so daß der alltägliche Leistungswettbewerb in Arbeit und Beruf gleichsam in den Fugen bleibt, Auswüchse verhindert werden. Dreht man die Perspektive, so wird deutlich, daß sich im Sport, besonders im Leistungssport, ein durchaus komplexes und zugleich anschauliches Abbild der Leistungsgesellschaft bietet. Die Leistung, die eine Person vorweisen kann, bestimmt ihren Rang, und diese Leistung ist im Sport — deutlicher als in den meisten anderen gesellschaftlichen Bereichen — beobachtbar, meistens sogar meßbar. Die Regeln sind überschaubar und sinnvoll; ihre Einhaltung und Überwachung und das Gebot der Fairneß sorgen zusammen dafür, daß der Kampf zweier Mannschaften nicht zu einer Schlacht, der Kampf Mann gegen Mann nicht zu einem Chaos führt.

Der Hochleistungssport, in dem schließlich noch der Einsatz von Wissenschaft und Technik zu einer steten Steigerung der Leistungen führen, ist demnach gleichsam ein reines, geklärtes, vielleicht etwas idealisiertes Abbild der Gesellschaft, in der wir leben. Das wird noch dadurch unterstrichen, daß man sich im Sport nicht auf seinem Lorbeer ausruhen kann. Zwar mag vor einem Lauf bei der Vorstellung der Teilnehmer angekündigt werden, daß auf der Innenbahn der Europameister dieses Jahres startet, neben ihm der Sieger der diesjährigen panamerikanischen Spiele, und daneben wiederum der Inhaber des derzeitigen Weltrekords. Derartige Ankündigungen bestimmen, welche Erwartungen an den folgenden Wettkampf herangetragen werden, und sie mögen auch die Einstellung der Wettkämpfer beeinflussen; aber wer am Ende das Siegespodest besteigt, das hängt allein von der Leistung in *diesem* Lauf ab. Der Gedanke an die Chance, daß der Kleine den Großen, der Unbekannte den Berühmten einmal besiegen könnte, dürfte ebenso dazu beitragen, daß der Sport als wichtigste Nebensache der Welt gilt, wie die Tatsache, daß diese Veranschaulichung sonst oft sehr abstrakter gesellschaftlicher Strukturen in einer Form geschieht, die eine ganz eigene Schönheit der Bewegungen (wenn der Ball richtig läuft) und einen spezifischen Reiz von Geschwindigkeit vermittelt. Der Leistungssport ist demnach zugleich anschauliches Abbild der Gesamtgesellschaft und wenigstens im Zuschauen verfügbarer Ersatz für die im Alltag seltenen ästhetischen Sensationen, verbunden mit der Möglichkeit, sich mit den Erfolgen seiner Mannschaft oder seines Favoriten zu identifizieren.

Der Verdacht schleicht sich ein, daß dieses Bild vom Sport als Abbild, Vorbild und Ersatz (Kompensation) in einem vielleicht etwas zu sehr zubereitet und bereinigt ist.

Die ersten Vorbehalte richten sich natürlich auf den Begriff der Leistung selbst. Hans Lenk, Mitglied des deutschen Achters, der 1960 in Rom die Goldmedaille gewann, und inzwischen Professor für Philosophie an der Universität Karlsruhe, schreibt: »Gilt der Leistungssport als die konzentrierteste, symbolische Darstellung der Prinzipien einer idealen Leistungsgesellschaft, in der soziale Ränge nach Leistungen zugewiesen werden (von Krockow, Karl Adam), so mag er als Symbol gar ein kritisches Korrektiv gegen die vorherrschenden Grundsätze der Erfolgsge-

sellschaft darstellen. Wir leben nämlich nicht sosehr in der
öffentlich deklarierten ›Leistungsgesellschaft‹ als vielmehr in
einer Erfolgsgesellschaft: Die persönlich wirklich vollbrachte
Leistung ist weniger der Maßstab für die Einordnung in soziale
Ränge als eher die soziale Wirkung von Leistungen, der Erfolg,
das Image oder gar der Schein der Leistung, die Publizität ver-
meintlicher Leistungen (vgl. Wahlerfolge). Erfolg wird —
manchmal nachträglich — als Leistung ausgegeben. Erfolg zu
haben: selbst schon eine Leistung? Publicity als Leistungser-
satz? Untergründig sind Schichten des Establishments ebenfalls
interessiert an der Vermengung von wirklich vollbrachter Leistung und sozialem Erfolg, zumal die berufliche und gesellschaftliche Leistung kaum mehr dem einzelnen allein zugeschrieben werden kann: Team, System und Konjunktur bilden
gesamtgesellschaftliche Leistungsdeterminanten.«[2]
Stellt man es zunächst zurück zu diskutieren, ob wir nicht wirklich in einer Erfolgsgesellschaft leben, so bleibt die Frage, wie
sehr Leistung und Erfolg im Hochleistungssport tatsächlich getrennt werden können. Zunächst ist festzustellen, daß in den
eingangs skizzierten Überlegungen zum Fußball die beiden Begriffe durcheinandergeworfen wurden. Das in Toren ausgedrückte Ergebnis eines Spiels markiert den Erfolg (oder Miß-
erfolg) und nicht die Leistung. In den Kommentaren der Zuschauer und auf den Sportseiten schlägt sich das entsprechend
nieder: »Eigentlich hätten die Königsblauen (die Deutschen, die
Gladbacher, die Zebras) ein Unentschieden/den Sieg verdient
gehabt«; »eine Mannschaft ist so gut, wie der Gegner es zu-
läßt«; oder aber lapidar: »Punkt ist Punkt«. Nun kann man
natürlich sagen, daß jedes Spiel für sich genommen zwar eine
Leistungs-Situation sei (in der eben manchmal auch der Falsche
gewinne), daß aber eine Saison dreißig oder mehr Spieltage
habe, und da würden sich solche Unebenheiten schon ausglei-
chen: Erfolg habe — jedenfalls im Sport — auf die Dauer nur der
Tüchtige.[3] Man vergleiche dazu die Abschlußtabelle der Fuß-
ballbundesliga der Spielzeit 1970/71:

Verein	Sp.	g.	u.	v.	Tore	Pkte.
1. Bor. Mönchengladb.	34	20	10	4	77:35	50—18
2. Bayern München	34	19	10	5	74:36	48—20
3. Hertha BSC Berlin	34	16	9	9	61:43	41—27
4. Eintr. Braunschweig	34	16	7	11	52:40	39—29
5. Hamburger SV	34	13	11	10	54:63	37—31
6. Schalke 04	34	15	6	13	44:40	36—32
7. MSV Duisburg	34	12	11	11	43:47	35—33
8. 1. FC Kaiserslautern	34	15	4	15	54:57	34—34
9. Hannover 96	34	12	9	13	53:49	33—35
10. Werder Bremen	34	11	11	12	41:40	33—35
11. 1. FC Köln	34	11	11	12	46:56	33—35

Verein	Sp.	g.	u.	v.	Tore	Pkte.
12. VfB Stuttgart	34	11	8	15	49:49	30—38
13. Borussia Dortmund	34	10	9	15	54:60	29—39
14. Arminia Bielefeld	34	12	5	17	34:53	29—39
15. Eintracht Frankfurt	34	11	6	17	39:56	28—40
16. RW Oberhausen	34	9	9	16	54:69	27—41
17. Kickers Offenbach	34	9	9	16	49:65	27—41
18. Rot-Weiß Essen	34	7	9	18	48:68	23—45

Nach vierunddreißig Spieltagen ist der Unterschied zwischen dem 16. und 17. Tabellenplatz denkbar gering (wobei der die Saison abschließende Bestechungsskandal den Verdacht nährte, auch bei einigen der etwas besser plazierten Mannschaften seien Erfolg und Leistung nicht unbedingt synchron entwickelt worden — wenn man die wirtschaftliche Leistungsfähigkeit von Vereinsmäzenen einmal ausklammert). Wichtig ist an diesem Tabellenende zweierlei: 1. der minimale Unterschied in der Tordifferenz bewirkte, daß die Offenbacher Kickers in der darauffolgenden Saison zweitklassig wurden, was für Verein und Spieler mit nicht unbeträchtlichen finanziellen und Prestige-Einbußen verbunden ist, während Rot-Weiß Oberhausen erstklassig blieb; 2. die Bestimmung der Bedeutung des Torverhältnisses ist eine Frage auch der *Konvention* und nicht einfach eine der eindeutigen und objektivierten Leistung: wäre es z. B. Konvention, daß die Mannschaft besser ist, die weniger Tore 'reinbekommen hat, wären die Oberhausener abgestiegen; würde man die Tordifferenz vor dem Punktverhältnis bewerten, hätte es die Bielefelder erwischt; denselben Verein hätte es getroffen, wenn es Usus wäre, die Mannschaft mit der geringsten Zahl der erzielten Treffer absteigen zu lassen. Natürlich wußten die Beteiligten vorher, nach welchen Bestimmungen die Reihenfolge in der Tabelle festgelegt wird, aber diese Bestimmungen sind eben nicht Ausdruck einer objektiven Gerechtigkeit, sondern Übereinstimmungen, Konvention.

Ähnliche Konventionen lassen sich bei sehr vielen Sportarten festmachen, nicht nur im Eiskunstlauf oder Bodenturnen; z. B. in der bei Fechtturnieren offenbar gar nicht so selten gepflogenen Gewohnheit, sich Siege zu pumpen, oder in der Praxis, daß beim modernen Fünfkampf die Pferde für den Geländeritt ausgelost werden, wobei häufig unabhängig von der individuellen Leistung bereits über den Erfolg im Gesamtwettbewerb entschieden wird. Und noch ein anderer Aspekt läßt sich am Beispiel des modernen Fünfkampfs beleuchten: Welchen ›objektiven‹ gemeinsamen Nenner gibt es für die jeweiligen ›Leistungen‹ im Reiten, Fechten, Schießen, Schwimmen und Geländelauf? Ist es mehr als eine Konventionalisierung verschiedener Typen von Erfolg? Damit ist zunächst noch gar nichts gegen die Tatsache und die spezifische Art und Weise dieser Konventionalisierung gesagt und auch nichts dagegen, daß derjenige, der dieser Konventionalisierung entsprechend die meisten Punkte erkämpft hat, Sieger ist. Es geht zunächst noch darum, ob das im Sport praktizierte Leistungsprinzip systematisch und klar vom Erfolgsprinzip geschieden werden kann und in diesem Sinne als kritisches Korrektiv gegenüber einer ›Erfolgsgesellschaft‹ verwendet werden sollte. Man braucht also gar nicht auf die Dianabolisierung[4] des Hochleistungssports zu verweisen, um das eingangs skizzierte Idealbild als Vorlage für die durchgängige Wirksamkeit des Leistungsprinzips in Frage zu stellen. Noch zwei Beispiele dafür, wie sehr ›Leistung‹ und ›Erfolg‹ auch im Sport zusammengedacht sind.

In einem Bericht über die Judo-Weltmeisterschaften 1971 mit dem bezeichnenden Titel ›Kein Platz für Philosophie‹[5] heißt es zu Beginn: »Persönliche Mystik war nicht gefragt; Judo-Philosophie blieb draußen vor der Tür. *Reiner Leistungssport* stand bei den dreitägigen Weltmeisterschaften in Ludwigshafen auf dem Programm. Nicht wenige bedauerten es. Professor Sachio Ashida, Professor für Psychologie an der New Yorker Universität: ›Judo ist mehr als Sport; der Judoka muß sich auch mit Philosophie und Psychologie beschäftigen. In Amerika empfehlen Psychiater ihren Patienten unter anderem auch Judo, um seelische Konflikte zu heilen.‹ Judo dürfe nicht mit anderen Sportarten auf eine Stufe gestellt werden. Und auch Han Ho San, koreanischer Entwicklungshelfer im bundesdeutschen Judosport, sieht die Gefahr einer athletischen Vergewaltigung alter japanischer Judotraditionen. Denn selbst in Japan, dem Mutterland dieser feinen Kunst der Bein-, Hüft- und Schulterwürfe, verdränge das *reine Erfolgsdenken* allmählich die geistige Auseinandersetzung mit dem körperlichen Kampf.« Und etwas später: »In Ludwigshafen [. . .] war Judo etwas ganz Eindeutiges und Greifbares: *Hochleistungssport,* wie Leichtathletik, Rudern oder sonst was. Auch Glahn ist einer der nüchternen, selbstsicheren Sportler in der Judo-Zukunft. Von der Judo-Mystik hält er nicht viel. Sein Ziel ist der *sportliche Erfolg* und nicht das philosophische Erkennen.« Es kann hier beiseitegelassen werden, daß Judo damit zu einer Spielart des Freistilringens mit besonderen Kleidervorschriften wird. Festzuhalten ist die in dem Bericht artikulierte vollständige und distanzlose Identifizierung von Leistung und Erfolg. Das zweite Beispiel ist in seiner Art nicht weniger bezeichnend. Bei den Leichtathletikeuropameisterschaften 1971 schied der 1967 aus der DDR geflüchtete 1000-Meter-Weltrekordler Jürgen May in seinem Vorlauf über 3000 Meter Hindernis etwa 200 Meter vor dem Ziel aus. In der ihr eigenen Manier entfesselte insbesondere die Springersche *Bild*-Zeitung eine Hetze gegen den Läufer, die u. a. dazu führte, daß er beim Berliner ISTAF-Sportfest von einem erheblichen Teil der Zuschauer mit einem widerlichen Pfeifkonzert begrüßt wurde. Diese Hetze dokumentiert schlaglichtartig, warum Jürgen May vier Jahre vorher in den Blättern desselben Verlegers enthusiastisch gefeiert worden war und wozu er verwendet werden sollte: Erfolge im Kampf der gesellschaftspolitischen Systeme, nicht ›Leistungen‹ wurden von ihm verlangt, denn der Bericht in einer anderen Zeitung[6] schildert nachdrücklich, daß May in dem inkriminierten Rennen bis zu seinem Ausscheiden gegen ganz hervorragende Läufer eine ›ausgezeichnete Leistung‹ bot. Was hier extrem durchschlägt, beherrschte allgemein die Berichterstattung über die Leichtathletikeuropameisterschaften, da die Erfolge der bundesdeutschen Leichtathleten sich erst in den letzten Tagen einstellten (vgl. besonders die Kritik an den männlichen Weit- und Hochspringern).[7]

Es entsteht nach alledem wohl nicht zufällig der Eindruck, daß der Hochleistungssport viel zu sehr von den gesellschaftlichen Bedingungen geprägt ist, in die er eingebettet ist[8], als daß er in der von Lenk und Wischmann angedeuteten Richtung als kritisches Korrektiv in anderen gesellschaftlichen Bereichen dienen könnte. Ja, man kann umgekehrt auf den Gedanken kommen, daß das Leistungsprinzip, wenn es schon in dem übersichtlichen und anschaulichen Bereich des Sports nicht so recht gilt — wie die Hinweise auf die Bedeutung der Konventionalisierung insbesondere beim Vergleich verschiedener Arten von Tätigkeiten und auf die möglicherweise großen Konsequenzen minimaler ›Leistungs‹-Unterschiede (Fußballtabelle) zeigen sollten, ebenso wie die vielfache Unentwirrbarkeit von Leistung und Erfolg — als Strukturprinzip einer Gesamtgesellschaft vielleicht aus prinzipiellen Gründen gar keine Geltung haben kann. Das würde bedeuten, daß die Vorstellung von der Leistungs- oder gar Hochleistungsgesellschaft kein Idealbild wäre, das es anzustreben wert wäre. Da der Begriff so häufig und ausdauernd zur Begründung und Rechtfertigung von Maßnahmen und Entscheidungen verwendet wird, wäre zu klären, welchen Zweck oder welche Funktion das Konzept der Leistungsgesellschaft hat.

Um diese Frage zu beantworten, kann man versuchen, die Blickrichtung noch einmal zu ändern. Schien es zunächst, als ob der Leistungssport zugleich Abbild und Vorbild einer Leistungsgesellschaft sein könnte, so verstärkte sich allmählich der Eindruck, daß das Leistungsprinzip selbst im Sport so weit problematisierbar ist, daß es als allgemeines soziales Prinzip keine Geltung beanspruchen kann. Zu überlegen ist, ob man die Anschaulichkeit und Übersichtlichkeit des Sports nicht ausnutzen kann, um abstrakte gesellschaftliche Zusammenhänge zu verdeutlichen.

Vor Jahren, ja es muß schon im vorigen Jahrhundert gewesen sein, denn niemand erinnert sich mehr so richtig daran und viele Geschichten werden darüber erzählt, ob sie wahr sind oder nicht, vor vielen Jahrzehnten also ging eine große Unruhe durch das Land und Tausende von Menschen verließen ihre Häuser und Dörfer, und wie auf Verabredung fingen sie alle an zu laufen, zunächst hastig, dann mehr und mehr, wie es der Kräfteverschleiß forderte, in einem anhaltenden Dauerlauf. Einige, vor allem die, die auf den Hügeln wohnten und es sich leisten konnten, kamen zu Pferd. Ein riesiger Zug bewegte sich durch das Land, die einen etwas schneller, auch weil sie sich mit dem Pferd einen Weg bahnen konnten, die anderen etwas langsamer.

Nach einiger Zeit stellte man fest, daß in weiten, unregelmäßigen Abständen Obstbäume standen, zwischen denen es ab und zu eine Quelle gab. Natürlich waren die am besten dran, die zuerst ankamen. Sie nahmen sich das beste Obst und einiges mehr als Proviant, und wenn sie einen Brunnen erreichten, war das Wasser noch sauber, während für die Nachfolgenden die Brunnen verdreckt und der Wasservorrat oftmals schon erschöpft waren. Kein Wunder, daß viele krepierten oder sich bei dem Versuch, sich von den unzugänglichsten Stellen die letzten Früchte von den Bäumen zu holen, die Arme und Beine brachen.

Die ersten dagegen, und das waren vor allem die zu Pferd, ärgerten sich immer mehr darüber, daß sie so viele Früchte und so viel Wasser zurücklassen sollten. Zunächst beluden einige ihr Pferd dermaßen, daß sie absteigen mußten und den Anschluß an die ersten verloren oder daß ihre Pferde gar zusammenbrachen. Durch diese Erfahrungen gewitzt, besorgten sich andere große Holzkarren, sei es, daß sie sie einfach nahmen, wo sie sie fanden (denn vom Pferd herunter waren sie stark), oder daß sie sie mit dem Geld, das sie mitgenommen hatten, kauften; einzelne schafften es sogar, aus nutzlos herumliegenden Rädern, Holzstämmen und dergleichen sich einen verwendbaren Karren zusammenzuzimmern.

Jetzt tauchte allerdings das Problem auf, daß ein einzelner sehr viel Zeit brauchte, um den Karren zu beladen, und daß die beladenen Karren so schwer waren, daß das eine Pferd nur langsam und sehr mühsam vorankam, so daß diejenigen, die zu Fuß waren, aufzuholen drohten. Doch da über weite Strecken alles Obst von den Bäumen geholt und auf den Karren verstaut war, waren die näher kommenden Läufer fast verhungert. Da sagten die Karrenbesitzer, wer mir schieben und pflücken hilft, der kriegt zu essen. Und da alle Hunger hatten, unterboten sie sich gegenseitig darin, wie wenig sie für ihre Mitarbeit verlangen würden.

Die Karrenbesitzer suchten sich die Kräftigsten heraus, wenn sie nicht zu viel verlangten, und machten mit ihnen einen Vertrag von Mann zu Mann. Vom Kutschbock herab bestimmten die Besitzer, wohin es ging, wo gehalten und was geladen wurde. Nie ging es ihnen schnell genug. Und als es ihnen zu viel wurde, suchten sie sich den verständigsten ihrer Arbeiter heraus, bezahlten ihn etwas besser und hießen ihn, die anderen zu überwachen und anzutreiben. Wer zu schnell müde wurde, konnte seiner Wege gehen. Dabei wetteiferten die verschiedenen Wagenbesitzer miteinander; denn wer seinen Wagen am schnellsten beladen hatte und am ehesten in den Ortschaften der Umgebung ankam, erzielte dort den höchsten Preis und konnte dann auch als erster an der nächsten Pflückstelle sein und sich dort die besten und meisten Früchte sichern. Immer schneller mußten die Arbeiter die Karren schieben und beladen. Und doch erhielten sie kaum mehr von den Früchten ihrer Arbeit. Und manchmal konnte es geschehen, daß sich die Nachricht oder bloß das Gerücht verbreitete, daß sehr weit vorne besonders viel zu holen sei, dann wurden die Karren am Straßenrand entleert und rasten sodann unbelastet dem neuen lohnenderen Ziel entgegen, wobei es den Besitzern gleichgültig war, ob der eine oder andere Arbeiter noch hinten aufspringen konnte oder ob manche verzweifelt hinterherstürzten und dann erschöpft am Wege liegen blieben; dann konnte es geschehen, daß die Leute auf den nachfolgenden Wagen sagten: Seht mal, das arbeitsscheue Gesindel; schämen sollten sie sich.
Nach und nach kauften sich die Besitzer immer größere Wagen, vor die sie immer mehr Pferde spannten, denn wenn sie das nicht taten, konnten sie mit ihren Konkurrenten nicht mehr mithalten und kamen dann immer zu spät an die guten Stellen, und so verdienten sie nicht mehr genug, mußten ihre Wagen verkaufen und selbst bei anderen Wagen-Besitzern Hand anlegen.
Ab und zu geschah es, daß die Arbeiter meuterten und einfach nicht mehr mitlaufen wollten, wenn es von einer Pflückstelle zur nächsten ging, oder sie behaupteten gar, der Wagen gehöre ihnen so gut wie dem, der ihn besaß. Dann holten diese den Vertrag aus der Tasche, in dem stand, daß der Wagen ihnen gehöre und daß die anderen ihn zu pflegen und sorgsam zu behandeln hätten, und wenn das nicht genügte, holten sie sich ein paar Burschen aus der Umgebung, gaben ihnen zu essen und zu trinken und hießen sie dann Ordnung schaffen. Und das geschah auch meist, so oder so. Einige dieser Burschen waren gewitzt genug, den Arbeitern laut und geschmückt zu erzählen, daß Eigentum heilig sei und niemand sich an des andern Hab und Gut vergreifen dürfe, und das gefiel den Besitzern so ausnehmend gut, daß sie diese Burschen gleich ganz bei sich behiel-

ten, sie vergleichsweise gut bezahlten und die Geschichte von der Heiligkeit des Eigentums gar nicht oft genug hören konnten und sie auch aufgeschrieben haben wollten.

Je größer und schneller die Wagen wurden, desto mehr Zusatzarbeiten mußten erledigt werden. Es mußte erkundet werden, wo das meiste am schnellsten geholt werden konnte, und wie man es am besten verkaufen konnte, auch wenn die Leute etwas ganz anderes haben wollten. Pflückmaschinen und Konservierungstechniken wurden entwickelt, und Regeln für Vorfahrt und gegen Mißbrauch im Wettbewerb aufgestellt. Und je schneller die Wagen wurden, desto schneller mußten die Begleitmannschaften laufen, um immer auf der Höhe zu sein und die Handgriffe zu greifen und die Vorlagen vorzulegen, die ihre Aufgabe und ihr Einstellungsvertrag von ihnen forderten. Und manchmal standen welche am Straßenrand und fragten, warum sie es denn so eilig hätten und wohin es denn ginge, und manchmal sagten sie auch noch, daß man sich bei dieser Hetzerei doch bloß kaputtmache. Die, die vorbeihasteten, hörten es oft gar nicht oder wollten es nicht hören oder brüllten zurück, bevor man solche Fragen stellen könne, müsse man erst einmal ein größeres Stück mitgerannt sein, sonst könne man das gar nicht beurteilen.

Und manchmal kam jemand auf die Idee zu fragen, warum denn nur einige wenige auf den großen Wagen säßen und die Mehrheit nebenherrenne. Ihnen wurde geantwortet, daß die Wagen das Eigentum ihrer Besitzer seien, und daß diese entscheiden könnten, wer auf den Wagen dürfe und in welche Richtung man fahre und wofür die Wagen verwendet würden. Man dürfe nur vorsätzlich niemand überfahren, wenn es ohne große Umstände vermieden werden könne — das nenne man die soziale Verpflichtung des Eigentums. Ganz Hartnäckige mochten dann noch einwenden, es sei ungerecht, daß die wenigen Wagenbesitzer allein bestimmten, in welche Richtung und mit welcher Geschwindigkeit gefahren würde, da sie damit doch zugleich den Weg und das Tempo aller anderen bestimmten. Darauf gab es verschiedene Antworten:

1. Niemand brauche mitzulaufen, wenn er es nicht wolle. Und wirklich gab es manche, besonders die Älteren, die das Tempo nicht durchhalten konnten, und jüngere, die die erforderliche Begeisterung nicht aufbrachten (weil ihnen niemand sagen wollte, wohin es ging), und die dann am Wegrand lagen und Gras rauchten.[9] Und wenn sie zu lange da lagen, wurden sie geschmäht, und wenn sie sich etwas von dem reichlichen Vorrat zu essen nahmen, wurden sie bestraft und wenn sie sich dann immer noch nicht besserten, wurden sie ausgesondert. Andere wurden ausgesondert, weil sie sich bei der Arbeit ein Bein gebrochen hatten, wieder andere, weil der mit ihrer Tätigkeit ver-

bundene Staub und Lärm sie krank gemacht hatte. Manche machten schlapp, weil der ständige Kampf der Läufer untereinander um die wenigen Plätze auf dem Wagen oder um die besser bezahlten Tätigkeiten auf die Dauer zu aufreibend war, vor allem, wenn man nicht zu denen gehörte, die in diesem Kampf immer erfolgreich waren.

2. Die, die oben sind, hätten natürlich den besten Überblick, und daß sie überhaupt oben seien, sei bei der Konkurrenz schon eine Leistung und qualifiziere sie für diese Ausnahmestellung. Und wirklich konnten die, die oben saßen, sich mit ihren Kollegen auf den anderen Wagen besser verständigen als die Läufer, die froh waren, wenn sie nur immer mitkamen.

3. Es würde viel zu lange dauern, wenn alle, die auf, neben, vor und hinter einem Wagen waren, immer erst zu einer Übereinstimmung über Richtung, Geschwindigkeit und Zweck der Fortbewegung kommen müßten, das würde den Fortschritt nur aufhalten. Und wirklich waren die meisten Läufer mit dem bloßen Fortkommen so beschäftigt, daß sie einen erstaunt ansahen, wenn man sie fragte, ob sie denn wirklich da hinwollten, wohin es sie trieb.

Trotz dieser vielfältigen Antwortmöglichkeiten drohte es jedesmal Unruhe zu geben, wenn die lästigen Fragen auftauchten. Da besann man sich der Tatsache, daß es seit langem die verschiedensten Arten von Spielen und sportlicher Betätigung gab, deren Ausübung nun sehr gefördert wurde, da sie ein für allemal alle lästigen Fragen anschaulich zu beantworten halfen. Wer beim Wettlauf am schnellsten gewesen war, kam ganz oben auf das Siegertreppchen, das hieß umgekehrt, wer ganz oben war, mußte am schnellsten gewesen sein. Beim Fußball zeigte sich, daß man zusammenhalten und sich gegenseitig den Ball zuspielen und uneigennützig und mannschaftsdienlich sein muß, wenn man den gemeinsamen Zweck erreichen will; und manchmal beugte sich auch einer vom Wagen herunter und sagte, wir spielen doch alle in derselben Mannschaft, sitzen im selben Boot, wollen doch alle dasselbe, sind eine große Familie.

Nun galt es nur noch, ein Problem zu lösen. Mit den Jahren wurden die Wagenbesitzer immer älter und wünschten sich deshalb zur Ruhe zu setzen, aber nur, wenn es qualifizierte Nachfolger gäbe, die sie voll und ganz ersetzen würden. Manche überließen ihre Plätze einfach ihren Söhnen und Schwiegersöhnen, aber einige von denen waren so verspielt, daß auf dem Wagen bald alles drunter und drüber ging; vor allem aber schimpften einige der Aufseher und Zuträger über Vetternwirtschaft und Ungerechtigkeit, denn sie hatten selbst auf den Platz ganz oben gehofft, und so entstand mit jedem Wechsel an der Spitze eine kleine Unruhe, die die Geschwindigkeit immer ein wenig minderte.

Da sagte einer der Männer, die den Besitzern zur Hand und zum Munde gingen, ganz oben auf den Wagen gehören die besten Männer (an Frauen dachte man damals noch nicht in diesem Zusammenhang); man soll einen Wettkampf veranstalten, der bis zu den Wagen führt, und wer als erster oben ist, der ist der Beste und Würdigste und soll fortan auch oben bleiben. Und so geschah es.

Die meisten Kinder lernten nur Laufen und Ruhigsein und machten sich dann auf den Weg; doch wenn sie zu den Wagen kamen, dann waren immer schon einige Gleichaltrige oben, die auch Reiten und Pferdsprung gelernt hatten und nun hinter dem Besitzer hockten und in Wagenlenken und Menschenführung unterrichtet wurden. Und die, die zum Mund gingen, sagten, diese waren die Schnellsten und sind doch noch gar nicht müde, und außerdem haben sie auch den besten Überblick. Denen, die zu Fuß gekommen waren, war das manchmal nicht so recht geheuer, aber sie wußten nicht genau, was nicht stimmte, bis jemand herausfand, daß die, die so klug gewesen waren, reiten zu lernen und dann zu Pferd zu kommen, dazu viel Geld gebraucht hatten, und deshalb auch fast alle aus den Familien kamen, die die Wagen besaßen. Da wurden Pläne gemacht, wie man das Wettrennen zu den Wagen noch gerechter durchführen könnte, und manche dieser Pläne wurden auch verwirklicht, so mußten die Kinder zum Beispiel nun immer früher loslaufen. Und niemand dachte daran, daß die Wagen inzwischen groß und schnell genug waren, um alle mitzunehmen, wenn man sie etwas umbaute; und nur wenige wiesen darauf hin, daß alle zusammen bestimmen müßten, wohin die Fahrt gehen sollte und wofür die Wagen zu verwenden seien. Doch niemand wollte auf sie hören. Die, welche die Zügel hielten, sagten, es kann nur immer einer lenken, und wenn wir nicht aufpassen und wenn wir uns nicht alle sehr anstrengen, werden die anderen schneller sein. Die, die zum Munde gingen, fanden immer mehr Gefallen an den von ihnen erfundenen Wettrennen, deren Regeln sie immer mehr verfeinerten, und deren Entstehungsgeschichte sie bis zu den alten Griechen zurückverfolgten. Und die schließlich, die laufen mußten, waren froh, wenn sie mitkamen, und wenn sie schon einmal Zeit hatten, dann sahen sie voller Interesse den Wettkämpfen sogenannter Sportler zu und freuten sich, daß die Schnellsten immer ganz oben aufs Treppchen kamen. Und wenn jemand sagte, wir leben in einer Leistungsgesellschaft, dann dachten sie an diese Wettkämpfe und waren's zufrieden.

Man könnte diese Geschichte natürlich weiter ausschmücken
und sie zum Beispiel damit zu Ende führen, daß die, die immer
laufen mußten, einmal innehielten und richtig nachdachten und
zu dem Entschluß kamen, daß man die inzwischen entwickelten
Wagen sehr viel vernünftiger verwenden könne, und daß sie
diesen Entschluß dann auch in die Tat umsetzen konnten, wozu
sie die Besitzer allerdings erst einmal vom Bock zerren mußten.
Man kann gegen diese Parabel sicherlich auch einwenden, sie
sehe keinen angemessenen Platz für die Tätigkeit des Staates
vor und das Bild vom Wagen sei nur eine dürftige Veranschaulichung der modernen Technik. Vielleicht sollte man den Wagen
durch einen hochkomplizierten Automaten ersetzen, der zugleich Straßenbaumaschine, Mähdrescher, Förderturm, Raffine-
rie und noch einiges mehr ist.
Was aus der Parabel abgeleitet werden kann, bezieht sich zunächst auf den Zusammenhang von Leistung und Regeln. Daß
die Regeln definieren, worin die Leistung besteht und wie sie erzielt werden muß, ist dabei nur die erste Bestimmung, von der
ausgegangen werden soll. Daß das nackte Resultat kein adäquater Ausdruck der jeweils erbrachten Leistung zu sein braucht,
ist eine Komplizierung, die in vielen Sportarten bereits im
Reglement enthalten ist. Jede Unterteilung in Gewichtsklassen,
zum Beispiel beim Gewichtheben oder Boxen, oder die Trennung nach Geschlecht und Alter berücksichtigt Faktoren, von
denen man annehmen kann, daß sie die Leistungsfähigkeit beeinflussen. Impliziert ist, daß die Leistung eines Mannes, der
11 Sekunden für die 100-Meter-Strecke braucht, erheblich geringer (einzuschätzen) ist als die einer Frau, die für dieselbe
Distanz 11,1 oder 11,2 Sekunden benötigt.[10] Liegt in dieser
Trennung, in der Regel jedenfalls, keine Diskriminierung, so
ist die Unterscheidung von Leistungsgruppen A, B, C, wie sie
von der Deutschen Sporthilfe ihren Förderungsmaßnahmen zugrunde gelegt ist, eine ausdrückliche Bewertung, da nur die
erbrachten Resultate berücksichtigt sind, unterschiedliche Trai-
ningsbedingungen, berufliche Belastung und dergleichen also
stillschweigend ausgeklammert sind, wenn es um die Bestimmung von ›Leistung‹ geht; hier zählt wieder nur das nackte Resultat — was die eindeutige Erfolgsorientierung der Sporthilfe
klar genug unterstreicht.[11]
Eine weitere sport-immanente Komplizierung stellt das sogenannte Handikap[12] dar, bei dem die vergangenen Resultate der
in einem Wettbewerb aufeinandertreffenden Konkurrenten berücksichtigt werden, mit dem Ziel, einen spannenden Endkampf
zu sichern. Beispiele sind die Handikap-Rennen im Pferdesport

oder die Vorgaben bei manchen Golfspielen. Nimmt man an, daß das Handikap impliziert, vor dem Hintergrund der nun ungleichen Ausgangsbedingungen müßten von den Konkurrenten die gleichen subjektiven Leistungen gezeigt werden, wenn sie am Ende gleichauf sein wollen, so wird die Vorstellung zunehmend fragwürdig, daß ›Leistung‹ etwas Objektives, im traditionellen c-g-s-System (cm, Gramm, Sekunde) der alten Physik Meßbares sei. Die Frage, die sich anschließt, läßt sich so formulieren: wenn das nackte Resultat wenig über die erbrachte Leistung aussagt, wenn dabei die unterschiedlichen Ausgangsbedingungen berücksichtigt werden müssen und dies im sportlichen Reglement auch zum Teil geschieht: *Wer* bestimmt nach *welchen Kriterien, welche* Ausgangsbedingungen *wie* und *wie stark* berücksichtigt werden? Überträgt man die Anschaulichkeit des Sports auf soziale Zusammenhänge, so läßt sich die in beiden Bereichen häufig und wie selbstverständlich erhobene Forderung, jeder, der mitmachen wolle, müsse zunächst einmal die Spielregeln beherrschen, politisch pointieren: Wer beherrscht denn wirklich die Spielregeln?

Versucht man derart, den Sport zur Erhellung gesamtgesellschaftlicher Zusammenhänge zu verwenden, so ist man natürlich — jedenfalls wenn dieser Versuch zu derart unschönen Konsequenzen führt wie hier — dem Vorwurf ausgesetzt, man habe die gemeinsame Verwendung des Leistungsprinzips in der Rede von ›Leistungssport‹ und ›Leistungsgesellschaft‹ wohl doch etwas gar zu wörtlich genommen. Es gilt also, die Identität dieses Anspruchs und die Bedeutung des Leistungssports in diesem Zusammenhang etwas stärker herauszuarbeiten, bevor die eben angedeuteten Konsequenzen bedacht werden können.

DAS LEISTUNGSPRINZIP IN SPORT UND ARBEIT

Die formal konsequenteste und härteste Anwendung des Leistungsprinzips findet sich in bestimmten Bereichen der industriellen Arbeit. So wird im analytischen Verfahren der Arbeitsbewertung des MTM-Systems z. B. zwischen 27 Grundbewegungen unterschieden, die auf der Basis einer Zeiteinheit von $^1/_{100\,000}$ Stunde = 1 TMU (Time Measurement Unit = zeitliche Maßeinheit) bestimmt werden und aus denen die komplexeren Bewegungen des Arbeitsprozesses dann gleichsam wieder zusammengesetzt werden, mit dem Ziel selbstverständlich, hemmende und unproduktive Bewegungen auszuschalten und so den Arbeitsablauf zu rationalisieren.

Bero Rigauer hat in seinem Buch ›Sport und Arbeit‹[13] gezeigt, wie sehr dieses analytische Prinzip der Zerlegung von Bewegungsabläufen im Trainingsprogramm der Leistungssportler

Eingang gefunden hat. Bestimmte Bewegungen oder, beim Mannschaftssport, bestimmte Spielzüge werden — isoliert von dem Zusammenhang, in dem sie verwendet werden — bis zur schlafwandlerischen, habitualisierten Sicherheit und Beherrschung geübt, dann aber wieder in den komplexeren Bewegungsablauf reintegriert, im Unterschied zur weitreichenden Arbeitsteilung bestimmter Phasen des hochindustrialisierten Produktionsprozesses, in denen das MTM-System vor allem angewendet wird. »Im Gegensatz zur Arbeitswelt werden im Ernstfall, nämlich im Wettkampf, vom sporttreibenden Individuum die Einzelteile und -phasen zu komplexen Verhaltensweisen komponiert; innerhalb einer solchen Handlung wird die rationale Zergliederung wieder aufgehoben. Trotzdem bleibt die arbeitsteilige Differenzierung der Lehr- und Trainingsverfahren soziologisch relevant, weil der Lern- und Trainingsprozeß mehr Zeit beansprucht als der Wettbewerb selbst.«[14] Und: »Im Gegensatz zu starr terminierten analytischen Arbeitsanforderungen eröffnet sich hier (im Bereich des Leistungssports) freilich die Chance selbständiger Lösung von Problemsituationen.«[15]

In dem Maße, in dem selbständige Problemlösungen entwickelt werden müssen, schwindet aber auch die Möglichkeit, die dabei erbrachte Leistung zu objektivieren, zu formalisieren und zu quantifizieren. Versuche, die ›Leistung‹ eines Fußballspielers dadurch zu quantifizieren, daß man mißt, wieviel Meter er im Verlauf eines Spiels mit Ball oder ohne Ball im Spurt oder Trab zurücklegt, sind weitgehend absurd, weil sich die spezifische Leistung darin ausdrückt, *was* mit dem Ball gemacht wird und *wie* die Intentionen des sogenannten Gegenspielers durchkreuzt werden; jeder Torwart muß sich bei solchen Zahlenspielen überflüssig vorkommen.

Umgekehrt kann man sagen, daß eine Aufgabe und die Lösung des Problems klar bestimmt sein müssen, wenn die in einem bestimmten Nachvollzug der Problemlösung bestehende Leistung in Zahlen ausgedrückt werden (und damit vergleichbar sein) soll. In diesem Sinne bestand die Leistung von Dick Fosbury nicht darin, daß er die Goldmedaille im Hochsprung gewann, sondern vor allem darin, eine neue und erfolgreiche Lösung des Problems gefunden zu haben, das der Hochsprung für die Behandlung der Schwerkraft und den Bewegungsablauf setzt. Jede neue Technik (z. B. beim Hammerwerfen) oder Taktik (Doppelstopper) ist eine leichte Veränderung der Problemlösung oder der Problemlösungsstrategie.

Die Verdeutlichung gesellschaftlicher Zusammenhänge am Beispiel des Sports erreicht ihre Grenzen, wenn man bedenkt, daß die sportlichen Disziplinen dadurch gekennzeichnet sind, daß in ihnen auf jeden Fall die Probleme, die gelöst werden müssen, genau bestimmt sind und in der Regel auch recht detaillierte und verbindliche Bestimmungen über die Art der Problemlösung und die dabei zu verwendenden Mittel (kein Sprungbrett beim Hochsprung, keine Flossen beim Freistilschwimmen, nur bestimmte oder nicht nachweisbare Aufputschmittel, kein Motor am Fahrrad) vorhanden sind. Auf der Genauigkeit dieser Bestimmungen und ihrer Verbindlichkeit beruht die Übersichtlichkeit sportlicher Wettkämpfe und die Vergleichbarkeit der dabei erzielten Ergebnisse (zugleich aber auch ihre vielfältige Phantasielosigkeit, die von manchem Komiker ausgenutzt wurde: so muß sich Buster Keaton in einem seiner Kurzfilme widerwillig einem bornierenden Zehnkampftraining unterwerfen, ohne irgendwie präsentable Leistungen zu erreichen, bis er erfährt, daß sein geliebtes Mädchen in großer Gefahr ist, woraufhin er die Hürdentechnik zur Überwindung eines halb hohen Buschbestandes verwendet, eine Wäschestange zum Stabhochsprung in den zweiten Stock benutzt und schließlich mit Diskus-Technik einen Teller nach dem Gegner schleudert).

Vergleichen (und in Zahlen ausdrücken) lassen sich Leistungen also nur, wenn schon ganz genau vorgeschrieben ist, was wie und mit welchen Hilfsmitteln gemacht werden soll. Was darüber hinausgeht, ist eine Frage der Abmachung, der Konvention (s. o. Moderner Fünfkampf). Diese Bedingung ist in der sozialen Wirklichkeit — wenn überhaupt — nur im Rahmen von gegeneinander isolierten Tätigkeitsbereichen gegeben. Mit einer gewissen Berechtigung kann man sagen, daß ein Vertreter besser ist als ein anderer, wenn der erstere höhere Verkaufsziffern hat. Und man kann sagen, daß ein Werbefachmann, dessen Ideen und Sprüche besondere Aufmerksamkeit erregen, besser ist als sein Kollege. Und man kann auch sagen, daß ein Autoschlosser besonders gut ist, wenn er nach der Beschreibung der Symptome oder nach dem Geräusch des Motors den Fehler schnell finden und beheben kann. In diesem Sinne ist auch der Begriff der Leistungsgesellschaft zu Recht verwendbar; in einer hochtechnisierten und damit interdependenten Gesellschaft ist das viel beschworene reibungslose Ineinandergreifen der verschiedenen Funktionen davon abhängig, daß die verschiedenen Funktionen unabhängig voneinander zureichend erfüllt werden. (Wobei hier nur angemerkt werden soll, daß die damit gesetzten Anforderungen bisher viel zu sehr als Belastungen von Menschen definiert werden und viel zu wenig in die Entwicklung der Technologie selbst einbezogen werden — so daß es immer wieder zu dem widersinnigen Spruch vom ›menschlichen Versagen‹ kommt.)

Das Leistungsprinzip hat in der Vergangenheit so etwas wie einen emanzipatorischen Anspruch begründet, der verschiedenen unterdrückten Minderheiten — wie den amerikanischen Negern, den Frauen oder den Arbeiterkindern an Oberschulen —, die wegen zugeschriebener Merkmale (Hautfarbe, Geschlecht, soziale Herkunft) diskriminiert wurden, neue Handlungschancen und Lebensbereiche eröffnet hat.

Inzwischen aber ist es erforderlich geworden, die Grenzen der sozialen Verwendbarkeit des Leistungsprinzips zu zeigen. Als Ausbeute der bisherigen Überlegungen läßt sich zusammentragen:

1. Leistung ist nur quantifizierbar und vergleichbar, wo ›was‹, ›wie‹ und ›womit‹ klar definiert sind; im Bereich der gesellschaftlichen Arbeit ist das aber auch der Bereich, in dem Rationalisierung und Automation die besten Chancen haben, die hier weitgehend bornierte Arbeit des Menschen zu übernehmen.

2. Die Vergleichbarkeit verschiedener Leistungen ist in erheblichem Maße eine Frage der Konvention; versucht man dieses Problem im sozialen Bereich dadurch zu lösen, daß man den Geldwert (Höhe des Lohns, des Gehalts, des Honorars) einer Tätigkeit zur Grundlage des Vergleichs macht, wie es häufig der Fall ist, so wird die Argumentation tautologisch, da gerade die Unterschiede der Entlohnung durch die Unterschiede in den Leistungen begründet werden müßten; das Leistungsprinzip bietet aber keinerlei Basis, von der aus man erklären könnte, warum ein Werbemann, ein gehobener Manager, ein Fußballstar oder ein Schlagersänger vier-, fünf-, zehn- oder zwanzigmal soviel verdient wie ein durchschnittlich entlohnter Arbeiter oder Angestellter.

3. Der Leistungssport ist Produkt der hochtechnisierten Industriegesellschaft; es ist außerordentlich schwer zu kalkulieren, wie groß dabei der Einfluß der gesellschaftlichen Verfassung ist. Die spezifische Bedeutung, die das im Leistungssport veranschaulichte Leistungsprinzip symbolisiert, ist jedenfalls wesentlich durch die besondere Struktur der spätkapitalistischen Gesellschaft bestimmt.[17] Hier hat es den Zweck der Rechtfertigung und Beruhigung und Verschleierung.

Das Leistungsprinzip ist gebunden an einen nachdrücklichen Prozeß analytischer Zergliederung komplexer Zusammenhänge. Diese Tatsache findet sich, wie gezeigt, in Bereichen der industriellen Arbeit und im Trainingsprogramm der Leistungssportler. Im letzteren Bereich findet sich aber auch das anschauliche Resultat des re-synthetisierenden Prozesses. Der Leistungsbegriff *erscheint* somit auch als verwendbar für komplexe Zusammenhänge, und diesen Anschein wirft der Sport zurück auf die Gesamtgesellschaft, der er seine Entstehung verdankt. Es ist deshalb eine falsch gestellte Frage, ob Sport und Arbeit als *konträr* strukturierte oder als struktur*konforme* Handlungssysteme zu verstehen seien.[18] Beide Bestimmungen sind richtig und falsch zugleich, da sie jeweils isoliert einen Aspekt des Zusammenhangs begreifen.

Indem er das Resultat der analytischen Zergliederung im Leistungsprinzip aufnimmt und zugleich den anschaulichen Eindruck vermittelt, komplexe Handlungssysteme könnten auf einer objektiven Basis eindeutig (und das heißt auch: in Zahlenform) miteinander verglichen werden, bekommt der Leistungssport Funktionen, die ehemals die Ideologien hatten.

Aber der Leistungs-Begriff verträgt sich nicht mit dem alten Konzept der Ideologie, die unmittelbar auf das Ganze der Gesellschaft zielte und erst in diesem Kontext die eigenen besonderen Interessen einer sozialen Klasse lokalisierte. Der Leistungsbegriff begründet eine andere Struktur. Seinem Entstehungsprozeß entsprechend, der seine analytische Schärfe mit der Destruktion und Vernachlässigung realer Zusammenhänge erkauft, vermag das Leistungsprinzip kein Bild der Totalität der Gesellschaft zu konstituieren. Soziale Strukturen bestehen aus historisch besonderen Problemlagen, Problemlösungsstrategien, Mitteln der Problemlösung und schließlich den konkreten Problemlösungen selbst. Die wichtigsten sozialen Leistungen bestehen darin, die historisch entstandenen Problemlagen überhaupt zu erkennen und in ihren Entstehungsbedingungen und ihrer wechselseitigen Abhängigkeit zu verstehen; weiterhin darin, Problemlösungsstrategien theoretisch zu entwickeln und praktisch zu erproben und adäquate Mittel zur Problemlösung bereitzustellen. Das alles sind soziale Leistungen, die sich nur schwer miteinander vergleichen, sicherlich aber nicht quantifizieren lassen. Das Leistungsprinzip, das dem ›scientific management‹ zugrunde liegt und vom Leistungssport symbolisiert wird, ist nur deshalb objektivierbar und quantifizierbar, weil es so rigide definiert ist, daß es jene wichtigeren sozialen Leistungen nicht mehr zu fassen vermag. Deshalb wird der Versuch, aus diesem Prinzip die Gesellschaft wieder zu rekonstruieren, zu einem theoretisch absurden Unternehmen, das durch den Leistungssport scheinbar gerechtfertigt wird; dies aber nur, wenn man nicht genau hinsieht.

Daß diese Fiktion von der Leistungsgesellschaft den Herrschenden dient, ist offenbar. Ihre gesellschaftliche Machtposition erhält den Mantel der Leistung und damit die politische Absolution. Man trägt dem partikularistischen Gehalt des Leistungsprinzips, das auf konkrete Verhaltensweisen abstellt und das in dem Konzept der Leistungsorientierung oder -motivation auch eine psychologische Fundierung erhalten hat, wohl besser Rechnung, wenn man statt von ›Ideologie‹ zu reden den Begriff ›Habitologem‹ verwendet, der die Partikularität und den unmittelbaren Verhaltensbezug deutlicher ausdrückt. Wie weit diese Tendenz, das Leistungsprinzip in den je einzelnen Individuen zu verankern und aus derartigen Bauelementen dann wieder ein Ganzes, eine ›Leistungsgesellschaft‹, zusammenzubasteln, bereits fortgeschritten ist, wird durch die allgegenwärtige Akzentuierung der Bedeutung von Leistungsmotivation und Leistungsorientierung erhellt. Selbst Rigauer bricht aus dem Zusammenhang seiner kritischen Reflexionen aus, wenn er zum Beispiel schreibt: »Die Rolle des Leistungssportlers selbst wird — ähnlich der des Arbeiters und Angestellten — von der individuellen Hervorbringung einer besonderen Leistung konstituiert. Man erwartet von ihm ein leistungsorientiertes Verhalten: Trainieren (Arbeiten), Fleiß, Pünktlichkeit, Erfüllung der Trainingsaufgaben (Arbeitssoll) usf. In einem Vertrag (Trainings- oder Arbeitsvertrag, z. B. Trainingsverpflichtung beim Rudern, Lizenzspielervertrag beim Fußball), der für die beteiligten Partner verbindlich ist, werden alle Handlungserwartungen innerhalb einer Rolle fixiert.«[19]

Nicht bedacht ist hier die Tatsache, daß die in der psychologischen Dimension der Leistungsorientierung begründete Ähnlichkeit der Verhaltensmuster von Angestellten, Arbeitern und Leistungssportlern bereits eine Veräußerlichung des Leistungsprinzips enthält, die das Problem der Gerechtigkeit einer ›Leistungsgesellschaft‹ unterläuft: selbst wenn alle Menschen in einer Gesellschaft ein hohes Maß von Leistungsorientierung mitbringen und fleißig, diszipliniert, pünktlich und sorgfältig ihre jeweiligen Arbeitsanforderungen erfüllen, würde das nur ein Minimum von Verhaltenserwartungen ausdrücken, deren Nichterfüllung mit negativen Sanktionen belegt werden könnte; es ergäbe sich jedoch keine Grundlage sozialer Gerechtigkeit, da die Frage der unterschiedlichen Bewertung der verschiedenen sozialen Tätigkeitsbereiche ausgeklammert bleibt.

In den psychologischen Versuchen[20], den Leistungsbegriff zu definieren, drückt sich zwar immer wieder die Intention aus, den restringierten Bereich der bloßen optimalen Erledigung vorgegebener Aufgaben zu überschreiten und die jeweilige individuelle Fähigkeit zu berücksichtigen, Bedeutung und Relevanz einer Aufgabe zu reflektieren; doch in der Konstruktion der entsprechenden Experimente und bei der Bestimmung der Entstehungsbedingungen der Leistungsorientierung ist von dieser reflexiven Dimension nichts mehr zu bemerken.

Von hier aus läßt sich auch noch einmal der eingangs diskutierte Begriff der Fairneß aufgreifen, der allgemein als die Fähigkeit und die Bereitschaft definiert wurde, den ›Geist‹ oder die generelle Absicht der Regeln einzuhalten. Nun kann es gar keine Frage sein, daß in einer Gesellschaft mit schnellen (oberflächlich jedenfalls) strukturellen Veränderungen, denen die formalen Reglementierungen nur sehr bedingt folgen können, so etwas wie Fairneß eine unerläßliche soziale Voraussetzung ist, wenn das Zusammenleben nicht zu einem grauenhaften, kleinkarierten sozialen Catch-as-catch-can werden soll. Langfristig ist jedoch die Frage wichtiger, ob die sozialen Regeln, an deren Sinn man sich fairerweise halten soll, historisch vernünftig und gerecht sind oder ob man sie nicht ändern sollte. Da Fairneß eine Fähigkeit — oder wenn man will: eine ›Tugend‹ — ist, in der diese Dimension der kritischen Reflexion auf die Regeln per definitionem nicht eingeschlossen ist, ist eine Verabsolutierung der Fairneß (wie sie beispielsweise Berno Wischmann unternimmt) stets in der Gefahr, die Dinge so, wie sie nun einmal (geworden) sind, gedankenlos und wie selbstverständlich hinzunehmen und sich ganz auf die freundliche Beachtung der ›Spielregeln‹ zu beschränken. In diesem Falle kann auch das Gebot der Fairneß dazu beitragen, das hervorzubringen, wogegen es unmittelbar sich wendet: Ungerechtigkeit.[21]

Zusammenfassend kann man sagen, daß der Leistungssport viel zu sehr die gesellschaftlichen Strukturen reflektiert, aus denen er hervorgegangen ist, als daß er eine schöne Gegenwelt darstellen könnte, die kritische Korrektive gegenüber der Gesamtgesellschaft anzubieten in der Lage wäre (s. ›Leistung‹ versus ›Erfolg‹). Diese Bestimmung bedeutet zugleich, daß es theoretisch und praktisch sinnlos ist, den Leistungssport zum Prügelknaben sozialer Mißstände zu machen, die er nur — in spezifischer Brechung — reflektiert. Genaugenommen ist es deshalb auch nicht richtig, wenn G. Vinnai in seinem Fußball-Buch[22] resümiert, die Tore auf dem Fußballplatz seien die Eigentore der Beherrschten; die politischen Tore und Eigentore werden woanders geschossen, und es ist nicht gut, das zu vergessen. Aber der Leistungssport, und gerade auch der Bundesligafußball, taugt sehr gut dazu, die Neigung zu fixieren, die gesellschaftlichen Bedingungen als Spielregeln zu verstehen, die man unbedingt beachten, also zunächst einmal beherrschen müsse, ohne daß der Gedanke aufkommt, daß nur derjenige die gesellschaftlichen Spielregeln wirklich beherrschen kann, der an ihrer Formulierung teilhat.

Der Leistungssport ist ein Zerrspiegel, der der Gesellschaft ihr Bild zurückwirft, in dem sie sich zu erkennen glaubt und das sie schön findet, weil es ihr mit seinen Zügen des Spielerischen und des Gerechten schmeichelt. Es hat wenig Sinn, auf den Spiegel zu schießen.

Anmerkungen

1 Berno Wischmann, Leistungssport — ein Mittel zur Selbsterziehung, Berlin/ München/Frankfurt 1971, S. 37/8

2 Hans Lenk, Ist Training repressiv? In: *Die Zeit*, 10. September 1971, S. 56

3 Im Sportteil der *Frankfurter Allgemeinen Zeitung*, dessen Redakteure die Verpflichtung übernommen zu haben scheinen, besonderen Einfallsreichtum und ausgewogene Subtilität zu entwickeln, wenn es gilt, (sportliche) Erfolge und Mißerfolge als Ausdruck von ›Leistung‹ beziehungsweise ›Leistungsschwäche‹, d. h. als zweifelsfrei gerecht erscheinen zu lassen, war nach sechs Spieltagen der Fußball-Bundesliga-Saison 1971/72 folgende allgemeine Interpretation zu lesen (nachdem zunächst die Zufälligkeiten der ersten Spieltage geordnet worden waren):

»Mit den Zufälligkeiten ist es also nicht weit her, und die glorreiche Ungewißheit gehört in den Bereich der Brüder Grimm. Relikte an Unberechenbarkeit stecken allenfalls noch im Detail. So durfte der Trainer des 1. FC Kaiserslautern nach der Niederlage gegen die Bayern das Pech seiner Mannschaft beklagen, weil der Ball an die Latte und nicht ins Tor gesprungen war, und der Trainer der Frankfurter Eintracht die Niederlage in Düsseldorf als Panne apostrophieren, die so wenig normal oder logisch gewesen sei wie ein Plattfuß am Auto. Aber unter dem Strich, schon nach dem kurzen Weg über sechs Spieltage, bilden sich anscheinend *unumstößliche Gesetzmäßigkeiten* heraus, die jeweils nur durch eine tiefgreifende Operation verändert werden könnten. Der zu Unrecht verhängte oder der nicht verwandelte Elfmeter, das wegen der umstrittenen Abseitsstellung stornierte Tor, der Schuß an die Latte oder an den Pfosten suggerieren das Gefühl der massierten Zufälligkeit. Diese Illusion darf gepflegt werden. Eine Basis hat sie kaum. Mittels der glorreichen Ungewißheit müßte es möglich sein, daß eine bis ins Mark geschwächte Dortmunder Mannschaft doch im Mittelfeld steht; aber sie steht am Tabellenende. Bayern München könnte doch eigentlich auch schon drei Spiele verloren haben; aber die Mannschaft ist ungeschlagen. Die Addition von individueller Stärke, ausgebildeter Harmonie und optimaler Kondition schlägt sich in der Regel *korrekt* nieder.

Die *interne Berechnung des spezifischen Gewichts einer Mannschaft* zwecks Ermittlung ihrer einerseits optimalen und andererseits durchschnittlichen *Leistungskraft* mittels eines *Computers*, dem keine Kleinigkeit verborgen bleiben dürfte, würde wohl zutage bringen, daß die durch die Tabelle vorgezeigte Rangordnung in der Bundesliga mit den hypothetischen Ergebnissen weitgehend übereinstimmt« (13. September 1971; Hervorhebungen von L. H.)

Welchen Sinn derartige terminologische Anleihen bei Naturwissenschaft und Technik haben, liegt auf der Hand. Als Beispiel für die sozialpolitische Vernutzung des Sports in der *FAZ* und die Richtung, die dabei eingeschlagen wird, ein Auszug aus dem Bundesliga-Kommentar nach dem zweiten Spieltag: »Sind überraschende Anfangserfolge nicht geradezu typisch für die Unterprivilegierten aller Arten, die von Natur aus dazu neigen, mit der Tür ins Haus zu fallen? Selbst die Optimisten werden es nicht bestreiten.« (*FAZ*, 23. August 1971) (Wie groß der Pessimismus guter *FAZ*-Redakteure inzwischen ist, zeigt sich deutlich in der Berichterstattung dieser Zeitung über Hochschulreformversuche und die Mitbestimmung am Arbeitsplatz sowie Tarifverhandlungen, wo die Unterprivilegierten auch immer mit der Tür ins Haus fallen und nicht jene vornehme Zurückhaltung an den Tag legen, die in den Anleitungen über ›Betriebliche Streikabwehrmaßnahmen‹ Ausdruck gegeben wird, die während der Tarifauseinandersetzungen im Sommer 1971 in Betrieben der chemischen Industrie Hessens kursierten und in denen u. a. empfohlen wurde, frühzeitig »Einsatzübungen mit Aushilfspersonal« durchzuführen, während die Unterprivilegierten noch an die Friedenspflicht gebunden waren (s. Schulungsmappe Streik. Interne Papiere der IG Chemie, bes. S. 130).

4 Dianabol ist eines der unter dem Sammelnamen Anabolika zusammengefaßten Muskel-Präparate, die in der letzten Zeit in manchen Sportarten zu erheblichen Leistungssteigerung beigetragen haben. Vgl. z. B. den Artikel über Gewichtheben in: *Der Spiegel*, Nr. 14, 1970

5 *Frankfurter Allgemeine Zeitung*, 6. September 1971 (Hervorhebung von L. H.)

6 Vgl. ›Aufhören? Ich laufe weiter!‹ Ein Gespräch mit Jürgen May. Von Sepp Binder. In: *Die Zeit*, 27. August 1971
Versucht man, derartige Erscheinungsformen aus der Struktur des kapitalistischen Gesellschaftssystems abzuleiten, so ist es — trotz der Springerschen Hetze — irritierend zu lesen, daß im Augenblick des vorzeitigen Ausscheidens von Jürgen May Sportfunktionäre aus der DDR jubelnd von ihren Plätzen aufspringen und sich mächtig über die Niederlage des ›Republik-Flüchtlings‹ freuen.

7 Bedenkt man, wie dicht die sogenannte Leistungsspitze in den meisten sportlichen Disziplinen ist, daß also häufig nur wenige Zentimeter oder Sekundenbruchteile zwischen strahlendem Sieger und glanzlosem, ›enttäuschendem‹ vierten Platz liegen, wobei man eben kaum mehr von unterschiedlichen Leistungen sprechen kann, so wird vollends klar, daß nur der sportliche Erfolg zählt. Dazu zwei Beispiele von den Leichtathletik-Europameisterschaften 1971 in Helsinki: die drei Erstplazierten des Hochsprungs der Männer erreichen alle 2,20 m, die Plätze wurden nach der Zahl der Fehlversuche vergeben, Major (Ungarn) wurde mit drei cm Differenz zum Sieger nur ›undankbarer‹ Vierter; im 3000-m-Hindernis-Lauf benötigte der Sowjetrusse Bite 8:27,0 Min. gegenüber 8:25,2 des Siegers Villain (Frankreich) und 8:26,2 des Silbermedaillengewinners Moravcik (CSSR); setzt man die Siegerzeit gleich 100, so ist die Leistung des Vierten 100,3, dessen Leistung gegenüber der des Zweiten sogar nur mit 100,16 ›abfällt‹. Kein Zweifel, die meßbaren Leistungsunterschiede sind minimal, was zählt, ist der Erfolg.

8 Vgl. z. B. die folgende Formulierung von Bero Rigauer: »Unsere vorläufige These lautet daher: der Leistungssport (nicht der Sport allgemein) integriert in sein Handlungssystem arbeitskonforme Verhaltensschemata und Denkinhalte. Er fungiert als ein Teilsektor sozialer Anpassung an industrie- und bürokratiegesellschaftliche Verhältnisse.« (B. Rigauer, Sport und Arbeit, Frankfurt/M. 1969, S. 67)

9 Anfang September legte die unter Federführung von Sozialminister Horst Schmidt von der hessischen Landesregierung eingesetzte ›Kommission zur Bekämpfung des Rauschmittelmißbrauchs‹ einen Bericht vor, den die Frankfurter Rundschau vom 10. September 1971 unter dem Zwischentitel ›Flucht vor Leistungsdruck und Abhängigkeit‹ u. a. folgendermaßen zusammenfaßt: »In dem Bericht der Kommission heißt es weiter, vielfach werde der sogenannte Leistungsdruck unserer Gesellschaft allein für den Griff zu Rauschmitteln verantwortlich gemacht. So wird zum Beispiel argumentiert, die Jugend unterliege in einem viel stärkeren Maße dem Druck unserer Leistungsgesellschaft, sie wehe aber auch viel stärker ihre Fehler und wolle sich nicht mehr länger dem Industriesystem beugen, das als einziges Ziel die Ausweitung der Produktion, die Steigerung des Profits, des Einkommens und des Konsums, die höhere Zuwachsrate und den technologischen Fortschritt kenne. Vor dieser Abhängigkeit, vor diesem Druck, vor dieser Manipulation versuche die Jugend mit Hilfe der Rauschmittel zu fliehen.«

10 In diesem Zusammenhang kennzeichnet es so recht die Qualität der bundesrepublikanischen Leistungsgesellschaft, daß Frauen – insbesondere in Industriebetrieben – selbst für die gleiche Arbeit, d. h. für denselben ›Erfolg‹, erheblich schlechter bezahlt werden als Männer. Auch die Einhaltung dieser Bedingungen ist in den gesellschaftlichen Spielregeln vorgeschrieben, wenn man nicht vom Platz gestellt werden will (s. u.).

11 Unter der bezeichnenden Überschrift ›Wenn wir versagen, wird man mit Steinen werfen‹ brachte die Bild-Zeitung ein Jahr vor Beginn der Olympischen ›Spiele‹ von München (26. August 1971) ein Interview mit Josef Neckermann, dem ›Chef der Deutschen Sporthilfe‹; danach sagte Neckermann unter anderem folgendes: »Wenn wir alle, Sportler und Funktionäre, einsehen, daß nur härtester Einsatz, unermüdliche Arbeit Erfolg bringt, werden wir uns im nächsten Jahr nicht zu schämen brauchen.« (Neben dem Interview-Abdruck fand sich eine halbseitige Aufstellung, in der ausgerechnet wurde, daß die Bundesrepublik bei den Olympischen Sommer›spielen‹ nur 42 Medaillen gewinnen werde.)

12 Das Bertelsmann-Volkslexikon notiert unter dem Stichwort ›Handikap‹: »Vorbelastung, Benachteiligung; im Sport Zeit-, Distanz-, Gewichts-, Punktvorgaben an schwächere Teilnehmer, um ihnen eine Siegesmöglichkeit zu geben.«

13 Rigauer, a.a.O., insbes. S. 30 ff

14 Ebd., S. 31

15 Ebd., S. 35

16 Vgl. zum folgenden: Hans P. Dreitzel, Elitebegriff und Sozialstruktur. Stuttgart 1962; Lothar Hack, Was heißt schon Leistungsgesellschaft, in: neue kritik, April 1966, S. 23–32; Gustav Ichheiser, Kritik des Erfolges, Leipzig 1930 (Rotdruck 1970)

17 Deshalb sind die Überlegungen von Chr. Graf v. Krockow (Der Wetteifer in der industriellen Gesellschaft und im Sport, in: Der Wetteifer, Frankfurt/Wien, 1962) wohl doch etwas zu naiv und unkritisch, wenn er prinzipiell uneingeschränkt meint, der Leistungssport sei die symbolische, konzentrierte Darstellung der Grundprinzipien der industriellen Gesellschaft und fasziniere deshalb ›die Massen‹ (s. S. 59).

18 Rigauer, a.a.O., S. 67, skizziert beide Positionen, bringt sie aber nicht recht als zwei Seiten derselben Sache zusammen.

19 Rigauer, a.a.O., S. 45

20 Vgl. insbesondere die Arbeiten von J. W. Atkinson, H. Heckhausen und David C. McClelland.

21 Zwar bezeichnen die Begriffe ›Fairneß‹ und ›Toleranz‹ nicht genau dasselbe, dennoch lassen sich im vorliegenden Zusammenhang Überlegungen aus Herbert Marcuses Aufsatz ›Repressive Toleranz‹ verwenden, in: R. P. Wolff, B. Moore und H. Marcuse, Kritik der reinen Toleranz, Frankfurt/M. 1966, S. 91 ff

22 s. G. Vinnai, Fußballsport als Ideologie, Frankfurt/M. 1970

Eric Ertl

Sport-Journalismus:
Wie der Leistungssport auf seinen Begriff kommt

Als die Fußballweltmeisterschaft gewonnen war und ein Deutschland-über-alles-Taumel zwischen Passau und Flensburg sich ankündigte, versuchte der Rundfunk-Reporter die von ihm eben noch beförderte Woge nationaler Selbstüberschätzung mit den heuchlerischen Worten aufzuhalten: »Vergessen wir nicht — es war nur ein Spiel.«[1] Er hätte es wirklich besser wissen müssen.

Zur Geschichte der Sportpublizistik

Im Gefolge der großen Industrie entstand im 19. Jahrhundert in England die moderne Sportbewegung, die körperliche Übungen und Kampfspiele aus vorindustrieller Zeit mit dem Leistungs-Ethos und der Wettbewerbs-Ideologie des Manchester-Kapitalismus verbindet. In England begann auch die Geschichte der Sport-Publizistik: Die Zeitung *Morning Herald* brachte seit 1817 Sportberichte, bereits 1821 erschien eine tägliche Sportzeitung, das *Sporting life.* 1829 erhielt auch die *Times* einen regelmäßigen Sportteil. In Deutschland gaben die Turner seit der Jahrhundertmitte eigene Mitteilungsblätter heraus (*Der deutsche Turner,* 1846, *Deutsche Turnzeitung,* 1846). Ihnen kommt allerdings eine Sonderstellung zu, da sich die deutsche Turnbewegung getrennt von der allgemeinen Sportbewegung entwickelte. Bemerkenswert, doch nicht überraschend ist, daß die als gesellschaftsfähig anerkannten Sportarten als erste Geldgeber und Leser für eine eigene Presse fanden: die Reitsportzeitung *Der Sporn* machte 1861 den Anfang, seit 1881 erschien *Das Velociped,* 1885 *Der Radfahrer.* Wasser- und Automobilsportzeitungen folgten. Als älteste Zeitschrift des Kontinents für alle Sportarten gilt die *Allgemeine Sportzeitung,* die 1878 in Wien herauskam. Im Berliner Scherl-Verlag erschien seit 1895 das Blatt *Sport im Bild.*

Als erste deutsche Tageszeitung beschäftigte der *Berliner Börsen-Courier* 1885 einen eigenen Sportredakteur, die *Münchner Neuesten Nachrichten* schufen ein Jahr später mit ihrer *Alpinen Zeitung* den Ansatz für ein eigenes Sport-Ressort. Die Sport-Rubriken der Tageszeitungen wurden nach der Jahrhundertwende ausgebaut, nach dem Ersten Weltkrieg verschob sich das Schwergewicht der Berichterstattung vom Herrensport zum

Massensport: Statt Pferderennen und Kaiser-Regatten gewannen Sechs-Tage-Rennen, Boxkämpfe und Fußballspiele breiten Raum. An die Stelle der Vereinsmitteilungen traten immer häufiger Reportagen über sportliche Wettkämpfe.[2]

Als Vorläufer der Sport-Nachrichtendienste kann die *Sportliche Rundschau* gelten, die 1904 entstand und zunächst nur über den Pferdesport informierte. Sie ging im Herbst 1919 in der *Korrespondenz des Vereinigten Sportverlages (Koves)* auf. Seit dem ersten April 1926 brachte auch *Wolffs Telegraphen-Büro* Sportnachrichtendienste.[3]

Nach dem Ersten Weltkrieg kam ein neues Kommunikationsmittel auf, durch das die Sportinteressierten schneller und spannender über Wettkämpfe und Ergebnisse informiert werden konnten: der Rundfunk. Gegen Bezahlung erwarb ein Berliner Verlag bei fast allen deutschen Rundfunkanstalten das Recht, Sportnachrichten zu liefern, zugleich aber während der Sendungen für seine Sportzeitung zu werben und für Honorar Veranstaltungen anzukündigen.[4] Die Rundfunkjournalisten erkannten sehr bald ihre damals einmalige Chance, den Hörern über viele Kilometer hinweg ›live‹ über Sportereignisse zu berichten, die Wettkampf-Atmosphäre durch das gesprochene Wort zu vermitteln und die Illusion der unmittelbaren Teilnahme zu verschaffen. Dazu gehörte, die auf dem Spielfeld oft schnell ablaufenden Bilder sofort visuell zu erfassen und in sprachliche Metaphern umzusetzen. Zunächst mochten sich die Reporter freilich auf ihre Sprachgewandtheit allein nicht verlassen: Doktor Bernhard Ernst erzählt, er habe für die erste Übertragung einer Ruder-Regatta im Juli 1925 ein Manuskript ausgearbeitet und sich erst während des Rennens davon gelöst. Er habe »so in den kleinen Kasten« gesprochen »als ob er über das, was sich im Augenblick vor ihm abspielte, einem guten Freund zu berichten habe«.[5]

Der Hörfunkreporter ist wie der Zeitungsjournalist auf den Umweg über die Sprache und die Phantasie der Zuhörer angewiesen, wenn er den Wettkampfverlauf ›beschreiben‹ will. Erst die Fernsehberichterstatter lernten, sich auf ergänzende Kommentare zu beschränken, da die Kamera das Spielgeschehen offensichtlich plastischer und zuverlässiger als jeder sachverständige Augenzeuge übermittelt.

Die wachsende Popularität von Rundfunk und Fernsehen, die grundsätzlich aktueller als Zeitungen sein können, zwang die Sportpresse, ihre Berichterstattung dem geänderten Informationsbedürfnis ihrer Leser anzupassen. Sie räumte zusammenfassenden Übersichten und Tabellen, illustrierenden Schilderungen und Kommentaren immer mehr Platz ein und kam dem besonders starken Sportengagement ihrer Leser durch zusätzliche Sach- und Zahleninformationen sowie Kolportageberichte über das Leben der Stars entgegen. Im Redaktionsprogramm des *Kicker-Sportmagazins* etwa heißt es, die Zeitschrift wolle »Stars und die führenden Männer des Sports interviewen und aufzeigen, was hinter den nackten Daten und Zahlen steckt. Wer die Menschen sind, die Rekorde erzielten oder verfehlten«.[6]

Den Sportzeitschriften gelang es allerdings auch mit verändertem Redaktionsprogramm nicht, von der zunehmenden Sportbegeisterung der Bevölkerung nennenswert zu profitieren. Zwar gaben im Jahre 1968 11,9 Prozent der Männer und 6,3 Prozent der Erwachsenen in der Bundesrepublik an, eine Sportzeitung zu lesen[7]; deren Auflagen bleiben aber weit hinter denen anderer Publikumszeitschriften zurück. Das von dem Philologen Walther Bensemann gegründete Fußballblatt *Kicker*, das sich »Deutschlands größte Sportzeitung« nennt, erreichte im ersten Halbjahr 1971 nur eine Verkaufsauflage von etwas über 224 000 Exemplaren; weniger als 200 000mal wurde die *Sport-Illustrierte* verkauft. Immer noch zu steigen scheint dagegen die Beliebtheit der Auto- und Motorsport-Zeitschriften; die größte von ihnen, *Auto, Motor und Sport*, wurde 1971 je Nummer in über 400 000 Exemplaren abgesetzt. Die Automobilzeitschriften halten auch bei den Verbandsblättern die Auflagenspitze: das offizielle Organ des Allgemeinen deutschen Automobilclubs, *ADAC — Motorwelt*, erscheint in fast 2,29 Millionen Exemplaren.[8]

Daß die sogenannten freien Sportzeitschriften weit mehr Leser erreichen als die meisten der finanziell unterstützten Verbandszeitungen, wurde von den Sportfunktionären wiederholt beklagt und mit deren »Ungeistigkeit der Formulierung« und dem »unsicheren Geschmack der äußeren Aufmachung« erklärt.[9] Hinzu kam jedoch, daß sich nur die Zeitungen der großen Verbände — mit wechselndem Erfolg — um neue Leser bemühten, während vor allem die Golf-, Fecht- und Tenniszeitschriften ihre fachliche Exklusivität bewußt bewahrten, um die soziale Exklusivität und damit ihre subventionsfreudigen Geldgeber nicht einzubüßen.[10]

Da sich die meisten Sportzeitungen vor allem an Leser wenden, die selbst Sport treiben oder wenigstens einem Verein angehören, läßt sich die gesellschaftliche Bedeutung des Leistungssports, der immer auch Zuschauersport ist, besser aus der Sportberichterstattung des Fernsehens und der Tageszeitungen ableiten. Im Wochendurchschnitt beansprucht der Sportteil der Zeitungen etwa 8,5 Prozent des redaktionell verfügbaren Platzes, montags werden ihm bis zu 30 Prozent eingeräumt.[11] Im *Zweiten Deutschen Fernsehen* erhielt die Sportredaktion 1967 9,6 Prozent der Sendezeit, im Fußballweltmeisterschaftsjahr 1966 sogar 13,3 Prozent.[12] In über der Hälfte der Eurovisionssendungen wurde in den Jahren 1954 bis 1961 über Sportereignisse berichtet.[13]

In Zeiten Olympischer Spiele und von Fußballweltmeisterschaften tritt die politische Berichterstattung vollends hinter den Sport zurück; der von den Massenmedien zugleich erzeugte und ausgebeutete Sportenthusiasmus der Bevölkerung wächst sich zu nationaler Hysterie aus. Schon in den zwanziger Jahren verfolgten mehrere Millionen Amerikaner den Weltmeisterschaftskampf im Schwergewichtsboxen zwischen Dempsey und Tunney an den Lautsprechern, neun von ihnen sollen während der Reportage an Herzschlag gestorben sein.[14] Nach einer Umfrage des Emnid-Instituts saßen während des Endspiels um die Fußballweltmeisterschaft 1966 in England 85 Prozent der erwachsenen westdeutschen Bevölkerung vor den Fernseh- und Rundfunk-Apparaten; in Großbritannien sahen 20 Millionen das Weltmeisterschaftsfinale.[15] Von den Olympischen Spielen in München soll den bundesdeutschen Fernsehzuschauern täglich non-stop von 9 bis 24 Uhr berichtet werden — 100 Farbfernsehkameras werden insgesamt 1200 Programmstunden aufzeichnen.[16] Fußballweltmeisterschaften und Olympische Spiele sind heute der Mittelpunkt einer weltweiten Unterhaltungsindustrie, für die die Zeitungen und Rundfunkanstalten Tausende ihrer Mitarbeiter freistellen. Von den Olympischen Spielen 1928 in Amsterdam, an denen bereits 600 Journalisten teilnahmen, berichtete Kurt Doerry, einer von ihnen: »Wie war doch alles anders geworden seit jenem Olympia des Jahres 1896, an dem wir zögernd 20 Worte telegrafiert hatten, um einen überwältigenden Sieg nach der Heimat zu melden. Längst war Schnelligkeit Trumpf der journalistischen Arbeit geworden. Ein paar Schritte von unseren Plätzen im Stadion entfernt, im Unterbau der Haupttribüne, befand sich ein großes Postamt mit 50 Telefonzellen. Rundherum tickten unaufhörlich Fernschreiber und Schreibmaschinen [. . .]«[17]. Bereits acht Jahre später in Berlin wurden fast 300 in- und ausländische Journalisten gezählt, der Sportfunkdienst des *Deutschen Nachrichtenbüros* verbreitete täglich etwa 18 000 Wörter über die Wettkämpfe.[18]

SPORTBETRIEB UND BEWUSSTSEINSINDUSTRIE

Daß die Kommunikationsmedien heute die Großveranstaltungen des Spitzensports millionenfach und weltweit reproduzieren, blieb für den Sportbetrieb und sein Publikum nicht ohne Folgen. Als eine besonders augenfällige Konsequenz ergab sich die finanzielle Abhängigkeit der Vereine und Verbände von den Fernsehanstalten und den hinter ihnen stehenden Werbegesellschaften. Im Jahre 1926 zahlte der Deutsche Fußballbund an die Rundfunkgesellschaft noch 100 Mark Unkostenbeitrag, damit sie das Länderspiel Deutschland—Holland übertrug.[19] Seit September 1970 aber überweist das *Deutsche Fernsehen* den 18 Vereinen der westdeutschen Bundesliga pro Saison insgesamt 2,4 Millionen Mark, damit es an Bundesliga-Spieltagen Ausschnitte von vorher den Zuschauern nicht angekündigten Spielen senden darf. Der Berliner Fußballklub Hertha kassiert vom Pressezaren Axel Springer jährlich 300 000 Mark, weil er »am meisten für die Bundespräsenz Berlins« leistet.[20] Für die Fernsehrechte der Olympischen Spiele in München erhoffen sich die Veranstalter mit 50 Millionen Mark mehr als doppelt so hohe Einnahmen wie durch den Verkauf der Eintrittskarten.[21]

An der Situation des amerikanischen Profisports läßt sich die voraussichtliche Entwicklung des Leistungssports in der Bundesrepublik ablesen: die amerikanischen Fernsehgesellschaften zahlten 1970 an den US-Sport insgesamt 720 Millionen Mark, 46 Millionen war ihnen eine Spielzeit im Profi-Football, 16,6 Millionen eine Baseball-Saison. Dafür waren die Sportfunktionäre zu Zugeständnissen bereit: »Wenn wir Werbung einblenden wollen«, notierte ein CBS-Mitarbeiter, »winkt jemand dem Schiedsrichter.« Sportveranstaltern, die sich zu diesem Fair play nicht bereitfinden wollten, drohte ein Fernsehmanager: »Wenn wir das Geld zurückziehen, bricht der ganze Laden zusammen.«[22]

Doch die Abhängigkeit ist nicht einseitig: die TV-Gesellschaften brauchen publikumswirksame Sportübertragungen, wenn sie ihre Großinserenten nicht verlieren wollen. Denn die Markenartikelhersteller vertrauen auf die Werbewirksamkeit des Profisports, beobachteten doch in den USA an einem einzigen Wochenende 94 Millionen Menschen die Football-Übertragungen und 10 Millionen das wichtigste Baseball-Spiel.

Bei der wechselseitigen Abhängigkeit von Leistungssport und Massenmedien wirken die immer wiederkehrenden großen Verweigerungsgesten ihrer Funktionäre höchstens tragikomisch. Als der Fernsehkommentator Dieter Gütt, durch die Korruptionsaffäre in der Bundesliga erregt, den Fußball einen kriminellen Unsinn nannte, den das Fernsehen besser nicht mehr übertragen sollte, konterte der DFB-Pressechef Dr. Gerhardt beleidigt: »Wir sind aufs äußerste empört! Wenn das Fernsehen sich nicht distanziert, dann wird es in Zukunft keinen Fußball mehr im ersten Programm geben.«[23] Beide konnten im Ernst nicht glauben, was sie sagten: denn der Show-Sport und die Unterhaltungsmedien sind heute nur noch zusammen zu denken, ihre Massenwirksamkeit verdanken sie ihrer Allianz. Sport und Journalist stehen am selben Sprungbalken, sagt Carl

Diem. Der Gladiator und sein Propagandist arbeiten für denselben Zirkus.

Die journalistischen Agenten der Bewußtseinsindustrie propagieren und subventionieren den Show-Sport unter dem Vorwand, den Breitensport fördern zu wollen. Von dem Goldregen, der sich über die populärsten Profi-Sportarten ergießt, bleibt jedoch für die leeren Kassen der Amateurvereine und der weniger attraktiven Disziplinen nichts übrig. Da den auf Perfektion getrimmten Fernsehzuschauern der Weg zu den kleinen Vereinen immer beschwerlicher und überflüssiger erscheint, leistet das Fernsehen einen Beitrag zum finanziellen Ruin des Amateursports. Nach einer amerikanischen Untersuchung aus dem Jahre 1953 gingen 69 Prozent aller Football-Fans, die seit mindestens einem Jahr ein Fernsehgerät besaßen, nicht mehr zu den Spielen. Von den Befragten, die schon vier oder mehr Jahre einen Fernsehapparat hatten, nahmen 84 Prozent nicht mehr als Zuschauer an Football-Spielen teil.[24]

Das ›Freizeit‹-Verhalten der Sportinteressierten hat sich durch das Fernsehen grundlegend geändert. Der Sport wurde endgültig zur Dienstleistung, die körperliche Höchstleistung einzelner zu einer auf dem Markt angepriesenen und gehandelten Ware. Jede Ware aber tendiert dazu, handlich und leicht goutierbar zu sein, weil davon ihre Verkäuflichkeit abhängt. Je geringer die Vorleistungen sind, die der Käufer vor ihrem Verbrauch bringen muß, desto leichter läßt er sich zum Kauf animieren.[25] Zu den beschwerlichen Vorleistungen des Stadionbesuchers gehört es, Eintrittskarten zu besorgen und zu bezahlen und in langen Autoschlangen zum Sportplatz zu fahren; zu seinen Risiken gehört es, kalte Füße zu bekommen und dann noch ein langweiliges Spiel zu sehen. (Während der Fußballweltmeisterschaft in England berichtete die *Frankfurter Rundschau,* daß den deutschen Schlachtenbummlern neben lästigen Erledigungen, wie Rechnungen bezahlen, Geld eintauschen und Koffer packen, kaum Zeit für Siegesfeiern geblieben sei, und kam zu dem Schluß: »Es scheint manchmal, daß die Englandfahrer maßvoller sind als die Zuhausegebliebenen. Sie sehen die Spiele, die die Fernsehzuschauer in der Heimat nur durchs Schlüsselloch betrachtet haben, [. . .] sie machen sich keine Illusionen.«[26] Natürlich geht es in den Stadien, »den Hexenkesseln der Hunderttausend« (Enzensberger), nicht mit rationalen Dingen zu: der Rausch, in den sich die jubelnde, stöhnende oder stumm duldende Menge versetzt, ist aber geradezu bewußt herbeigeführt, meist teuer erkauft und oft auch für die Beteiligten in seinem Stellenwert zu durchschauen. Die Enge des Stadions wird auch nicht nur deshalb aufgesucht, weil sie die vorübergehende Ausschaltung der Vernunft und die gemeinschaftliche Abfuhr gestauter Affekte erlaubt. In der körperlichen und emotionalen

Nähe zu den anderen wird vielmehr immer auch jene verdrängte Sehnsucht nach Teilhabe und Solidarität spürbar, der die bürgerliche Gesellschaft keine Chance gibt. (Der Faschismus allerdings verstand sie für seine terroristischen Ziele auszunutzen.) Die sich immer wiederholende tausendfache Ekstase der Stadionbesucher erklärt sich letztlich aus dem untauglichen Versuch, im Rausch zu erleben, was die Gesellschaft dem Nüchternen versagt: »Wir müssen an diesem Gemeinschaftserlebnis, das in den Festen aller Zeiten seine Vorläufer hat, den Ersatzcharakter nicht übersehen. Sicher verweisen Feste [...] auf die Bedrückungen, von denen das Fest für kurze Zeit befreit, und sicher ist dies auch die ökonomische Funktion der Großveranstaltungen unserer Zeit. Ihre Häufigkeit, die an keinen natürlichen Rhythmus gebunden ist, und die Süchtigkeit, mit der ihnen entsprochen wird, zeugen für ein erhöhtes Bedürfnis nach Zuständen der Nähe, auch wenn es eine anonyme und momentgebundene bleibt. Der Mangel an stabiler gewachsenen ersten Objektbeziehungen, das kalte Klima in den Familiengruppen, in denen man sich wenig oder nichts zu sagen und tatsächlich kaum etwas miteinander zu tun hat, lenkt die affektiven Erwartungen zu den stimulierenden Massendarbietungen.«[27]

Der Fernsehzuschauer dagegen macht gar nicht mehr den Versuch, seine Isolierung aufzubrechen, mit den anderen Vereinzelten in Kontakt zu kommen. Seine Einsamkeit vor dem Bildschirm erscheint ihm als leichte Bürde, wenn nicht als Privileg, da ihm die Welt mit all ihren Reizen scheinbar frei Haus geliefert wird und er sie konsumieren kann, zu Flaschenbier und Salzgebäck: »Daß die Ereignisse, diese selbst, nicht nur Nachrichten über sie, daß Fußballmatches, Gottesdienste, Atomexplosionen uns besuchen, daß [...] die Welt zum Menschen, statt er zu ihr kommt, das ist [...] die eigentlich umwälzende Leistung, die Radio und TV gebracht haben.«[28] Die Welt wird damit nicht mehr aktiv ›erfahren‹, der Medienkonsument ist ihr passiv ausgeliefert. Die Körperreaktionen des Sportfans, der am Bildschirm einen Boxkampf verfolgt, deuten darauf hin, daß er, im Sessel sitzend, am Kampf teilnimmt. Doch seine Teilnahme entspricht der des Voyeurs; da er nicht fähig ist, sich aktiv an ein Gegenüber zu entäußern, seiner Welt als Subjekt zu begegnen, bleibt ihm nur, andere stellvertretend für ihn handeln zu lassen, um seinen Triebstau wenigstens vorübergehend abzubauen. Der Sportzuschauer erfährt damit am Fernsehschirm, was der abhängig Arbeitende vom Arbeitsplatz und der Wahlberechtigte vom politischen Entscheidungsprozeß auch schon weiß: daß er den aktiven ›Eliten‹ nur applaudieren kann. (Unter mehreren ›Arbeitgebern‹, Parteiführern und Sportidolen allerdings hat er die freie Auswahl.)

Daß der Sport heute die Massen ergreift, ist den Journalisten nicht verborgen geblieben. Zwar nennen sie ihr Metier weiterhin gern die ›wichtigste Nebensache‹, doch ist es für sie längst zur wichtigsten Sache der Welt geworden. Diese Überbewertung des eigenen Ressorts läßt sich aus dem immer noch umstrittenen sozialen Status seiner Vertreter am besten erklären: der Sport gilt bei Intellektuellen, manchmal auch bei Chefredakteuren und Programmdirektoren, immer noch als eine im ganzen gleichgültige Freizeit-Beschäftigung[29], für Athleten, Funktionäre und Journalisten aber ist er in der arbeitsteilig organisierten Gesellschaft zum Beruf und damit zur Lebensgrundlage geworden. Seine Daseinsberechtigung räsonnierend in Frage stellen, hieße für sie: die eigene Existenz gefährden. Überdies sind Sportjournalisten wie alle ›Spezialisten‹ psychisch und physisch jener gesellschaftlichen Teilfunktion besonders angepaßt, die sie zu verrichten haben.[30] Obwohl die meisten von ihnen mehr oder weniger zufällig zu ihrem Beruf kamen, kann unterstellt werden, daß sie die Normen des Sportbetriebs von Anfang an vorbehaltlos anerkannten.

Wie andere Journalisten auch, gibt sich der Sportpublizist dazu her, seine Fähigkeiten und Überzeugungen zu prostituieren, sein Wissen und seine Ausdrucksfähigkeit zu Waren zu machen und auf dem Meinungsmarkt zu veräußern.[31] Sein volkstümliches und scheinbar unpolitisches Spezialgebiet erlaubt ihm, sich weniger opportunistisch und weniger esoterisch als die Kollegen der klassischen Ressorts zu verhalten, und so wähnt er die Welt trotz vordergründiger Affären immer noch vom Fair play regiert. Er ist arglos genug zu glauben, daß im Fußballstadion die Spielregeln beachtet werden und der faire Sportsmann schließlich erfolgreich bleibt. Daraus leitet sich dann die selbstgestellte Aufgabe ab, Fairneß und Sportsmanship auch außerhalb der Wettkampfarenen propagieren und mobilisieren zu müssen. Missionarische Züge wiesen schon die »Leitsätze« auf, die der erste internationale Kongreß der Sportpresse 1924 in Paris verabschiedete: »Die Sportpresse will eine erzieherische Rolle spielen [. . .] Indem sie (die Journalisten) die vielfach durch sportlichen Übereifer verursachte unsachliche oder unfaire Rivalität bekämpfen, wollen sie den Sport seinem höheren Ziel näherbringen: den Menschen besser machen und sein Gemeinschaftsgefühl wecken. Dem Strebertum wollen die Sportjournalisten Verantwortungsbewußtsein und inneren Adel entgegenstellen.«[32] Diese hehren Ziele gehen freilich in der aktuellen Berichterstattung meist unter. Fragen, die sich mit Stoppuhr und Bandmaß nicht entscheiden lassen, tauchen in ihr kaum auf. Die Sportbücher lassen vermuten, daß die sprachlichen und intellektuellen Mittel ihrer Verfasser auch nicht ausreichen würden, die soziale Funktion des Sports und der Sport-Berufe kritisch zu untersuchen.

Die Welt, die Thoelke, Lembke, Maegerlein und Huberty in ihren Büchern[33] beschwören, ist einerseits gekennzeichnet durch einen unendlichen Progreß sportlicher Höchstleistungen und andererseits durch Anekdoten über die Sonntagskinder der großen Sportfamilie, die sich selbst bezwungen haben und durch den Erfolg belohnt wurden: »Dieses Buch hat die Höhepunkte der Kämpfe um die begehrtesten Trophäen der großen Meisterschaften und der Jagd nach den immer phantastischer anmutenden Rekorden einzufangen versucht. Es will zeigen, daß auch die Stars des großen Welttheaters Menschen sind, die ihre Schwächen haben.«[34] Scheu vor gesellschaftlich verbreiteten Vorurteilen und Platitüden kennt die Sportpublizistik nicht. Bei sozialen Konflikten steht sie auf der Seite der Ordnung, des gesunden Volksempfindens und des Status quo. Für Ideen, die die einmal eingeübten Spielregeln außer Kraft setzen könnten, hat sie kein Verständnis.

Die Sportbücher beweisen, daß für den Mangel an theoretischer und sprachlicher Differenzierung in den Sportberichten nicht nur die Zeitnot vor Redaktionsschluß verantwortlich ist, daß sich hinter dem sprachlichen Klischee vielmehr das gedankliche verbirgt. Um ihrem im Grunde einfachen Gegenstand den Schein des alltäglichen zu nehmen, flüchten die Sportjournalisten in eine superlativische, pathetische Sprache. Vom Wunderläufer ist die Rede, der sich in einer Bombenform befindet und deshalb immer wieder eine Traumzeit vorlegt. Durch immer gewagtere Metaphern und Hyperbeln soll der Monotonie begegnet werden, die durch die Häufung formelhafter Wendungen entsteht. Dem Reporter steht kein beliebiges Sprachmaterial zur Verfügung, er bedient sich einer »starren und gewissermaßen zementierten Metaphorik«, um nicht zur Charakterisierung jeder einzelnen Spielszene nach dem adäquaten Ausdruck suchen zu müssen.[35] Der Fußballfan und Satiriker Ror Wolf hat besonders gern gebrauchte Vokabeln zusammengestellt, die den Kanon der Fußballsprache kennzeichnen: »Nach dem groben Schnitzer des knallharten Ausputzers hob der fleißige Aufbauer den harmlosen Abpraller über die wankende Mauer in die geöffnete Gasse, wo der gefährliche Aufreißer mit dem linken Hammer plötzlich am Drücker war und den kurzen Abklatscher in die entstandene Lücke gab, wo der hungrige Abstauber den abgefälschten Abtropfer aufnahm und als tückischen Aufsetzer in die leeren Kasten des abstiegsverdächtigen Aufsteigers setzte.«[36]

Ein Sportfan, der heute einen Bericht aus den Anfangszeiten des Fußballs lesen würde, müßte den Reporter für einen Laien halten: als selbstverständlich vorausgesetzte Grundbegriffe fehlten und wurden umständlich umschrieben, viele englische Fachausdrücke waren noch nicht eingedeutscht. Die liebe Not, aber auch die Chance des Reporters, ein Fußballspiel ohne festgefügte Terminologie schildern zu müssen, soll der Bericht der *Münchner Neuesten Nachrichten* über die erste Englandreise einer deutschen Mannschaft im Jahre 1894 zeigen: »Am Samstag und Sonntag spielte zum ersten Male ein deutscher Fußballklub auf englischem Boden. Es war ein Team des Frankfurter Fußballklubs, lauter stattliche gewandte und mutige Leute, die, trotzdem sie beide Male tüchtig verklopft wurden — einmal mit 29, das andere Mal mit 19 Punkten zu 0 — dem fatherland alle Ehre machten. Schuld an ihrer Niederlage war, daß sie keine Ahnung vom Zusammenspiel hatten. Während die zwei englischen Teams [...] mit der Präzision von Maschinen spielten und jeder einzelne Spieler sich immer nur als Glied in einem Ganzen auffaßte, erschöpften sich unsere lieben Frankfurter in individuellen Anstrengungen, die trotz aller Ausdauer und aller Kraft an dem wohldisziplinierten Zusammenarbeiten der Engländer abprallten.«[37]

Die Fachsprache, die dem Reporter damals noch fehlte, fließt seinen Kollegen heute allzu flüssig aus der Feder: in jedem Bericht wollen sie den Eindruck des Einmaligen vermitteln, und unversehens gerät ihnen das scheinbar Sensationelle auch wieder zur Schablone: »Das Pensum ging über die Kräfte. Aber nicht nur Heese produzierte Hochdruck. Kalb, Hölzenbein, Lindner — drei genau so hohe Säulen, höher als alles, was Offenbach dagegen zu stellen hatte. Das Normale reichte in dieser Stunde nicht. Die Steigerung ins Unwirkliche war verlangt.«[38] Was scheinbar harmlos als sportlicher Wettkampf begonnen hat, ist heute ein Kampf der Giganten um Sein oder Nicht-Sein, Klassenerhalt oder Abstieg. Der einzelne Athlet wird zum Prometheus, der heroisch den Göttern trotzt, zum Messias, der das Publikum aus seiner Apathie erlöst: So sah sich der Turner Jaschek »plötzlich in einen Leidensweg voller Dornen und Schmerzen verstrickt. Am Seitpferd [...] durchbohrte ihn rasender Schmerz: Das Gespenst der alten Verletzung meldete sich übermächtig zur Stelle [...] Wie ein Sterbender hing er in den Ringen, laut aufstöhnend im Kreuzhang, doch nie verzagend und sich mit einer Willenskraft ohnegleichen zur Leistung zwingend.«[39]

Die Verwandtschaft der Sportreportagen mit mittelalterlichen Heldenepen ist oft nicht nur sprachlich-vordergründig, sie ergibt sich vielmehr aus der gemeinsamen Ideologie, die uns weismachen will, »dem direkten Walten schicksalhafter Mächte leibhaftig zuzusehen«.[40] Wie hier der Ehrenvorsitzende des Verbandes deutsche Sportpresse, Hornickel, sehen auch andere

137

Sport-Geschichtenerzähler auf dem grünen Rasen »wie in einem Zeitraffer« den Kampf ums Dasein ablaufen, die Faszination des Sports erklären sie aus der »Lebenserfahrung«, daß die Müden und Laschen untergehen und der Tüchtige mit dem eisernen Willen sich durchsetzt. Doch die sozialdarwinistische Rechtfertigung gesellschaftlicher und sportlicher Leistungsnormen läßt sich nur noch schwer aufrechterhalten: durchschaubar ist geworden, daß der Sport schon lange nicht mehr »das lebendige, blutvolle Spiel des Zufalls vor die erstaunten und erlebnishungrigen Augen der modernen Massenmenschen« bringt, daß seine dramatischen Effekte nicht »unberechenbar wie Vulkanausbrüche« sind.[41] Denn die Helden sind käuflich geworden. In einer Gesellschaft, in der alles seinen Preis hat, kennt auch der Fußballstar seinen Marktwert. Über den Sieg, den die Stadionbesucher feiern, wird deshalb nicht immer im Stadion entschieden. Die Macht des Schicksals entscheidet den Kampf um den Abstieg ebensowenig wie den Kampf um soziale Privilegien. Deshalb kann auch der Kampf um den Klassenerhalt den Klassenkampf nicht ersetzen.

Die Ideologen des Sozialdarwinismus aber wollen in sozialen Konflikten wie in Sportwettkämpfen den Lebenskampf wiedererkennen, der sich für sie in nationalem Maßstab zum Krieg ausweitet. Fußballländerspiele werden zu Ersatzkriegen, Reportagen darüber gleichen Heeresberichten. Wenn die deutsche Mannschaft zum Angriff übergeht, wird das Stadion zum Kriegsschauplatz: Der Libero, der schon oft Turm in der Schlacht war, marschiert mit nach vorn; im Sturm erweist sich der Bomber der Nation als Wunderwaffe; er läßt eine Rakete nach der anderen los, so daß der Feldzugsplan des Trainers aufgeht: der Gegner kapituliert.[42] Den militanten Grundzug der Sportberichterstattung haben freilich die Journalisten nicht allein zu verantworten, er ergibt sich vielmehr auch aus der Organisation des Sportes. Die Entstehung des Turnens aus dem Geist des vaterländischen Krieges und der Wehrertüchtigung läßt sich in Äußerungen des Turnvaters selbst nachweisen[43], und der Ablauf eines Fußballspieles hat Parallelen zu einer »klassischen Feldschlacht«.[44]

Kriegerische Entgleisungen der Sportpresse häufen sich, wenn ehemalige Kriegsgegner auf dem Fußballfeld aufeinandertreffen und verdrängte nationale Vorurteile wiederaufleben können. Die Begegnung eines sowjetischen und eines westdeutschen Teams während der Fußballweltmeisterschaft in England erinnerte selbst die seriöse *Times* an einen »Kampf zwischen Schlachtschiffen und schweren Waffen«, in dem die sowjetische Elf »etwas vom Geist von Stalingrad« bewiesen habe.[45] Daß bei Fußballweltmeisterschaften nationale Vergangenheit bewältigt und Rache für verlorene Schlachten genommen werden soll, ist offensichtlich. Für viele Millionen Deutsche war 1954 weit mehr als eine Weltmeisterschaft gewonnen, als elf Fußballer der Bundesrepublik ein Tor mehr als ihre ungarischen Gegner erzielten. Der Präsident des Deutschen Fußballbundes, Dr. Bauwens, bescheinigte der Mannschaft beim Empfang in München, sie habe die »Repräsentanz besten Deutschtums im Ausland« dargestellt: »Dieser Sieg hat gezeigt, daß es Schlacken auf dem Sport und dem deutschen Volk nicht mehr geben kann, wenn es jemand ehrlich mit uns meint.«[46]

Die Turniere in Schweden und England bewiesen dann allerdings, daß die von Bauwens geforderte Generalamnestie für die deutsche Geschichte über eine Fußballweltmeisterschaft nicht zu erhalten war. Paul G. Buchloh und Peter Freese haben in einer Untersuchung über ›Nationalistische Tendenzen in der englischen und deutschen Presseberichterstattung zur Fußballweltmeisterschaft 1966‹ festgestellt, daß vor allem in den überregionalen Massenblättern eine emotionale Haltung überwogen habe. Der deutsch-englische Pressekrieg habe in den Berichten über die Semifinalspiele seinen Höhepunkt erreicht, während die südamerikanischen Mannschaften als die erklärten Feinde gegolten hätten, solange England und die Bundesrepublik in getrennten Gruppen spielten. Nach der Vorschlußrunde wurde den Deutschen brutales und primitives Spiel und »typisch deutsche Verstellung« vorgeworfen.[47] Der *Daily Express* behauptete, die deutsche Mannschaft habe absichtlich Fouls provoziert, und schlug ihre Spieler für den »Oscar« vor, denn: »Die deutsche Mannschaft ist nach der Shakespeare-Company die beste Schauspieltruppe, die wir je gesehen haben.«[48] Die westdeutschen Boulevardzeitungen wiederum beschuldigten die Briten, »durch Scheinheiligkeit (ihre) angenommene Rolle als Heimatland der Fairneß restlos verraten« zu haben.[49] Selbstmitleidig variierte Springers Renommier-*Welt* das alte Thema vom perfiden Albion: »Gestern Nachmittag [...] erreichten deutsche Panzer die Londoner Vorstadt. Denn Sonnabend ist Invasion. — Wer's nicht glaubt, mag englische Zeitungen lesen. Hier wird die deutsche Fußballelf seit ihrer Ankunft in London konsequent in Uniform gesteckt. Die Szene hat sich zum Kriegsschauplatz gewandelt [...] Hier tritt ein uralter internationaler Denkmechanismus in Kraft. Haben die Deutschen Erfolg, stülpt man ihnen den Stahlhelm über den Kopf.«[50] Der Autor, empört über einen »Denkmechanismus«, scheint nicht zu merken, daß er selbst in ein Stereotyp verfällt, in das Klischee der von aller Welt verkannten, stets gutwollenden deutschen Nation.

Das Gefühl, Unrecht zu erleiden, erhielt während des Endspiels im Londoner Wembley-Stadion neue Nahrung. Die Fußballzeitung *Kicker* bot daraufhin 1000 Mark für eine Fotografie,

»die beweist, daß das dritte englische ›Tor‹ im Endspiel um die Weltmeisterschaft 1966 wirklich ein Tor war. Denn auch eine bittere Wahrheit wäre immer noch besser, als das nagende Gefühl, Unrecht erlitten zu haben.«[51] Die Aufnahme wurde nicht beigebracht. Der Zorn, einmal mehr »verschaukelt« worden zu sein, war noch 1970 im überschwenglichen Jubel über den Sieg der »England-Killer« erkennbar. Die britische Presse aber feierte 1966 den Endspielsieg, als ob das Empire wiedererstanden wäre, und die Zeitschrift *The People* triumphierte: »England on Top of the World.«[52]

Sportliche Erfolge — und nicht nur im Fußball — sollen heute das durch die sozio-ökonomische Entwicklung gestörte nationale Selbstgefühl restaurieren helfen. Die durch Interessengegensätze gespaltene und durch internationale Bündnisse und Verträge entwertete ›Nation‹ findet durch sportliche Großtaten einzelner scheinbar zu sich selbst. Zwar hatten die Sportideologen nach dem Zweiten Weltkrieg die Forderung nationalsozialistischer Sportpolitik verworfen, daß die Vertreter der Sportpresse sich als »Schrittmacher einer neuen Zeit [...] der Lebensbejahung, der Kraft und des völkischen Wiederaufbaus« zu verstehen hätten.[53] Doch das Dogma vom unpolitischen Sport blieb oberflächlich und diente im Kalten Krieg zunehmend zur ideologischen Abgrenzung vom Sportbetrieb in den Ostblockstaaten. Schon beim ersten wichtigen Sportereignis nach dem Krieg auf deutschem Boden, dem Weltmeisterschaftskampf zwischen den Schwergewichtsboxern Hein ten Hoff und Jersey Joe Walcott, ging es darum, der deutschen Nation die internationale Reputation zurückzugewinnen. Ten Hoff jedenfalls hatte »einfach das Gefühl, daß es um mehr ging als um mein lächerliches Gehirn [...] Ich dachte immer bei diesem Kampf: Wenn du dich hier blamierst, dann blamierst du ganz Deutschland.« Diese Selbst-Einschätzung des Boxers wird durch den Journalisten Thoelke zitiert und bestätigt: »Er war in unser aller Augen so etwas wie ein Vertreter des deutschen Sports schlechthin.«[54]

Eine Neuorientierung der Sportideologie wurde notwendig, als der Ost-West-Konflikt zur Spaltung Deutschlands und damit auch des ›deutschen Sports‹ führte. Da der Nationalstaat im Kalten Krieg als Identifikationsobjekt der entpolitisierten Massen nicht mehr ausreichte, wurde der Antikommunismus auch ins Repertoire der Sportpublizistik aufgenommen; das politische Klischee der Zeit erschien leicht abgewandelt auch im Sportteil. Zwischen den beiden deutschen Sportverbänden setzte ein verbissener Wettlauf um die Medaillen ein. Anfängliche Mißerfolge der DDR-Sportler bei internationalen Vergleichskämpfen wurden auf den psychologischen »Druck des Siegenmüssens« zurückgeführt[55], ihre späteren Erfolge aus der vom Staat befohlenen Mobilisierung des vorhandenen Menschenpotials erklärt. Die Überlegenheit des westlichen Gesellschaftssystems wurde gleichermaßen aus den Siegen und Niederlagen seiner Sportler abgeleitet. Zugleich hämmerten die Journalisten den Politikern ein, daß die Bundesrepublik im internationalen Medaillenkrieg nur durch eine systematische und staatlich subventionierte Sportpolitik bestehen könne.[56] Um zu verhindern, daß die Hymne der DDR zum Schlager der Olympischen Spiele von München wird, ordneten Parlamente und private Mäzene die totale Mobilmachung des Leistungssports an. Die öffentliche Sportförderung wird zwar weiterhin aus ihrer Bedeutung für die Volksgesundheit und Freizeitgestaltung gerechtfertigt; da sie jedoch vor allem dem Spitzensport zugute kommt, dient sie offensichtlich dazu, die Leistungsfähigkeit der westdeutschen Gesellschaftsordnung unter Beweis zu stellen. Damit aber hat der Sport aufgehört, eine volkstümliche Nebensache zu sein.

ÜBER DEN HANDEL MIT IDOLEN

Wie es zu erklären ist, »daß der Wettbewerb einer kleinen Zahl von Leuten, die ihre Kräfte aus Spiel- und Leistungsfreude messen, die Gesellschaft so erregt, daß ganze Nationen dadurch in ihrer Selbstachtung zittern«[57], sollte nicht nur Sozialpsychologen interessieren. Denn aus der Demaskierung eines Gesellschaftssystems, das immer noch beansprucht, auf rationalen Entscheidungen mündiger Bürger zu basieren, lassen sich am ehesten die zu seiner Veränderung erforderlichen Alternativen ableiten. Offensichtlich ist, daß der Sport für die unmittelbaren und mittelbaren Zuschauer eine Bedeutung erlangt hat, die sich aus den Motiven und realen Leistungen der Athleten allein nicht verstehen läßt. Olympiasiege und Weltmeistertitel sind nicht mehr Privatsache der Sportler, die sie erringen — sie werden gleichsam im Auftrag und auf Rechnung des Publikums erkämpft, das seine ›Jungs‹ auf dem Spielfeld einerseits bewundert und sie zugleich durch eine geheimnisvolle Kraft zu führen meint.[58]

Doch selbst die passionierten Sportfans, die sich in den Stadien in einen unmittelbaren Kontakt zu ihren Idolen träumen, gehen ›gedopt‹ in den Wettbewerb: ihre Erwartungshaltungen sind geprägt durch die Voraus-Informationen, mit denen sie Fernsehen und Presse versorgt haben. Durch Berichte über das Leben und die Wettkampfvorbereitungen der Athleten kommt die Sportpublizistik den Identifikationswünschen des Publikums entgegen, die immer auch ihre eigenen sind und sich zugleich zur Steigerung der Auflagen und Einschaltquoten verwerten lassen. Die französische Zeitung *Sport et Vie* schränkte vor einigen Jahren ihre Human-touch-Informationen systematisch ein und versuchte statt dessen, ihre Leser über Sporttechniken zu unterrichten und zu eigener Aktivität anzuregen. Die Auflagenentwicklung zwang das privatwirtschaftlich geführte Blatt jedoch bald, zu den Stargeschichten zurückzukehren.[59] Zwischen Medienangeboten und Publikumswünschen gibt es offenbar keine kausale Beziehung, sie bedingen einander und sind nur aus dem gesellschaftlichen Ganzen zu verstehen. Das identifikationsbedürftige Publikum — soviel ist sicher — läßt sich die Idole, die ihm einmal zugestanden wurden, nicht mehr ersatzlos streichen.

Daß die Idole wiederum von den Journalisten und ihrem Publikum abhängig sind und dies oft auch wissen, machte der britische 10 000-Meter-Läufer David Bedford nach seiner enttäuschenden Vorstellung bei den Europameisterschaften in Helsinki deutlich; vor dem Lauf hatte er sich mit großen Worten zum Favoriten machen lassen, nach seiner Niederlage übte er vor den versammelten Reportern — biertrinkend — Selbstkritik: »Entschuldigt, daß ich heute so schlecht war. Ich weiß, ihr hattet mit meinem Sieg ganz sicher gerechnet. Ich aber habe euch bitter enttäuscht. Doch wartet ab, in München 1972 werde ich mich rehabilitieren.«[60] Bedford hatte begriffen, daß er mit den Journalisten, die ihn bekannt machten, in einem ungeschriebenen Vertrag stand, den er nicht erfüllt hatte. Nur durch die Selbstverpflichtung zu künftiger Spitzenleistung konnte er erwarten, als Idol weiterhin brauchbar zu sein.

Denn zum Sportidol taugt für längere Zeit nur, wer Erfolge hat; allerdings eignen sich nicht alle im Wettkampf siegreichen Athleten für den Mystifikationsprozeß der Sportpublizistik — oder, wie der unbekannte Bruder Jean des Radrennfahrers Louison Bobet bemerkte: »Die Siegerlisten entscheiden über die Champions, die Zeitungen kreieren den Star.«[61] Zwei Sportlerkategorien, die sich dem Publikum offenbar am besten ›verkaufen‹ lassen, bauen die Zeitungen mit Vorliebe auf: einmal ist es der bescheidene, trainingsfleißige und den Reportern gegenüber stets zuvorkommende Athlet, treuer Familienvater meist und aus einfachen Verhältnissen stammend. Er kann mit dem Einverständnis der Sportjournalisten rechnen, da er deren Leistung kritiklos anerkennt. Weniger konfliktlos ist das Verhältnis der Journalisten zum zweiten Sportlertyp, dem egozentrischen, eigenwilligen Athleten, dessen Lebensäußerungen aber immer für eine Schlagzeile gut sind. Solange er das kategorische Leistungsgebot beachtet, werden seine Extravaganzen gern aufgegriffen. Denn dieser Sportlertyp verkörpert das heimliche unbürgerliche Wunsch-Ich seiner bürgerlichen Anhänger, das nach sportlichen Mißerfolgen oder bei moralischem oder politischem Fehlverhalten allerdings sofort verleugnet wird.

Die Härte der Sanktionen ist von der Art des Fehlverhaltens abhängig. Von der humorvollen Seite, wenn auch nicht ganz für voll genommen werden die Clowns, die Großmäuler unter den Idolen, für die etwa der schon genannte David Bedford steht. Auch die Boxer Cassius Clay und Norbert Grupe alias ›Prinz von Homburg‹ konnten auf die Journalisten zählen, solange sie Höchstleistungen brachten, den Berichterstattern Ehrerbietung zollten und keine politischen Ambitionen (Muhammad Ali) entwickelten. Härter angefaßt werden Athleten, die den Starrummel, der ihnen ursprünglich sympathisch war, plötzlich lästig finden oder die mehr oder weniger bewußt die ehrliche Fassade des Leistungssports niederreißen helfen. Als der *Stern* im Privatleben der sonst wohlgelittenen Leichtathleten Günter Nickel und Heide Rosendahl kramte, erwirkten diese vor Gericht ein Schmerzensgeld für »seelischen Schaden«; von der Presse aber wurden sie zurückgepfiffen: »Schlecht wäre nur, wenn sich die Stars sämtlicher Disziplinen durch das Urteil [. . .] ermutigen ließen, gegen alles, was ihnen nicht behagt, juristisch vorzugehen.«[62] Eine schwere Regelverletzung begingen die Protagonisten des ›Bundesliga-Skandals,‹, da sie den schönen sportlichen Schein des Profifußballs vorübergehend zerstörten. Die Journalisten hatten bis zuletzt abzuwiegeln versucht: Als das Bestechungsgeld schon zum Fußballhimmel stank, nach dem Spiel Hertha BSC Berlin gegen Arminia Bielefeld, meldete der Düsseldorfer *Sport-Informationsdienst* noch scheinheilig, beim spielentscheidenden Roggensack-Tor habe der Berliner Verteidiger »Patzke kein Mittel (gefunden), diesen wuchtigen Außen zu bremsen«.[63] Nur eine Minderheit der Sportjournalisten sagte dem Berufsfußball im ersten Zorn ewigen Kampf an, als ein enttäuschter Vereinspräsident einige finanzielle Transaktionen an den Tag brachte. Die Mehrheit aber versuchte, das eherne Gesetz des bezahlten Sports weiterhin als moralische Entgleisung einzelner auszugeben, die Korruptions-, Doping- und Hermaphroditen-Affären seien »Gott sei Dank, bei weitem nicht die Norm. Denn die Norm bleibt — auch im Profifußball — der anständige Sportsmann.«[64]

Besonders unduldsam wird das Verhalten politisch nonkonformistischer Leistungssportler beobachtet, die den Sportbetrieb grundsätzlich in Frage stellen und als Geschäft entlarven, zugleich aber inkonsequent genug sind, das falsche Spiel weiterhin mitzumachen. Genannt seien nur »der politische Außenseiter Zacharias oder die exaltierte Leichtathletik-Sprecherin Brigitte Berendonk«.[65] Sie zogen den Zorn des Sport-Establishments auf sich, als sie es wagten, über den Sinn der ›Deutschen Sporthilfe‹ des Versandhändlers Neckermann sich Gedanken zu machen: »Da grinst ein mit der Umwelt noch nicht ins reine gekommener junger Hochspringer süffisant in die Kamera, während das Deutschlandlied gespielt wird. Klassenkämpfer Zacharias lehnt solche Ehre als Albernheit ab und bezeichnet die Stiftung Deutsche Sporthilfe als ›Arbeitgeber, der mir das Geld gibt, solange ich gut bin ...‹ Und da schreibt Brigitte Berendok, Pädagogin mit Linksdrall, weil das wohl modisch ist, die Sporthilfe zwinge zur Prostitution, als habe sie der Deutsche Leichtathletik-Verband ... auf den Strich geschickt.«[66] Das Gefühl der kritischen Sportler, sich an die Sporthilfe verkauft zu haben, wird durch diesen Artikel indirekt bestätigt: da sie sich ihre Leistung bezahlen lassen, wird Wohlverhalten von ihnen erwartet — oder die Finanziers machen die »fünfstellige Summe« publik, die sie schon gekostet haben.

Am Zeitungspranger werden unbequeme Sportler als »Ausnahmefälle« kenntlich gemacht, denn sie haben die Norm, als »Musterexemplare deutschen Leistungssports« gelten zu dürfen[67], nicht erfüllt. Eine sportliche Elite, wie sie den Ideologen unter den Journalisten vorschwebt, hat die Machtverhältnisse in Sportverbänden, Staat und Gesellschaft kritiklos hinzunehmen, sie »wird keine Fahnen schwingen und Spruchbänder entrollen, sie wird den Daumen nicht nach unten halten und keine Gottesdienste stören«. Die »Stärke der Starken« erkennt sie grundsätzlich an, während der Massenmensch »immer nach den Schwächen der Starken sucht und die Stärke nur in der Gemeinschaft der Schwachen sieht«.[68] Eine so offen antidemokratische Haltung darf nicht allen Sportjournalisten unterstellt werden, doch neigen sie alle dazu, die scheinbar charakterbildenden Werte des Sports zu idealisieren. Ungeprüft verbreiten sie den guten alten Glauben, daß der Sport die allgemeine Vitalität, die Willenskraft und Leistungsfähigkeit steigere und daß das sportliche Ethos zu Toleranz, Ritterlichkeit und Pflichterfüllung befähige. Da der spezialisierte Leistungssport zu spontaner Bewegung jedoch nicht anhält, kann er auch keinen Ausgleich des gestörten Körpergefühls bewirken. Durch stets neue Meldungen über Dopingfälle und Kreislaufzusammenbrüche werden jene Lügen gestraft, die von Volksgesundheit reden und die Aufzucht von Robotern subventionieren. Die sozialen Tugenden aber, die Roboter erwarten lassen, können bestenfalls am Fließband verwertet werden. Leistungsfähigkeit und Toleranz sagen, abstrakt genommen, wenig aus über einen Menschen, ehe nicht klargestellt ist, wem gegenüber Toleranz geübt und in wessen Dienst Leistung erbracht wird. Fragen danach aber sind Leistungssportlern nicht erlaubt, könnten sie doch das Unbefriedigtsein der »materialistischen Masse« (Peets) erklären helfen. Damit aber wird das Sportsmann-Ideal, solange es kritisches Bewußtsein nicht einschließt, herrschaftskonforme Ideologie.[69] Indem die Sportpublizistik eine heile Welt vorbildlicher Sportsleute propagiert — »Der Kicker«, sagt dessen Chefredakteur Bekker, »raubt der Jugend ihre Idole nicht«[70] —, versucht sie zu verschleiern, daß der Sportbetrieb schon lange nicht mehr durch die Persönlichkeiten einzelner Athleten geprägt wird, daß er sich vielmehr fest in der Hand ehrgeiziger Trainer, bürokratischer Verbandsfunktionäre und geschäftstüchtiger Manager befindet. Zugleich verfällt sie in die allgemeine Tendenz der Massenmedien, gesellschaftliche Prozesse zu personalisieren und soziale Konflikte auf die menschlichen Schwächen einzelner Personen zurückzuführen. Prominente Sportler werden zu Identifikations-Objekten zurechtgemacht, bei denen die frustrierten Fans während ihrer Tagträume Zuflucht finden.

Volkstümliche Vaterfiguren, denen übermenschliche Fähigkeiten zugeschrieben werden, können im Sport wie in der Politik vorbehaltlose Bewunderung erwarten. Deshalb auch ist die Popularität Konrad Adenauers am ehesten der Sepp Herbergers vergleichbar; der autoritäre Führungsstil, der Widerspruch nicht duldete, verband sie. Die Anekdoten, die von Herberger überliefert werden, sollen nicht nur einen liebenswürdig-eigenwilligen Kauz charakterisieren. Sie demonstrieren auch, daß angesichts der grundsätzlichen Überlegenheit des ›Fußballweisen‹ Diskussion zu Sophisterei, Demokratie zu Spielerei ausarten muß. Als die Kandidaten für den Posten des Bundestrainers sich zu einem Hearing stellen sollten, hat Herberger dies — laut Thoelke — für seine Person mit den Worten zurückgewiesen: »Wer will mich denn prüfen?«[71] Und auch die Nationalspieler dürfen berichten: »Wissen Sie, mit Herberger ist das eine besondere Sache. Dem kann man nichts vormachen. Der sieht durch einen durch.«[72] Fritz Walter spielte für Herberger eine ähnliche Jünger-Rolle wie von Brentano und Kiesinger bei Adenauer. Thoelke spricht ehrfürchtig von einer »manchmal geradezu rätselhaften intensiven inneren Verbindung«, die den Spielführer immer wieder befähigt habe, taktische Anweisungen des »Chefs« zu erraten.[73]

Die so mystifizierten und mit wunderbaren Gaben ausgestatteten Idole würden für die Vorstellungswelt ihrer Anhänger unerreichbar bleiben und wären damit als Identifikations-Objekte unbrauchbar, wenn nicht durch Kolportage-Geschichten aus ihrem Leben ein Bezug zum Alltag des Durchschnitts-Fans hergestellt würde: daß Uwe Seeler am liebsten Seescholle ißt und von seiner Frau ›Dicker‹ gerufen wird; daß Helmut Haller abends Schlag sechs die Pantoffeln anzieht und Frau Beckenbauer mit Frau Maier in die Oper geht, wenn die Bayern auswärts spielen — all das kann der Schriftsteller Ror Wolf einfach nur aus dem *Kicker* wissen.[74] Aus Küche und Schlafzimmer der Sportstars erfährt der Interessierte Einzelheiten, die ihm selbst Kollegen und Wohnungsnachbarn vorenthalten. Während der Kontakt zu den unmittelbaren Bezugspersonen immer offener auf unpersönliche Geschäftsbeziehungen beschränkt bleibt, entwickeln sich die durch die Massenmedien vorgestellten fremden Stars zu den scheinbar vertrauten Partnern. Kleinliche Konflikte mit ihnen können nicht entstehen, da Regisseur und Maskenbildner sie auf die stets gleiche unverbindliche Freundlichkeit verpflichtet haben. Die Intimität der eigenen Familie wird deshalb — wenn es schon sein muß — dem Engagement für die große deutsche Sportfamilie geopfert.

Die »in allen Ebenen der Gesellschaft merkbare Affektverarmung im direkten sozialen Kontakt [...] und die Bereitschaft zum illusionären Rückzug auf narzistische Idealbildungen«[75] erklären sich zunächst aus dem in der bürgerlichen Gesellschaft dieses Jahrhunderts feststellbaren Funktionsverlust der Familie. In der traditionellen ›paternistischen‹ Gesellschaft wurde der Vater als der psychisch und ökonomisch Mächtige erfahren und, mit allen positiven Qualitäten ausgestattet, zum Ich-Ideal verklärt.[76] Heute dagegen durchschaut das Kind schon frühzeitig die reale Ohnmacht des Vaters, deshalb gelingt es ihm nicht, sich mit ihm zu identifizieren und die von ihm vermittelten sozialen Normen zu verinnerlichen. Vielmehr wird er als gewalttätiger Tyrann, als nicht mehr zeitgemäßer wunderlicher ›Alter‹ oder aber als beides zugleich empfunden. Auf der Suche nach Identifikationsobjekten stößt der Heranwachsende schließlich auf realitätsferne Ich-Ideale, auf Idole und Führerfiguren, die er zu allmächtigen Über-Vätern idealisiert. Nahezu unabhängig von ihren realen Vorzügen und Verdiensten werden ihnen zusätzliche überragende Qualitäten zugeschrieben. Der Jugendliche, der in der Auseinandersetzung mit einer positiven Vater-Autorität sichere Objektbeziehungen zu bilden lernte, kann Identifizierung zu Partnerschaft fortentwickeln, in der die Trennung von Objekt und Subjekt trotz aller Übereinstimmung klar erkennbar bleibt. Die regressive Identifikation des Führer- und Starkults dagegen ermöglicht Auseinandersetzung mit einem fühlend zugewandten Objekt nicht. Sie verlangt die unterwürfige oder begeisterte Anbetung eines realitätsfernen Idols. Das unausgebildete Ich gibt sich der Illusion hin, mit dem Wunschbild zu verschmelzen und steigert dadurch seinen Selbstwert. Da die Bindung an den Führer oder Star jedoch nicht verinnerlicht werden kann, wird dieser sofort verleugnet, sobald er seine Versprechen nicht mehr einlöst: »Versagt er, so wird er aufgegeben wie ein unrentabel gewordenes Bergwerk.«[77]

Es sind offensichtlich vergleichbare Identifikationsprozesse, die das Entstehen von diktatorischen Massenführern und von Sportidolen ermöglichen. Die vorläufige Gleichsetzung der Phänomene darf jedoch nicht darüber hinwegtäuschen, daß sie zwei verschiedene Tendenzen der ›vaterlos‹ gewordenen Gesellschaft anzeigen. Während im furchteinflößenden Diktator der autoritäre Vater aufersteht, der seine Forderungen nur durch physischen Zwang durchzusetzen wußte, hat die Vater-Autorität im Sportidol schon abgedankt. Das Vorbild, das der Vater nicht mehr sein kann, wird in der ›peer group‹, der Gruppe der Gleichaltrigen, gesucht. Der Sportstar ist ›einer der ihren‹: er entstammt — fast immer — dem gleichen sozialen Milieu und ist Repräsentant der Heimatstadt oder des Heimatlandes. Damit spricht er, auch wenn er Jugoslawe ist, die gleiche Sprache. An der Korruption der High-Society hat er ebensowenig teil wie an der elitären Spitzfindigkeit der Intellektuellen. Außerdem hat er sich durch Leistungen qualifiziert, die für jedermann nachprüfbar sind: Kraft, Geschicklichkeit, Ausdauer. Was ihn von den Anhängern unterscheidet, ist eigentlich nur der Erfolg — er aber erweist ihn als Liebling der Götter, dem die Bewunderung nicht versagt werden kann:[78] »Im Sportheros oder in der gewinnenden Mannschaft siegt aber der Kamerad. Es geht ein brüderlicher Zug durch allen Sport, auch wo er in die härteste Konkurrenz geraten ist, ist er ein Wettstreit der Generationsgleichen.«[79]

An die Stelle der schmerzhaften Dressat-Anpassung durch einen autoritären Vater tritt die Anpassung durch die Altersgenossen. Wer die Anerkennung der Gruppe finden und nicht als Außenseiter auffallen will, muß sich den von ihnen propagierten, gesellschaftlich üblichen Verhaltensmustern unterwerfen. Allerdings, die Normen, die die peer group vermittelt, hat sie sich nicht selbst gegeben, die Autorität, die sie anerkennt, ist keine naturgewollte oder für richtig erkannte: Es ist die Autorität des Produktionsapparates[80], die Massenmedien sind sein Prophet.

Herrschaft ist schwer angreifbar geworden, seitdem sie ihren personalen Charakter eingebüßt hat: Das Individuum ist offensichtlich frei von persönlicher Abhängigkeit; wo es dennoch beschränkt wird in seinen Entfaltungsmöglichkeiten, scheint es »durch von ihm unabhängige und in sich ruhende Verhältnisse« zu geschehen.[81] Einer Gesellschaft, in der sich Herrschaft zum Sachzwang verdinglichen läßt, ist das peer-group-Idol mehr angemessen als der tyrannische Führer. Er bezeichnet einen nur aus den Fieberkurven der Kapitalakkumulation zu verstehenden Rückfall zu nicht mehr zeitgemäßen Disziplinierungsmitteln.

Die Welt als Punkt- und Regelsystem

Auch die Ideologie des Leistungssports ist heute weniger durch das autoritäre Gesellschaftsbild charakterisiert, das sich die Journalisten gleichsam privat leisten, als durch das zweckbestimmte, funktionale Denken, das sie vermitteln. Über die soziale Rolle des Sports geben deshalb die in den Massenmedien veröffentlichten Rekordlisten und Punkttabellen die prägnanteste Auskunft. Hinter das in Treffern, Punkten, Kilogramm, Metern, Sekunden meßbare Resultat tritt der Verlauf des Wettkampfes völlig zurück. Der Wille, den eigenen, nationalen, europäischen Weltrekord zu unterbieten, treibt die Athleten Tag für Tag zu ihrem nervtötenden Training. In den Mannschaftsdisziplinen wird das ›schöne Spiel‹ dem Sieg und dem Tabellenplatz bedingungslos untergeordnet. Als suspekt gelten alle Sportarten, in denen sich Sieger nach exakten Kriterien nicht ermitteln lassen. Berichterstattter und Zuschauer treten für ihre Abschaffung ein, wenn das eigene (nationale) Idol die Gnade der Kampfrichter nicht findet. Die Sportler werden zu »Substraten von Maßeinheiten« (Habermas) erniedrigt, da für ihr Publikum nur einzelne meßbare Körperfunktionen ›zählen‹. Das Vergnügen, das das spielende Individuum einst an seiner Vitalität fand, spielt im Leistungssport keine Rolle mehr, denn es läßt sich dem passiven Publikum nicht mitteilen.

Den Sportideologen erscheint das Rekordstreben als »natürlicher Trieb der Menschen«[82], dabei kennzeichnet es die gesellschaftliche Tendenz, alle Erscheinungen der sinnlichen Welt berechenbar und quantifizierbar zu machen. Rekorde werden wie naturwissenschaftliche Versuche vorbereitet; das durch Stoppuhr oder Bandmaß ermittelte Resultat beansprucht Exaktheit und Allgemeingültigkeit. Bei vergleichbaren Bedingungen kann es an jedem Ort wiederholt werden. Die Vielzahl offizieller Rekorde und Tabellen wird von den Sportredaktionen durch eigene Statistiken und Zahlenvergleiche ergänzt. Die (inoffiziellen) Nationenwertungen bei internationalen Meisterschaften werden zusätzlich nach den ersten 3, 6 oder 10 Plazierungen in jeder Disziplin und nach der Teilnehmer- oder Bevölkerungszahl der einzelnen Länder aufgeschlüsselt. Die französische Sportzeitung *L'Equipe* fand nach den Leichtathletik-Europameisterschaften in Helsinki heraus, daß auf 531 000 DDR-Bürger eine Medaille entfiel, auf dieselbe Anzahl von Bundesbürgern dagegen nur eine Siebtel-Medaille. Noch schlechter schnitt die Sowjetunion ab, »die sich mit knapp einer Zwanzigstel-Medaille pro halbe Million Sowjets (!) begnügen muß«.[83] Die vor Saisonschluß der Fußball-Bundesliga in den Zeitungen auftauchenden ›Wahrscheinlichkeitsrechnungen‹ über Meister und Absteiger sind ein weiterer Beleg für den nicht eingestandenen Anspruch der Journalisten, die Sportberichterstattung zu einer exakten empirischen Wissenschaft fortzuentwickeln.

Die von den ›exakten‹ Wissenschaften angestrebte Quantifizierung erst machte Natur-Beherrschung und jene Kalkulierbarkeit des Wirtschaftsablaufes möglich, die zur Entfaltung der Produktivkräfte erforderlich war. Die klassische bürgerliche Ökonomie ging davon aus, daß die wirtschaftenden Privatleute die von ihnen produzierten Waren auf dem Markt gegen die von ihnen gewünschten Gebrauchsgüter und Dienstleistungen tauschen. Um gegen andere austauschbar zu sein, mußten die Waren einen ›Tauschwert‹ haben, der ihre natürlichen Besonderheiten negierte. Ihre individuellen Erscheinungsformen wurden auf eine Quantität reduziert, hinter der sich das zu ihrer Herstellung notwendige Arbeitsquantum verbarg. In jeder Ware ist eine bestimmte Arbeitszeit vergegenständlicht, zugleich bleibt aber der besondere Charakter der Arbeit erkennbar. Geld, als das allgemeine ›Äquivalent‹, drückt dagegen nur noch eine Quantität aus und kann deshalb gegen jede andere Ware getauscht werden.[84]

Nur durch diese Reduktion von Qualität in Quantität, vom besonderen ›Gebrauchswert‹ in den allgemeinen ›Tauschwert‹, ist die kapitalistische Wirtschaftsordnung vorstellbar. Alle Tätigkeiten und Produkte, die nicht quantitativ aufeinander bezogen werden können, sind in der Tauschgesellschaft bedeutungslos. Auch die Individuen werden ausschließlich nach ihrer in quantitativen Größen angebbaren Leistungsfähigkeit beurteilt — spontanes, nicht vorausberechenbares Verhalten müßte im rationalisierten Produktionsprozeß als Fehlerquelle erscheinen: »Nicht quantifizierbare Qualitäten stehen einer Organisation von Menschen und Dingen im Wege, die an der meßbaren Kraft orientiert ist, die aus ihnen herausgeholt werden soll.«[85] Die Ideologie des Äquivalententausches drang zunehmend in den sozialen Überbau vor: Keine andere menschliche Lebensäußerung schien sich zunächst so sehr der Quantifizierung zu entziehen wie das Spiel — in seiner reinsten Form ist es herrschaftsfreie Kommunikation zwischen Menschen und zwischen Mensch und Natur; zweckrationales, auf ein vorher definiertes Ziel hin orientiertes Handeln ist ihm fremd. Erst die kapitalistische Gesellschaft pervertierte es zum Sport und zwang es damit unter die Gesetze der instrumentellen Vernunft. Dem Professional ist der Wettbewerb kein Selbstzweck mehr, er drillt seinen Körper zu immer besseren Leistungen, die ihm die Gesellschaft durch Geld und Prestige honoriert. Die Ergebnislisten sind Börsenberichten vergleichbar: Sie geben an, zu welchem Kurs die einzelnen Athleten auf dem Sportmarkt gehandelt werden.

Im Fair play, das der Sportbetrieb verlangt, taucht die Ideologie der Tauschgesellschaft wieder auf: Sie verspricht den Wirtschaftssubjekten Chancengleichheit und den Tüchtigen unter ihnen freie Bahn, wenn die für alle verbindlichen Regeln beachtet werden. Die Rationalität des Marktes und des Äquivalententausches dienen dazu, die kapitalistische Eigentumsordnung zu legitimieren; durch das Rechtssystem wird die Marktsphäre gegen alle außerökonomischen Eingriffe abgeschirmt. Das kapitalistische Wirtschaftssystem kommt ins Wanken, sobald seine Rechtsordnung nicht mehr anerkannt wird; diese aber ist gefährdet, sobald die Ideologie der Tauschgesellschaft nicht mehr aufrechterhalten werden kann. Den Massen muß Chancengleichheit vorgespiegelt werden, damit sie nicht durchschauen, daß ein abstraktes Regelsystem ihrer konkreten sozialen Welt der Ungleichheit nicht gerecht wird.

In der Schule des Sports aber ist zu lernen, daß der einzelne die Verantwortung für Sieg oder Niederlage, für Auf- oder Abstieg bei sich selbst, nicht aber bei den Spielregeln zu suchen hat. Der Sportler ist gewöhnt, formale Regeln zu befolgen, ohne nach ihrer Rechtmäßigkeit zu fragen. Zu seinen härtesten Prüfungen gehört es, auch Niederlagen mit sportlichem Gleichmut hinzunehmen.[86] Damit ist er fürs gesellschaftliche Leben gerüstet: sollte er darin scheitern, wird er trotzdem die Institutionen nicht in Frage stellen. Der Gesellschaftsprozeß erscheint ihm als sportlicher Wettkampf, über Regelverstöße wachen unabhängige Gerichte: »Die politische Demokratie vermögen wir anders als eine Fußball-Liga kaum mehr zu beurteilen. Sie erscheint als ein Inbegriff von Spielregeln, die jeder Gruppe die gleichen Chancen der Machtgewinnung einräumen und offenhalten sollen.«[87]

Die Massen, die die Regeln für wahr nehmen, müssen in der Politik und im Beruf Tag für Tag erleben, daß ihnen ›schlechter Sport‹ geboten wird, daß die Konkurrenten nicht unter gleichen Bedingungen an den Start gehen. Aus Enttäuschung darüber, daß die bürgerliche Gesellschaft die Spielregeln nicht befolgt, unter denen sie angetreten ist, wenden sie sich schließlich den Wettkampfarenen zu, wo sie mehr guten Sport erwarten. Sie lassen sich täuschen.

Anmerkungen

1 Vgl. D. Sternberger: Unter uns Weltmeistern gesagt. In: Kriterien, Frankfurt 1965, S. 356
2 Zum Vorhergehenden vgl. H. Bollmann: Vom Werdegang der deutschen Sportpresse, Frankfurt 1938, S. 3 ff; O. Groth: Die Zeitung, Bd. I, Mannheim, Leipzig, Berlin 1928, S. 935—940; J. Kirchner: Geschichte der Zeitschrift. In: Handbuch der Publizistik, Bd. 3, hrsg. von E. Dovifat, Berlin 1969, S. 406 ff; H. D. Krebs: Der Sportteil, ebd., S. 252 f; O. Model: Funktion und Bedeutung des Sports in ökonomischer und soziologischer Sicht, Winterthur 1955
3 H. Bollmann, a.a.O., S. 29 f
4 Vgl. B. Ernst: Rund um das Mikrophon, Lengerich o. J., S. 9
5 Ebd., S. 14
6 Zit. b. H. Dankert: Sportsprache und Kommunikation — Untersuchungen zur Struktur der Fußballsprache, Tübingen 1969, S. 121
7 Vgl. R. Zoll, E. Hennig: Massenmedien und Meinungsbildung, München 1970, S. 76
8 Vgl. ZV + ZV, Nr. 30/31, 1971; W. Stamm: Leitfaden für Presse und Werbung, 1971

9 Zit. b. W. Umminger: Gegebenheiten und Möglichkeiten der Presse im Rahmen des Deutschen Sportbundes. In: Jahrbuch des Sports 1955/56, hrsg. vom DSB Frankfurt, S. 41

10 U. Popplow: Sportzeitschriften — soziologisch gesehen. In: *Olympisches Feuer*, H. 9, 1955, S. 9

11 W. Haubrich: Die Bildsprache des Sports im Deutsch der Gegenwart, Schorndorf 1965, S. 210

12 R. Zoll, E. Hennig, a.a.O., S. 149

13 W. Haubrich, a.a.O.

14 W. Meisl: Der Sport am Scheidewege, Heidelberg 1928, S. 84

15 Vgl. G. Vinnai, Fußballsport als Ideologie, Frankfurt 1970, S. 9; R. McKinnon: Der Einfluß des Fernsehens auf den Sport. In: *Olympisches Feuer*, H. 6, 1968, S. 15

16 Vgl. *Der Spiegel*, 36/1971, S. 115

17 Zit. b. H. Bollmann, a.a.O., S. 27

18 Ebd., S. 28 und 36

19 Vgl. B. Ernst, a.a.O., S. 49

20 Vgl. *Der Spiegel*, 7/1971, S. 49

21 Vgl. *Der Spiegel*, 24/1970, S. 129

22 Vgl. *Der Spiegel*, 18/1971, S. 164

23 Vgl. *Bild am Sonntag*, 13. Juni 1971; *Frankfurter Rundschau* 12. Juni 1971

24 G. Magnane: Sociologie du Sport, Paris 1964, S. 102

25 Vgl. G. Anders: Die Antiquiertheit des Menschen, München 1956, S. 122

26 Zit. in *Frankfurter Rundschau*, 25. 7. 1966

27 A. Mitscherlich: Auf dem Weg zur vaterlosen Gesellschaft, München 1963, S. 343

28 G. Anders, a.a.O., S. 110

29 Klagen darüber s. bei N. Grunenberg: Die Journalisten, Hamburg 1967, S. 83; L. Dotzert im Jahrbuch der deutschen Sportpresse 1959, ›Presse und Sport‹, S. 26; W. Umminger, a.a.O., S. 39 f

30 Vgl. G. Lukács, Geschichte und Klassenbewußtsein, Berlin 1923, S. 114

31 Ebd., S. 111

32 Zit. bei Grunenberg, a.a.O., S. 83

33 Vgl. W. Thoelke: Vor allem Sport, Frankfurt 1969; R. Lembke: Von Athen nach Mexiko, Stuttgart 1968; E. Huberty und W. B. Wange: Pokale, Meisterschaften und Rekorde, Köln 1967; H. Maegerlein: Die entscheidende Sekunde, Frankfurt 1959

34 Huberty, a.a.O., S. 5

35 Vgl. Dankert, a.a.O., bes. S. 17 und 59

36 R. Wolf: Punkt ist Punkt — Fußballspiele, Frankfurt 1971, S. 7. Zur Entwicklung der Sportsprache vgl. Dankert, a.a.O., S. 11 f; J. Göhler: Die Leibesübungen in der deutschen Sprache und Dichtung. In: Deutsche Philologie im Aufriß, Bd. II, Spalte 2995

37 Zit. bei Dankert, a.a.O., S. 13 f

38 *Der Kicker*, 1. 6. 1971, S. 39

39 Zit. bei Dankert, a.a.O., S. 142

40 Dieses und die folgenden Zitate stammen aus dem Aufsatz ›Die Elite und die Namenlosen‹ des ehemaligen Herausgebers der *Sport-Illustrierten*, Ernst Hornickel. Daß das ›Jahrbuch der deutschen Sportpresse — Presse und Sport 1959‹ damit eingeleitet wird, läßt auf seine programmatische Bedeutung schließen. Vgl. ebd., S. 3—9

41 Ebd., S. 7

42 Zum Thema ›Sport und Krieg‹, vgl. Dankert, a.a.O., S. 66 ff und S. 122 ff; Göhler, a.a.O., Spalte 3045; W. Höllerer: Zur Sprache im technischen Zeitalter. In: *Sprache im technischen Zeitalter*, 4/1962, S. 280

43 Vgl. H. Überhorst: Zurück zu Jahn? Bochum 1969, S. 37 f

44 Dankert, a.a.O., S. 122

45 P. G Buchloh, P. Freese: Nationalistische Tendenzen in der englischen und deutschen Presseberichterstattung zur Fußballweltmeisterschaft 66. In: *Sprache im technischen Zeitalter* 24/1967, S. 337 f

46 Zit. bei Sternberger, a.a.O., S. 355

47 Vgl. Buchloh, a.a.O., S. 336

48 Vgl. *Frankfurter Rundschau*, 30. 7. 1966

49 Vgl. Buchloh, a.a.O., S. 336

50 Ebd., S. 344

51 Zit. bei Grunenberg, a.a.O., S. 82

52 Vgl. Buchloh, a.a.O., S. 342

53 Bollmann, a.a.O., S. 2 und S. 11

54 Vgl. Thoelke, a.a.O., S. 205

55 H. Peets: Die wichtigste Nebensache der Welt, Bremen 1960, S. 142

56 Vgl. W. Knecht: Partnerschaft auf Raten — Versäumnisse und Perspektiven bundesdeutscher Sportpolitik, Frankfurt 1970
57 H. E. Richter: Ideale und Illusionen im Sport. In: Das große Spiel, hrsg. von U. Schultz, Frankfurt 1965, S. 141
58 Vgl. Sternberger, a.a.O., S. 347
59 Vgl. Magnane, a.a.O., S. 114 f
60 Zit. In *Frankfurter Rundschau*, 12. 8. 1971
61 Vgl. Magnane, a.a.O., S. 115
62 *Frankfurter Rundschau*, 14. 5. 1971
63 Zit. in *Der Spiegel*, 25/1971
64 Gerd Krämer in der *Familienzeitschrift der Deutschen Bundespost — Christl*, Juli 1971
65 Karl-Adolf Scherer in der *Frankfurter Neuen Presse*, 15. 5. 1971
66 Ebd.
67 Ebd.
68 H. Peets, a.a.O., S. 20, und Hornickel, a.a.O., S. 3
69 Vgl. Böhme, Gadow u. a.: Sport im Spätkapitalismus, Frankfurt 1971, S. 43 ff und S. 101 f; Ch. Graf von Krockow: Die Bedeutung des Sports für die moderne Gesellschaft. In: Sport und Leibeserziehung, hrsg. von H. Plessner u. a., München 1967, S. 84 f
70 Zit. bei Grunenberg, a.a.O., S. 82
71 Zit. bei Thoelke, a.a.O., S. 45
72 Zit. bei Peets, a.a.O., S. 76
73 Vgl. Thoelke, a.a.O., S. 47
74 Vgl. Wolf, a.a.O., S. 29 f
75 Mitscherlich, Auf dem Weg zur vaterlosen Gesellschaft, a.a.O., S. 359
76 Zum folgenden vgl. Mitscherlich, ebd., S. 341 bis 359; Vinnai, a.a.O., S. 78 bis 82; Richter, a.a.O., S. 148—150
77 Mitscherlich, a.a.O., S. 348
78 Vgl. Magnane, a.a.O., S. 112
79 Mitscherlich: Sport — kein pures Privatvergnügen. In: Sport und Leibeserziehung, hrsg. v. H. Plessner, S. 63 Frankfurt 1965, S. 85 ff; Vinnai, a.a.O. S. 79
80 Vgl. H. Marcuse: Das Veralten der Psychoanalyse. In: Kultur und Gesellschaft 2, Frankfurt 1965, S. 85 ff; Vinnai, a.a.O., S. 79
81 K. Marx: Grundrisse der Kritik der politischen Ökonomie, Berlin 1953, S. 81; vgl. H. Marcuse: Der eindimensionale Mensch, Neuwied 1967; ders., Industrie und Kapitalismus im Werk Max Webers. In: Kultur und Gesellschaft 2, S. 107 bis 129; J. Habermas: Technik und Wissenschaft als Ideologie, Frankfurt 1968, S. 48—103
82 Huberty, a.a.O., S. 9
83 Vgl. *Frankfurter Rundschau*, 17. 8. 1971
84 Vgl. Marx, Grundrisse . . ., S. 73 ff
85 Marcuse: Der eindimensionale Mensch, a.a.O., S. 178
86 Vgl. F. Werner: Sport und Recht, in der Reihe: Recht und Staat in Geschichte und Gegenwart, Bd. 366, Tübingen 1968, S. 22 f
87 V. Krokow, a.a.O., S. 92

Gerburg Dieter

Wie der Sport in das Bewußtsein der Massen sich verlängert: Versuch über die sprachliche Darstellung sportlicher Aktionen

> »In seiner Seele kämpft, was wird und war,
> ein keuchend hart verschlungen Ringerpaar.«
> (›Huttens letzte Tage‹, C. F. Meyer)

1. DAS BEWUSSTSEIN VOR DER SPRACHE

Weder bei der Ausübung von Sport noch beim Anschauen einer Sportveranstaltung an Ort und Stelle spielt Sprache als Mittel der Kommunikation eine Rolle, so daß ihr Verhältnis zum Sport hier kaum erwähnenswert wäre. Die Ausübung von Sport geschieht weitgehend sprachlos, und auch die Rezeption von Sportgeschehen bedarf allenfalls der sprachlichen Hinweise, die, signalartig, das für jeden Wahrnehmbare bestätigen, feststellen, korrigieren.

Der durchrationalisierte psycho-physische Akt des Leistungssportlers schließt einen zusätzlichen verbalen Akt aus. Die Sprache ist auch beim Erlernen und Trainieren seiner Tätigkeit kein essentieller Faktor. »Es gibt ein weites Gebiet des Denkens, das keinen direkten Bezug zum Sprechen hat, das Denken, das sich im Gebrauch von Werkzeugen ausdrückt, gehört in dieses Gebiet wie jede praktische Intelligenz überhaupt.«[1]

Weshalb aber nimmt den Besucher einer Sportveranstaltung, der sich sonst auf die Sprache als Medium seiner sozialen Kontakte verläßt, das sprach-lose Geschehen eines sportlichen Wettbewerbs gefangen? Wenn es das pure Moment der Aktion ist, das ihn fasziniert, so könnte er dieses in jeder nicht durch Sprache vermittelten Bewegung der ihn umgebenden Realität auch erfahren. Was ihn fesselt, ist das durch Spielregeln determinierte, in ein hermetisches Zeichensystem gebannte Spielgeschehen.

Er rezipiert dieses Spielgeschehen wesentlich auf primärprozeßhafte Weise. Primärprozeßhafte Reaktionsmuster charakterisieren dem Freudschen Modell zufolge das unreife Ich, verschwinden jedoch keineswegs im Erwachsenenalter.[2] Ein wichtiges Merkmal des Primärprozesses ist der Drang zur unmittelbaren Bedürfnisbefriedigung und zur nicht aufgeschobenen Triebentladung. Der Primärprozeß beinhaltet auch einen Modus des Denkens: Das Denken geschieht präverbal, das der logischen Syntax verhaftete sekundärprozeßhafte Denken verschwindet, selbst wenn es voll entwickelt ist. Das primärprozeßhafte Denken vollzieht sich in Bildern, Analogien, Anspielungen, es prägt sich in Witzen aus und im Slang.

Dieser sprachfremde, auf unmittelbare Triebentladung drängende Bewußtseinszustand des wieder ›kindhaft‹ gewordenen Ich findet im ich-verstärkenden Verein mit Tausenden von Zuschauern seinen Ausdruck in kultischen Sprechchören, ritualisierten Anfeuerungsrufen, die oft nur in einem rhythmisch ausgestoßenen Namen oder in wenigen Vokalen bestehen, oder aber in kollektivem Hupen und Pfeifen. Es kann auch sein, daß der Zuschauer seine durch das Geschehen mobilisierte Triebenergie in »egozentrischem Sprechen«[3] auf Worte entlädt.

Welche Information liefert ein sportlicher Wettkampf, der durch seine allen bekannten Regeln als Zeichensystem erfahrbar wird? Es müssen Wiedererkennungserlebnisse sein: der von anderen gehetzte Spieler, das mühsam hochgestemmte Gewicht, das Entgegennehmen oder Austeilen von Schlägen, der angehaltene Atem auf dem schwierigsten Punkt einer Übung, Erinnerungen an körperliche Situationen, deren traumatische Angst im Anschauen sich wiederherstellt und erst im errungenen Sieg oder im geleisteten Rekord überwunden wird. Die Spieler oder der Wettkämpfer handeln anstelle des Zuschauers, sie handeln stellvertretend für den Zuschauer. Beide, Zuschauende und Ausführende, verständigen sich über ein subsprachliches System von körperlichen Erfahrungen. Diese körperlichen Erfahrungen erhalten in einem System von Spielregeln, die ein methodisches Konzentrat der zwanghaften, von kapitalistischer Rationalität geprägten Disziplinierung des Körpers darstellen, ihre symbolische Aussage. »Der moderne Leistungssport ist ein Produkt der industriellen Gesellschaft, die symbolische, konzentrierte Darstellung ihrer Grundprinzipien.«[4]

2. Sprache als Ersatzhandlung

Sportliche Leidenschaft ist regressiver Natur: ihr entspricht ein »archaischer Bewußtseinszustand«[5], der durch irrationale gesellschaftliche Verhältnisse konserviert wird. Die Erfüllung der vom Spätkapitalismus verordneten Verhaltensweisen ist von der Reaktivierung archaischer Sozialisationspraktiken abhängig, deshalb leistet das Rezipieren von Sport in vorbegrifflichen Denkweisen wertvolle Sozialisationshilfe. Der sportliche Wettkampf mit seinem »aggressiven, praktischen Beutegeist«[6] liefert der kapitalistischen Leistungsgesellschaft ihr Mysterium des ›Lebenskampfs‹. Sportliche Veranstaltungen verbinden, als tolerierte Exzesse, »das Moment der Grausamkeit und Aggression mit dem autoritären, dem disziplinierten Innehalten von Spielregeln«[7]: ›sich durchboxen‹, ›über die Runden kommen‹, ›hart im Nehmen sein‹, ›Tiefschlag‹, ›Selbsttor‹, ›gut im Rennen liegen‹, ›die Führung übernehmen‹, ›mit harten Bandagen kämpfen‹, ›ausgezählt werden‹. Sprache, als soziales Faktum, ist in ihrem Gebrauch als Kommunikationsmittel determiniert durch eine bestimmte Sozialstruktur. In den genannten Beispielen wird das sprachliche Handeln an die Stelle der körperlichen Handlung gesetzt, es bekommt Ersatzfunktion. Doch der Affekt, die körperliche Erfahrung, ist etwas anderes als der Ausdruck, die Formulierung des Affekts. Die Formulierung des Erfahrenen stellt einen Denkakt dar, der die Wirklichkeit qualitativ anders widerspiegelt, als sie erfahren wird. Jeder sich bildende sprachliche Begriff stellt eine Einheit affektiver und kognitiver Prozesse dar. Die nur an die Stelle des Affekts gesetzten sprachlichen Formulierungen schaffen ein statisches, symbolisierendes Begriffssystem. Die Sprache schrumpft zum Reflex des Affekts.

Diese reflexhafte, unsublimiert ersatzhandelnde Sprache ist das Mittel, mit dem der Sport in das Bewußtsein der Massen sich verlängert. Der scheinbar sachgerechte Sprachgebrauch der Sportpresse reflektiert blind die sportlichen Rituale, die die Unterwerfung an bestimmte Herrschaftsverhältnisse gewährleisten. In dem Maße, wie der Sprache in allen Sektoren der kapitalistischen Gesellschaft ähnliches wie im Bereich des Sports widerfährt, erstarrt die Benutzung der Sprache zur formelhaften Pseudoaktivität. Die Funktion des Sports verdoppelnd verhilft auch sie »zur Kanalisierung von Energien, die andernorts gefährlich werden könnten«.[8]

3. GLEICHSETZUNG VON KÖRPERLICHER BEWEGUNG UND VON SPRACHLICHER BEWEGUNG

Die bürgerliche Sprachwissenschaft stellt affirmativ dar, was der Sprache in der bestehenden Gesellschaftsordnung widerfährt.

Leo Weisgerber: »Für die Betrachtung des Satzes als Verfahren erwies sich die Analogie zum ›Satz des Springers‹ (es handelt sich hier um den Hoch- oder Weitsprung eines Leichtathleten, G. D.) als unerwartet fruchtbar. Der Gedanke vom Sprechen als einem geistigen Sich-Voranbewegen, vom sprachlichen Verfahren als dem zu einem bestimmten Ziel führenden Weg, läßt das Bilden von Sätzen dem Bewältigen einzelner Abschnitte dieses Weges vergleichbar machen. Das sprachliche Zurücklegen einer Gedankenstrecke in Sätzen ähnelt hinreichend dem Verfahren des Springers, der eine räumliche Strecke in einigen Sätzen bewältigt.«[9]

Dem Beispiel zufolge wäre die Mitteilung eines Sprechenden die Bewältigung einer Wortstrecke auf ein bestimmtes Ziel hin. Die

Strategie, um dieses Ziel zu erreichen, liefert ›der Satz als Verfahren‹. Da es sich um einen sprachlichen Vorgang handelt, kann für den Begriff ›Ziel‹ synonym der Begriff ›Zweck‹ eingesetzt werden: um seinen Zweck zu erreichen, *verfährt* der Sprechende mit dem Satz. Der Satzinhalt wird zugunsten eines funktionalen Satzbaus, der dem intendierten Zweck entspricht, unterschlagen, der Satzsinn erscheint, verfahrensgemäß entstellt, als Satzergebnis. Ob die sprachliche Mitteilung Wahrheitsgehalt hat, wird bei diesem ›Satz-Verfahren‹ außer acht gelassen, es interessiert lediglich ihre sozialtechnische Funktion bei der Durchsetzung bestimmter Interessen.

In dieser mechanistischen Darstellung wird die Sprache auf die Ebene von »motorischen Gewohnheiten«[10] reduziert. Ihr ›geistiges Sich-Voranbewegen auf ein bestimmtes Ziel hin‹ kann damit dem Begriff der Bewegungstechnik zugeordnet werden, wie er für den Leistungssport und das rationalisierte Arbeitsverhalten angewendet wird. Leistungssport und Arbeitsverhaltensforschung »halten ständig Ausschau nach Arbeits- und Trainingsvereinfachungen, d. h. nach einem ›Arbeitsbestverfahren‹, oder einer optimalen sportlichen Bewegungstechnik«[11], die sich als normiertes, auf Zweckmäßigkeit ausgerichtetes Bewegungsverhalten definiert. Eben dieses normierte, auf Zweckmäßigkeit ausgerichtete Sprachverhalten inauguriert die bürgerliche Sprachwissenschaft im gegebenen Beispiel als ›Sprachbestverfahren‹.

Die Korrelation von ›Sprachbestverfahren‹ und Leistungssport läßt sich durch die Tatsache belegen, daß die Angehörigen der Schichten, die sich am stärksten den bürgerlichen Leistungsnormen der Gesellschaft anpassen, am meisten Sport treiben. Die soziale Mobilität, besonders bei Leistungssportlern, ist überdurchschnittlich hoch. Die für eine gehobene Arbeitssituation notwendigen Fähigkeiten: »spezielle Techniken, Beherrschung von Sprache und Schrift, Beherrschung von numerischen Beziehungen, Einhaltung allgemeiner Verhaltensstandards und strategische Fähigkeiten«[12], können — mit Ausnahme ›der Beherrschung von Sprache und Schrift‹ — am ehesten vom Sporttreibenden entwickelt und trainiert werden.

Hier das Beispiel einer *Stellenanzeige* für einen Beruf, der vor allem sprach-taktische Fähigkeiten verlangt: »Karriereweg: Bezirksreisender! Wir trainieren sie gleich in ihrem Bezirk.«[13]

Die bürgerliche Sprachwissenschaft schreibt: »Den Übergang zu Überlegungen über das Satzergebnis bildet die Beobachtung des Gleichmäßigen in allen Lösungen des Satzverfahrens. Die Umsetzung von Einsichten in das Satzverfahren in ein Durchschauen von Satzergebnissen kann zur Ermittlung von Satzgliedern führen. Die übliche Analyse des Satzes nach Satzteilen beruht auf einem anderen Vorgehen: dem Isolieren der in einem Satz aufweisbaren Stücke.«[14]

Das heißt, daß der Satz, der mit dem ›Satz‹ des Springers verglichen wird, in seinen Einzelteilen erfaßt werden kann, wenn erst einmal seine Satzglieder isoliert ermittelt wurden. Der daraus resultierende Einblick in die Satzergebnisse führt ›zur Beobachtung des Gleichmäßigen in allen Lösungen des Satzverfahrens‹, und damit ›zur üblichen Analyse‹.

Die Begriffe eines syntaktischen Zusammenhangs werden in partikulare Operationen zerlegt in eben der Weise, wie ein Trainingsvorgang oder die Fertigung eines industriellen Produkts in einzelne Bewegungs- und Verhaltenselemente zerlegt werden, die isoliert geübt und zum Abschluß zu komplexen Fertigkeiten zusammengesetzt werden. Solche Lern- und Lehrmethoden, die das Gesetz steigender Produktivität und fortschreitender Rationalisierung im Interesse kapitalistischer Produktionsverhältnisse perpetuieren, ergeben — so folgert die bürgerliche Sprachwissenschaft für ihren Bereich — »einen Grundbestand von Wissen *um* den Satz, der durchaus noch nicht zu einem ausdrücklichen Wissen *über* den Satz fortgeführt zu werden braucht. Alle diese Aufgaben werden in ständigem Hinblick auf die vordringlicheren Aufgaben sprachlichen *Wachsens, Könnens und Wollens* durchgeführt.«[15] Dieser Imperativ für das sprachliche Training gleicht dem Imperativ für das sportliche Training, wo mit dem jeweils gegebenen ›*psycho-physischen Potential*‹ die bestmögliche individuelle Leistung erzielt werden soll. Den Imperativ für beide Bereiche liefert die Schlagzeile eines Sportberichts: »Privat auch ein Profi sein«.[16]

4. Das operationelle Satzverfahren

Einführung

Der ›Satz‹ des Springers ist dann meßbar, wenn die Operationen festgelegt sind, wodurch die Länge/Weite gemessen wird: das heißt, der Begriff der Länge/Weite enthält nur soviel wie die Reihe von Operationen, wodurch die Länge/Weite bestimmt wird. »Im allgemeinen verstehen wir unter irgendeinem Begriff nichts als eine Reihe von Operationen; der Begriff ist gleichbedeutend mit der entsprechenden Reihe von Operationen.«[17]

Der operationell gebrauchte Begriff setzt *Ding* und *Funktion* gleich. Er unterscheidet das, was das Ding *ist*, nicht mehr von seinen Funktionen in der bestehenden Wirklichkeit. Diese funktionale Sprache, die im operationellen Begriff *Sein* und *Funktion* gleichschaltet, entspricht der kapitalistischen Rationalität, in deren Interesse eine dialektische Entfaltung der realen Widersprüche nicht gelegen ist.

»Operationalismus in Theorie und Praxis wird zur Theorie und

Praxis der *Eindämmung*.«[18] Unter ihrer handgreiflichen Dynamik tendiert die Gesellschaft zum statischen System, das eine steigende Produktivität permanent zur Unterdrückung der Massen einsetzt.

Im Leistungssport wie im Arbeitsbereich ist die Autonomie der Persönlichkeit aufgehoben, Organisation und System treten an ihre Stelle. Diesem Vorgang entspricht der ›Substanzverlust‹ des grammatischen Subjekts, das in der klassischen Sprachphilosophie, aktiv oder passiv auf seine Prädikate bezogen, trotzdem von ihnen verschieden blieb: »Das Nomen als grammatisches Subjekt bezeichnet etwas, das ›Beziehungen eingehen kann‹, aber nicht mit diesen Beziehungen identisch ist. Mehr noch, es bleibt in diesen Beziehungen und ›gegen sie‹, was es ist; es ist ihr ›allgemeiner‹ und wesentlicher Kern.«[19]

In der durchrationalisierten, im Interesse des Kapitals verwalteten Welt sind Ding und Person, analog dazu Begriff und Subjekt, identisch mit ihrer in einzelne Operationen zerlegbaren Funktion: über ihren funktionalen Stellenwert hinaus bedeuten sie nichts. In der klassischen Sprachphilosophie ist das Subjekt mehr als ein Substantiv: »Es nennt den Begriff eines Dings, ein Allgemeines, das der Satz als in einem besonderen Zustand oder in einer Funktion befindlich bestimmt. Das grammatische Subjekt besitzt so eine Bedeutung, die *mehr* als die im Satz ausgedrückte enthält.«[20]

Anwendung

Der ›Satz‹ des Springers wird im zitierten Beispiel in folgende Operationen zerlegt: Ansatz, Anlauf, Absprung, Flug, Landung. Von diesen hintereinandergeschalteten Operationen werden für den ›Satz‹ des Sprechenden nur *Anlauf* — »der irgendwie geartet sein kann« —, *Absprung* — »der Punkt an dem sich die mit dem Anlauf angebahnte Bewegung zum Sprung sammelt« — und *Flug* verwendet.

Ein Satz wie: »Ganz nebenbei wirtschaftete Hölzenbein auch noch seinen Gegenspieler Ohm ab«, würde nur in zwei Operationen zerlegbar sein, da der *Absprung* als Leerstelle, als Schaltmoment — »im richtigen Augenblick schalten« — fungiert, als die Stelle »auf die sich die eigentliche Kraft der Fortbewegung sammelt«.[21]

Folgendermaßen sind die Operationen bestimmbar: *Ganz nebenbei* ist der ›irgendwie geartete‹ *Anlauf*, nun kommt das Schaltmoment, der *Absprung*, jetzt der *Flug: wirtschaftete Hölzenbein auch noch seinen Gegenspieler Ohm ab*. Wird der Satz so betrachtet, verliert Hölzenbein seine Bedeutung als Subjekt. Wenn die Frage nach dem Subjekt wegfällt, kann sich im Satz kein vermittelter Sinnzusammenhang konstituieren: die Satzglieder sind nicht mehr aufeinander bezogen und durch einen Begriff vermittelt, der seinerseits einen Zustand *und* eine Funktion bezeichnet, sie sind isoliert und dem Subjekt, das identisch mit seiner Funktion ist, gleichgeschaltet. Die Frage *wer* (Subjekt), *wen* (Objekt), *wie* (Prädikat) »abwirtschaftet«, bleibt irrelevant. Hölzenbein, identisch mit seiner Funktion, erledigt nur eine Pflicht. Im darauffolgenden Satz heißt es: »Er machte aus dieser lästigen Pflicht nicht viel Aufhebens.« *Lästig* ist ihm nicht die Pflicht, aus ihr bezieht er seine funktionale, der sportlichen Leistung verschriebene Identität, die sich unter dem massiven Druck der gesellschaftlichen Leistungserwartung herausbildet. Im nächsten Satz heißt es denn auch, daß er sein »Soll«, als er ausgetauscht wurde, »bis zum Überlaufen erfüllt hatte«. Das Prädikat *lästig*, im nichtvermittelten Sinnzusammenhang des Satzes offensichtlich an die falsche Stelle geraten, gilt der Geringschätzung des Gegners, die schon in den Satzteilen *ganz nebenbei* (ihn abwirtschaften) und *nicht viel Aufhebens* (von ihm machen) deutlich werden sollte.

Doch mußte der Gegner, obgleich vom spielplanenden Kalkül des taktischen Konzepts von vornherein für ›tot‹ erklärt, wie die Berichterstattung annimmt (es sollte nur ›ganz nebenbei ohne viel Aufhebens geschehen‹), immer noch wie eine *lästige* Fliege abgewehrt werden.

5. Ein Merksatz

Aus einer vom deutschen Sportbund veröffentlichten Schrift: »Der besondere Jargon, den der Sport entwickelt hat, enthält ›einen Schatz an eigenartigen Wendungen und Bezeichnungen, die dem Humor und der Satire, der Lust am sprachlichen *Verhüllen* und *Maskieren* dienen, und die nur dem verständlich sind, der selbst in der Bewegung steht, der durch die Schule des Sports gegangen ist‹.«[22]

6. Sprachbilder-Bildersprache

Das Leitmotiv der Sportspiele ist der Kampf mit dem Gegner. Ziel des sportlichen Leistungsvergleichs ist die Leistungsverbesserung und der Sieg über den Gegner. Da unter kapitalistischer Herrschaft die bestehenden gesellschaftlichen Verhältnisse vom Konkurrenzprinzip bestimmt sind, ist die dominierende Form des Leistungsvergleichs der Konkurrenzkampf. Das Individuum muß sich »Härte im Kampf, Willen zur Durchsetzung, Oben-Sein-Wollen« abfordern, es muß den Konkurrenten überflügeln, um sich vor ihm, dem Gegner, dem potentiellen Vernichter seiner Existenz, zu schützen. Der sportliche Wettkampf spiegelt dieses Verhaltensmuster existentieller Selbstbehauptung wider, und er ist selbst davon durchdrungen.

Der Satz: »Es warten indes die heißhungrigen Bremer auf ihre Chance«, beinhaltet das archetypische Bild von den heißhungrigen Wölfen, die, wenn das Opfer, auf das sie gewartet haben nicht alle sättigt, sich gegenseitig zerfleischen. In dem Bild: »Der ballhungrige Spieler«, erscheint der Ball als Beute, die dem zufällt, der am rücksichtslosesten ›zuschnappt‹. Hunger erscheint als positive Antriebskraft, die, aufs Äußerste gesteigert, aufs Äußerste reizt, also zum Äußersten befähigt.

Die Formulierung: »Der SV hatte im zweiten Durchgang Biß und Schwung hinter seinen Angriffsaktionen«, kokettiert mit dieser Internalisierung des Ausbeutungsprinzips, will einreden, daß diese psychische Disposition erst ›den richtigen Schwung‹ verleiht.

7. Sprachliche Absprachen

Gesetze kanalisieren und legitimieren die Gewalttätigkeit der von der Rationalität des Warentauschs durchdrungenen Wettbewerbsgesellschaft. Auch der sportliche Leistungsvergleich untersteht einem System objektiv vorgegebener Regeln. Der ›unlautere Wettbewerb‹ soll durch ›organisierte Leistungskonkurrenz‹ ausgeschaltet werden, doch handelt es sich bei dieser, solange eine Minderheit im Besitz der für die Gesellschaft notwendigen Produktionsmittel ist, immer nur um »das Vorherrschen erbarmungsloser Praktiken und einer rücksichtslosen Mißachtung der Interessen anderer«.[23] »Die durch den Markt erzwungene ›Konkurrenz‹-Haltung bildet zugleich den Prototyp gesellschaftlichen Verhaltens überhaupt, nämlich einer Haltung des Mißtrauens, gemildert durch Konventionen der Höflichkeit.«[24]

Dieses ›durch Regeln der Höflichkeit gemilderte Mißtrauen‹ wird im Bereich des Sports wie in der ökonomischen Sphäre als Fairneß bezeichnet: »Unter Beachtung der geschriebenen und ungeschriebenen Kampfregeln . . .«[25]

Die Ideologie des Sport fordert, »ritterlich auf jeden zufälligen Vorteil zu verzichten«. Die Ideologie des Kapitals fordert, »unter gleichen Bedingungen in einen Wettbewerb treten«[26], ein Postulat, das der Struktur des Kapitalverhältnisses widerspricht, wo die Masse der Bevölkerung im sogenannten ›chancengleichen Wettbewerb‹ von vornherein zu den Verlierern zählt. »Achte ihn den Gegner als deinen Freund«, ist die Forderung der Sportideologen; die analoge Forderung in der ökonomischen Sphäre lautet »den Gegner als Partner achten«.[27]

Die Kerneigenschaften einer Führungskraft in der Wirtschaft sollen u. a. »ein funktioneller Weitblick, vitale Tatkraft verbunden mit gezügeltem Wagemut und Entschlußkraft sowie einer gewissen Härte im Nehmen und Geben sein, die Fähigkeit der Menschenführung, also Autorität — doch entscheidend ist letzten Endes, daß diese Kerneigenschaften ihre Lenkung und Normierung aus dem ethischen Bereich, d. h. aus einer lauteren Gesinnung erhalten«.[28]

»Einst war er der Eishockey-Buhmann der Nation. Giftig, unbeherrscht, oft im Widerspruch mit sportlichen Gesetzen [...] Der Widerspenstigen Zähmung gelang in harter Eigenarbeit. Vom Maurer schaffte er den Sprung zum Bauführer und seit fünf Monaten zum amtlich bestallten Architekten. Und sportlich gelang ihm [...] der Weg zurück auf das internationale Eisparkett. Ein tolles Lob erhielt Otto nach dem 4:9 gegen die UdSSR vom Weltmeister-Stürmer Anatoli Firsow: ›Wenn Kamikaze Otto Kopf voraus in unseren Angriff flog, wirkte er wie eine geballte Ladung.‹«

»Die archaischen Tugenden der Sportheroen sind die Eigenschaften, die, zweckrational eingesetzt, Voraussetzung für eine erfolgreiche berufliche Karriere unterm Kapitalismus sind.«[29]

»Otto Schneitberger wird von seinem Düsseldorfer Publikum geehrt und in speziellen Sprechchören gefeiert.«

9. Die Bedeutung eines Wortes
und sein Gebrauch ohne Bedeutung

Beim sportlichen Wettkampf soll »ritterlich« — nur — »auf jeden zufälligen Vorteil« verzichtet werden. — Das in der Kommunikation der Fußballsprache übliche Verb abstauben ist im ›Wörterbuch der deutschen Alltagssprache‹ mit vier Bedeutungen angegeben. Vorerst sei die zweite genannt: »entwenden, bestehlen, ausplündern, wissen wie man Vorteile ausnützt«.[30]

Sein Gebrauch, der dem Postulat des ›Fair play‹ widersprechen würde, wird von seinen Benutzern gerechtfertigt, »daß es meist ohne Objekt gebraucht und unmittelbar auf die Spielszene bezogen wird«.[31] Das Handlungswort abstauben wird umfunktioniert, indem seine begriffliche Intention eliminiert wird. Der Abstauber kann nun als einer bezeichnet werden, »der ohne große Mühe den Ball ins Tor schießen kann, nachdem ein Mitspieler Vorarbeit geleistet oder ein Gegenspieler einen Fehler gemacht hat«.[32] Der Abstauber nutzt, durch die Spielregeln legitimiert, die Vorarbeit eines Mitspielers oder den Fehler eines Gegners zu seinem ›rechtmäßigen Vorteil‹ aus. Durch Funktionalisierung in sein Gegenteil verkehrt kann das Verb *abstauben* in den Dienst der Ideologie vom chancengleichen und deshalb ›fairen‹ Wettbewerb und von der ›Sauberkeit im Spiel‹ gestellt werden.

Die erste angegebene Bedeutung von *abstauben* ist: »jn. zurechtweisen. Beruht auf der volkstümlichen Gleichsetzung äußerlichen Reinigens mit dem Rügen.« Die vierte angegebene Bedeutung lautet: »jn. im Fahren überholen. Meint entweder, daß man den Betreffenden in einer Staubwolke hinter sich läßt, oder man beseitigt den, der ebenso schnell fahren will auf die gleiche Weise, wie man Staub abbürstet.«[33]

Eine Formel wie ›die Gefahr wegputzen‹ zeigt bei näherer Prüfung deutlich die faschistoiden Züge auf, die dem Spätkapitalismus immanent sind. Das Wort *Gefahr* ist im zitierten Beispiel ein Synonym für *Gegner*, denn der Gegner *bedeutet*, so wollen es die auf Leistungskonkurrenz und Sieg fixierten Kampfregeln, *Gefahr*. Das Verb *wegputzen* würde sinngemäß durch den Begriff *Schmutz* ergänzt: ›den Schmutz wegputzen‹. Die begrifflich falsche Zuordnung des Substantivs *Gefahr* zu dem Verb *wegputzen* setzt anstelle der *Sache* ›Schmutz‹ den eine spezifische Situation kennzeichnenden Begriff ›Gefahr‹. Die Beschreibung eines *Zustandes* wird an die Stelle einer *Sache* gerückt: ›die Gefahr wegputzen‹. Indem der Begriff verdinglicht wird, verdinglicht das Begreifen. ›Gefahr‹, eine das Individuum oder die Individuen bedrohende objektive Situation, braucht nicht mehr auf ihre gesellschaftlichen Ursachen hin befragt zu werden, sie kann, so lehrt es das Kampfspiel, wie ein Ding oder eine Sache ›weggeputzt‹ werden. Dieses Ding aber, oder diese Sache, meint den *Gegner*. Der in der Formel: ›die Gefahr wegputzen‹, intendierte Vergleich müßte den Sinn ausführend lauten: ›den Gegner, der Gefahr bedeutet, wie Schmutz wegputzen‹. Im operationellen, zweck-rationalen Satzverfahren wird dieser intendierte Vergleich durch Vertauschung der Begriffe ideologisch auf einen scheinbar funktionalen Sachverhalt verkürzt.

10. DER METAPHORISCHE SPRACHGEBRAUCH
Im Auftrag des deutschen Sportbundes veröffentlichte Deutungen

Das Wesen der Metapher 1: »Es ist kein gutes Zeichen für die Metapher, wenn erst der Verstand zu Hilfe gerufen werden muß, um in aller Form zu vergleichen und das Daseinsrecht dieser Metapher zu untersuchen.«[34]

Das Wesen der Metapher 2: »Eine Wortbedeutung wird in einem ihr von Haus aus nicht zukommenden Sinne verwendet.«[35]

Das Wesen der Metapher 3: »Die Metapher ist eine schöne Kühnheit für den, der Geist hat.«[36]

Diese Definitionen zeigen, wie sich unter einem falschen gesellschaftlichen Sein sprachliche Mittel ausprägen, die notwendig ein falsches Bewußtsein schaffen.

Das von der Wirklichkeit abstrahierende ›metaphorische‹ Bewußtsein erlaubt es, das Bild von »einer Mannschaft«, die, wenn sie erst »Tritt gefaßt hat«, den »Gegner vom Platz fegt«, für eine ›Lust am sprachlichen Verhüllen und Maskieren‹ zu halten. Dieser Hoffnung auf Täuschung wird in dem Bild von der Mannschaft, »die unaufhaltsam wie eine Legion römischer Soldaten in ihren besten Tagen aufmarschiert«, voll Genüge getan.

11. Die überredende Sprache

Diese, der Rationalität des Kapitals dienliche Sprache kann die materielle Gewalt der im Sport sich darstellenden Grundprinzipien der Konkurrenzgesellschaft nicht mehr begrifflich fassen, weil sie selbst, in ihrer affirmativen, instrumentellen Funktion, dem herrschenden Produktionsapparat unterworfen wurde. Die Gewalt, die dem Individuum durch die ökonomische Rationalität der kapitalistischen Herrschaft angetan wird, zeigt sich an ihr noch einmal: sie ist Werkzeug der Vernunft des Profitsystems.

»Daß der Sport die Menschen an seine Strukturen kettet, wird vom Kapitalismus auf vielfältige Art nicht nur unmittelbar, sondern auch mittelbar ökonomisch gewinnbringend verwertet.«[37] Die Sprache, verpflichtet für die Profitmaximierung der nach dem erwerbswirtschaftlichen Prinzip betriebenen Zeitungsverlage einzustehen, muß in der sprachlichen Darstellung der Ware ›Sportgeschehen‹ deren wesentlichstes, die geschichtsblind gehaltenen Massen faszinierendes Kennzeichen des ›Hier und Jetzt‹ reproduzieren. Sie kann unter dem Konkurrenzdruck des Marktes die Aktualität des Sportgeschehens nicht als ein Geschehenes, qualitativ anderes, in Ding und Funktion unterschiedenes, reflektieren, sie muß das ›Hier und Jetzt‹ simulieren, als Pseudo-Aktualität rekonstruieren. So, durch lediglich verdoppelnde Funktion reduziert von Qualität auf Quantität, ist die Sprache zum Sprachrohr der Ware geworden. Dabei hat sie, identisch mit ihrer Funktion, selbst den Charakter der Ware angenommen, die ihre Bewegungsgesetze nicht in sich selbst trägt, sondern von der Ökonomie diktiert bekommt.

Die von der Ökonomie bestimmte Sprache arbeitet nach dem Prinzip der ›überredenden Werbung‹. Bei einer monopolistisch strukturierten Marktsituation kann eine Vergrößerung des Marktes oder eine Elastizität der Nachfrage nicht mehr durch Unterschiede in der Qualität der Produkte, sondern nur noch durch ›subjektive Produktdifferenzierung‹ erreicht werden:

Durch überredende Sprachmodi wie Superlative, Imperative, hyperbolische Vergleiche beeinflußt, verfällt der Käufer dem sprachlichen Gestus des Produkts. Er kauft mit der Ware das versprochene Symbol, von dem er sich eine Anhebung seines sozialen Status und einen Abglanz ihres Glamours für seine Person erhofft.

Die Schlagzeile eines Sportberichts: »Das war kein Sekt mehr, das war schon Champagner«, preist die Ware ›Sportgeschehen‹ in eben dieser produkt-differenzierenden Weise an, wobei die Sprache ihre verdoppelnde Funktion in der Tautologie der nur in ihrem Symbolcharakter unterschiedenen Begriffe ›Sekt‹ und ›Champagner‹ wiederholt. Die überredende Sprache orientiert sich am ›Reiz-Reaktions-Schema‹, mit dessen Hilfe das Wirtschaftssubjekt in seiner Rolle als Reizempfänger nach seiner ›Reizschwelle‹ beurteilt wird, die durch bestimmte Mindestgrößen überschritten werden muß, damit die ausgeteilte Information eine Änderung des Verhaltens herbeiführt, beispielsweise eine Motivation zum Kauf, zur Investition o. ä. bewirkt.

Ein Sprachgebrauch, dessen erklärter Zweck es ist, ›eine neue Reizung‹ zu liefern, wird sich einerseits am Sprachgebrauch anderer erfolgreicher Absatzgebiete orientieren, andererseits wird er versuchen, ›die heiligen Normen‹ der Gesellschaft, mit denen das Wirtschaftssubjekt ganz bestimmte ethische Werte verbindet, in den Symbolcharakter seines Produkts eingehen zu lassen. Er wird sich seine Sprache aus allen etablierten ideellen und materiellen Bereichen der Gesellschaft entlehnen.

12. Verschiedene sprachliche Anleihen, um die Ware ›Sportgeschehen‹ an ›den Mann zu bringen‹

(Für jeden Titel wurde ein charakteristischer Satz gewählt. Der Katalog der Beispiele ließe sich beliebig erweitern.)

a) aus dem Bereich bürgerlicher Öffentlichkeit

1. Anleihe: Das Stadttheater
»Baumann wurde zu sehr vernachlässigt, um sich eindrucksvoll in Szene setzen zu können.«

2. Anleihe: Das Sinfoniekonzert
»Die phantastisch harmonierende Elf des VfB Stuttgart bestimmte die Tonart im Weserstadion. Allen voran Dirigent Horst Köppel [...] Die Orchestermitglieder des VfB gratulierten ihrem Dirigenten artig, um wenig später selber ganz kräftig auf die Pauke zu hauen [...] Die Bremer steckten nie auf, doch es fehlte jener Paukenschlag, jener krönende Abschluß, den [...] die Stuttgarter [...] in Vollendung demonstrierten.«

3. Anleihe: Die Fernsehshow
»Küppers hatte eine Galashow abgezogen.«
4. Anleihe: Die Oper
»Nach einem herrlichen Solo Jubel auf den Rängen.«
5. Anleihe: Der Hollywoodstreifen
»Breitwandfußball.«

b) aus dem Bereich bürgerlicher Innerlichkeit

1. Anleihe: Die Ritterromantik
»Abwehrrecken entdecken ihr altes Kämpferherz.«
2. Anleihe: Der vaterländische Krieg
»Darmstadts Salven hatten Geschützstärke, doch vor Hofheims
Gehäuse wurden Querschläger daraus.«
3. Anleihe: Das glückliche Königreich
»Der Kaiser dankte ab. Doch seine Vasallen hielten die Bayern-
Monarchie in Ordnung.«

13. Die verunglückte Handlung des Lesens

Der Kriminalroman hat, ebenso wie die Sportpresse, reprodu-
ziertes Geschehen zu verkaufen, in welchem die auftretenden
Personen nicht durch das interessieren, was sie *sind*, sondern,
wie im sportlichen Kampf, ausschließlich durch das, was sie *tun*.
»Der Kriminalroman ist nur möglich, wenn der Leser gefesselt,
erobert wird [...] Die Technik bezeichnet dann die Mittel,
die die Aufmerksamkeit des — sozusagen — Passanten zu fesseln vermögen. Alles, was die Neugier weckt, alles, was bizarr
schillert, gehört zur Technik.«[38] Die Sprache des Sportberichts
ist eine Adaption dieser Technik, die sie zugleich beschreibt:
»Neunzig Minuten ging es zu wie in einem Hitchcock-Thriller.«
Der Kriminalroman und der Sportbericht scheinen den in entfremdeter Arbeitssituation verplanten Individuen die dringend
notwendige Kontrasterfahrung zu offerieren, doch liefert ihre
Lektüre schließlich nichts anderes als die Nachbilder entfremdeter Existenz: »Die Welt ist da und ist über alle Begriffe. Sie ist
in jeder Hinsicht befremdend. Daher rührt eine Haltung umsichtigen Engagements in dieser Welt, ein Engagement, das sowohl das des Spiels als das der Probe ist.«[39] Diese Haltung
›umsichtigen Engagements‹ in einer begriffslosen Welt liest sich,
modellhaft auf dem Spielfeld ausgeführt, so: »Das Bollwerk um
den eigenen Strafraum massieren«, »den Gegner mit hautnaher
Bewachung um so fester an die Kette legen«, »das eigene Glück
in pfeilschnell vorgetragenen Konterattacken suchen«. Diese
Haltung ›umsichtigen Engagements‹ trifft aber auch auf die Tätigkeit des Lesens selbst zu, die, im Kriminalroman wie im
Sportbericht, als ein Mit-agieren, ein Mit-kombinieren praktiziert wird: »Es ähnelt einer verunglückten Handlung.«[40]

Der Wunschtraum des unter kapitalistischer Herrschaft fremd-
bestimmten Individuums als Detektiv, als »Meister eiskalter
Taktik«, »clever und abgebrüht« — Eigenschaften die auch
einem Sportler im Kampfspiel als besondere Prädikate zuer-
kannt werden — die begriffslose Welt auf ihren ›Begriff‹ zu
bringen und, so läßt sich aus den vorhandenen Sprachtrümmern
folgern, ihr aus der eigenen, »tiefgestapelten Igelfestung« eine
Kugel ›kaltblütig ins Gesicht zu jagen‹, wird befriedigt und angestachelt zu gleicher Zeit in dem Bild: »einen Ball kaltblütig in
die Maschen jagen«. Die Metapher: »der Ball zappelt im Netz«,
die analog der Redensart ›wie eine Fliege im Netz zappeln‹, oder
›wie ein Fuchs in der Falle zappeln‹ gebildet wurde, kann nur
als Ideogramm der Verstrickung in die Undurchschaubarkeit der
dem Individuum entfremdeten Lebensverhältnisse verstanden
werden. Dieses surreale Bild beansprucht, ›den Leser zu fesseln
und zu erobern‹, was nur gelingt, wenn dieser, wie im Kriminalroman, »seine Alpträume wiederfindet, um sie in einer Fiktion aufzulösen«.[41]

»Der kapitalistische Produktionsapparat steht den Subjekten,
die ihn produziert haben, auf jeder Stufe seiner Entwicklung als
ein starres, fertiges System gegenüber, dessen Gesetzen sie sich
willenlos zu fügen haben.«[42] Das durch die versteinerten Verhältnisse gespaltene Bewußtsein des Individuums projiziert
sich als Subjekt, als Täter, weiß sich aber als Objekt, als Befehlsempfänger. Diese Doppelgängersituation beschreibt das Zitat: »Grabowski indes vollführte mit dem armen Hollmann
Schattentänze. Denn jedesmal, wenn der Oberhausener den Na-
tional-Rechtsaußen angriff, traf er mit dem Fuß nur noch Gra-
bowkis Schatten. Währenddessen bereitete Grabowskis ›Origi-
nal‹ im Strafraum Angst und Schrecken.«
Der Sportler wie der Detektiv werden — und darin unterscheiden sie sich beispielsweise nicht von der Ware Waschpulver —
als Symbol des ›Aktiven‹, des ›Selbsttätigen‹ verkauft. Das
lohnabhängige, angepaßte Individuum hat längst eingewilligt,
sie an seiner Stelle handeln zu lassen in anscheinend freier
Selbstbestimmung: »Seine explodierenden Sprints aus der Tiefe
der eigenen Hälfte, seine unaufhaltsame sausende Fahrt am
rechten Flügel, bei der er die Gegner wie Kieselsteine behandelte, seine Zielstrebigkeit und seine wohltemperierten Flanken
vor das Tor entschädigten für die vielen Banalitäten in dieser
Partie.« Diese Beschreibung soll, so wird deutlich, in hypnoti-
schen Formeln für die ›vielen Banalitäten‹ der Lebenssituation des
seinen Bedürfnissen entfremdeten Individuums ›entschädigen‹.
Der Kriminalroman ist ebenso wie der sportliche Wettkampf
von seinem Ende her konzipiert. Das taktische Konzept des
Kampfspiels wird von der finalen Situation ›Sieg‹ ausgehend
entwickelt. Die »maschinenmäßige Konstruktion«[43] eines Kri-

minalromans nimmt als Ausgangssituation eine determinierte Endsituation an, von der aus das Handlungsmuster der Geschichte »programmiert« wird: »Der Zwang zur Mystifikation ist (deshalb) von der ersten bis zur letzten Zeile spürbar.«[44] Dieser ›Zwang zur Mystifikation‹ charakterisiert auch die sprachlichen Mittel des Spielberichts: »Der Hexer hext am siebten Tag« — »Das Orakel der fünf Tore« — »In der vorverlegten Geisterstunde machten die MSV-Irrwische dem 1. FCK bange«. Diese Mystifikationen einfacher, spieltechnischer Vorgänge wollen dem Leser den Glauben an ›übernatürliche Kräfte‹ einreden; auch darin zeigt sich die Tendenz der kapitalistischen Herrschaft, die Gesetze der entfremdeten Produktion als Naturgesetze auszugeben, damit diejenigen, denen die Produktionsmittel vorenthalten werden, von ihrer emanzipatorischen Handhabung durch gesellschaftliche Vernunft absehen lernen, indem sie von vornherein, durch irrationale Bilder eingeschult, vor ›höheren Mächten‹ kapitulieren.

14. SOZIALSTRUKTUR UND SPRACHSTRUKTUR

Eine Handlung ist dann von ihrem Ende her zu konzipieren, wenn sie in ihre einzelnen Operationen vorher zerlegt wird. »Die Vorstellung, eine Handlung sei mittels rationaler Analyse in ihre Einzelteile zu zerlegen, hat sich im Training der Sportspiele durchgesetzt.«[45] Diese analytische Methode, die dem Individuum nur einen mikroskopischen Handlungsausschnitt zuweist, soll auch im Arbeitsbereich zu erhöhter Leistungsintensität und optimaler Arbeitseffektivität führen. »Defensive und offensive Spiel-Verhaltenssysteme werden aus ihrem Gesamtzusammenhang herausgelöst und isoliert als abstrakte Spielzüge unter ständiger Wiederholung geübt und zu einem Handlungsklischee habitualisiert.«[46]

Diese ›habitualisierten Handlungsklischees‹ erscheinen im Spielbericht als ›habitualisierte Sprachklischees‹: »*gelungene* Rochaden, *gepflegte* Ballstafetten, *ausgefeilte* Täuschungsmanöver, *kluge* Pässe«. Diese ›habitualisierten Sprachklischees‹ sind Vertauschungen von standardisierten Wendungen, welche die der bürgerlichen Kultur entsprechenden Verkehrsformen kennzeichnen: (es war ein) *gelungener* Abend, (sie führen eine) *gepflegte* Küche, (sie geben eine) *ausgefeilte* Antwort, (sie haben ein) *kluges* Benehmen. Auch diese genannten standardisierten Verkehrsformen können in der erstarrten Struktur der bürgerlich-kapitalistischen Klassengesellschaft als abstrakte Spielzüge bezeichnet werden, die, aus ihrem Gesamtzusammenhang gelöst, isoliert geübt und durch ständige Wiederholung zu einem ›Handlungsklischee habitualisiert‹ werden.

»Kombinationsspiel, blitzschnelle Konter, saubere Technik«: dieses Vokabular versucht technischen Terminologien durch eine geraffte Aufzählung zur ›atemberaubenden Wirkung‹ zu verhelfen, indem mit zwei Adjektiven, die in der propagierten ›Wohlstandsgesellschaft‹ hohen Reizwert haben — ›blitzschnell‹ und ›sauber‹ —, Dynamik in der statischen Reihung der Substantive ›Kombinationsspiel, Konter, Technik‹ vorgetäuscht werden soll. Das Verb als Agens wird eliminiert; symbolisierende Adjektive sollen in der erstarrten Sozialstruktur Bewegung suggerieren.

»Wer aus dem taktischen Handlungsstereotyp auszubrechen versucht, wird vom Trainer wieder in das festgesetzte Handlungsstereotyp hineingezwungen.«[47] Der Trainer versichert: »Wir werden unser Spiel spielen, das uns auf den Leib geschrieben ist.« Abweichendes Verhalten wird durch präjudizierenden Sprachgebrauch der Lächerlichkeit preisgegeben: »Heese vergab [. . .] todsichere Dinger, als er jeweils mutterseelenallein vor Torwart Scheidt aufkreuzte, aber jeweils scheiterte.« Das Wort ›mutterseelenallein‹ soll die Hilflosigkeit seines Tuns und seine Verwaisung innerhalb der Mannschaft aufgrund individuellen Verhaltens zeigen: ›aufkreuzen‹ kennzeichnet die Ziellosigkeit seines Tuns. Hilflosigkeit und Ziellosigkeit gelten als die schwersten Makel in einem Kampfspiel, die denn auch mit der sprachlichen Wendung, daß er ›aber jeweils scheiterte‹, geahndet werden. Die zweimalige Verwendung von ›jeweils‹, daß er ›jeweils‹ mutterseelenallein aufkreuzte, aber ›jeweils‹ scheiterte, soll das fast manisch-kranke seiner Verhaltensweise zeigen, stigmatisiert ihn als einen potentiellen Irren.

Die von der kapitalistischen Produktion eingeführte rationell-kalkulatorische Zerlegung kollektiver Arbeitsprozesse wirkt sich auf dem Spielfeld so aus, daß der Spieler, wie der Arbeiter oder Angestellte, auf seinem Posten ausharren muß. Dabei reduzieren sich seine Aktionen auf sich wiederholende Spezialaufgaben: »Vor allem Hölzenbein hatte sich bald eine ›hauseigene Sprintstrecke‹ ausgesucht. Er stieß immer vom Mittelkreis aus — flink wie ein junges Reh — diagonal nach rechts vor und zog dann wunderbare Rückpässe vors Oberhausener Tor.« Hier werden die den Entscheidungsspielraum des Individuums extrem einengenden, repressiven Systeme von Handlungsvorschriften in naturwüchsige uminterpretiert. Der Spieler zieht wie ein Raubvogel seine Kreise, um dann diagonal vorzustoßen . . . Die ›hauseigene Sprintstrecke‹, die flink wie ein junges Reh bewältigt wird, steht allerdings im Widerspruch zu dem Flug eines Vogels. Hier zeigt sich, wie im operationellen Satzverfahren auch die Assoziationen, wie Fertigteile in der Industrie, ›montiert‹ werden können.

Die Spielsysteme und Taktiken, denen die Spieler sich unterzuordnen haben und die technologischen Gegebenheiten eines Betriebs, die das Verhalten am Arbeitsplatz determinieren, strukturieren die Kooperation der im einen oder im anderen Bereich organisierten Individuen gefügeartig. Die Kooperation in der Arbeitssphäre verläuft auf dem Umweg über die technische Anlage, auf dem Spielfeld funktioniert sie über einen Apparat taktischer Regeln. Trainer Branco Zebec: »Unsere Stärke ist das *Teamwork, dem sich jeder unterordnet.*« Die in diesem Ausspruch geforderte Unterwerfung definiert das *Teamwork* als eine zweck-rationale Planung des Mannschaftsspiels, oder, in der Produktionssphäre, des Arbeitsverhaltens, welches beide Handlungssysteme in eine arbeitsteilige, spieltechnisch oder arbeitstechnisch determinierte Kooperation verwandelt. Über diese, der repressiven Organisation eines Betriebes analoge Spiel- und Mannschaftsstruktur berichtet die Sprache in handwerklich-gediegenen Terminologien: »Mannschaftsgefüge«, die Spieler können »eingebaut« werden. Es soll die Illusion der ›heilen Welt‹ eines Baukastens vorgemacht werden, wo die Teile, eins aufs andere zugeschnitten, spielerisch ineinandergefügt oder stabil aufeinandergebaut werden können.

Das Kapital würde gegen seine Interessen verstoßen, wenn es seine betriebliche Organisation und ihre Verhaltensmuster nicht in einem für die Massen zentralen Bereich, wie es der Sport ist zielsetzend propagieren würde. »Ein Glück für Hertha, daß Horr als solcher wieder Dienst tat.« Dieser Satz hat appellativen Charakter, er berichtet über einen Spieler, meint aber das Individuum am Arbeitsplatz. Die Sprache des Sportberichts präsentiert wo es geht die Aufrufe, nicht aufzugeben, selbst nicht bei vollkommener Glücklosigkeit und Erschöpfung: »Ich glaube, mir fehlt nur das Glück, das Selbstvertrauen ist nicht angeknackst. Ich suche meine Chance, aber es will einfach nicht hinhauen.« — »Daß der Österreicher nie resignierte und später [. . .] wieder frisch ans Werk ging, zeugt von seiner großen Substanz.«

Nur wenn die fortschreitende gewaltsame Unterdrückung individueller Dispositionsmöglichkeiten durch die Verdichtung kapitalkonformer technisch-organisatorischer Rationalisierungsmaßnahmen im sprachlichen Symbol des Mannschaftsbegriffs akzeptiert wird, kann das Kapital damit rechnen, daß ihm weiterhin genug Arbeitskräfte zur Steigerung seiner Profitrate zur Verfügung stehen. *Stellenanzeige:* »Wir suchen einen qualifizierten Lagermeister, der mit allen in einem großen Lager anfallenden Arbeiten vertraut ist [. . .] Selbstverständlich unterstützt sie dabei *unsere Mannschaft.*«

Es ist im Sinne des Profitsystems, daß Terminologien, die die Arbeitssphäre kennzeichnen, sukzessive in die den Sport beschreibenden Terminologien überführt werden. Durch seine

Ideologie der Stärke und der Fairneß erfahren sie die für die Anwerbung von Arbeitskräften notwendige Aufwertung.

Stellenanzeige: »Wenn sie einen neuen *Start* machen wollen [...] Wir sind ein *dynamischer* Industriebetrieb [...] mit *kooperativem Führungsstil.* Wir bieten [...] selbständiges Arbeiten innerhalb eines *Teams* aufgeschlossener Mitarbeiter.«

Auch im Arbeitsbereich willigt das leistungsorientierte Individuum in sado-masochistisches Verhalten ein, das sowohl den Drang, selbst Gewalt anzutun, beinhaltet, wie auch den zu parieren und zu leiden, wenn es ihm in der Sprache des sportlichen Kampfs eingeredet wird.

Stellenanzeige: »Wir suchen einen dynamischen Ingenieur [...], der weiß, *daß Erfolge erkämpft* werden müssen.«

Stellenanzeige: »Programmieren sie ihre Karriere selbst [...] wir suchen *aggressive* Mitarbeiter, die fähig sind, am *Aufbau unserer Organisation* tatkräftig mitzuarbeiten.«

Das unter kapitalistischer Herrschaft regredierte Individuum, Ich-schwach auf Stärke und Leistung fixiert, glaubt als Subjekt zu handeln und bemerkt nicht, daß es die militante Zwangskollektivierung sprachlich längst akzeptiert hat, ein Umstand, den die kapitalistische Rationalität nur durch die ›Zwangseleminierung‹ der auf das Begreifen der Sache drängenden Sprache bewerkstelligen konnte. Mit Befriedigung nimmt das in zwanghaftes Verhalten eingeschulte Individuum Kenntnis von dem Satz: »Die Mannschaft hat sich an die Marschroute gehalten.« Den intendierten Zweck, von der Vernunft des Profitsystems diktiert, bemerkt es, selbst zweck-verdummt, nicht, und läßt sich, sei es vom Trainer oder von einer anderen ›Sachautorität‹, folgendes Urteil sprechen: »Heute haben wir die schlechtesten Zensuren verdient.« Solchermaßen entmündigt läßt es sich folgende Lektion erteilen: »Mit einem besonders scharfen Übungsprogramm verabschiedete sich Trainer Hermann Pfeifer: ›damit ihr mich in Erinnerung behaltet‹.« So behandelt läßt es sich, sei es im Arbeitsbereich oder auf dem Spielfeld »zu einer schlagkräftigen Einheit zusammenschweißen«.

»Den Opfern kapitalistischer Herrschaft wird es verwehrt zu lernen, die aus den Versagungen entfremdeter Verhältnisse resultierende Aggressivität gegen ihre Ursachen zu richten. Anstatt an die Destruktion des ›Gehäuses der Hörigkeit‹ zu gehen, anstatt ihre Unterdrückung zu bekämpfen, richten sie die aus gestauter Aggressivität gespeiste Zerstörungswut gegen das eigene Selbst und diejenigen, die Opfer sind wie sie selbst.«[48] Trainer Horvath, der seine Spieler mit ›Autorität und mit Liebe‹ behandelt, sagt: »Bei uns herrscht eine wunderbare Ruhe im Verein.«

Beide, der Sportler und das in der Produktionssphäre ausgebeutete Individuum, nehmen widerstandslos bei jedem neuen Leistungsversuch die Prozedur einer neuen Prüfung in Kauf, denn »das Existieren im Spätkapitalismus ist ein dauernder Initiationsritus. Jeder muß zeigen, daß er sich ohne Rest mit der Macht identifiziert, von der er geschlagen wird.«[49]

Vor der ›Prüfung‹: »Wir können es mit jedem Gegner aufnehmen, ohne uns zu blamieren [. . .] Wir haben alle erkannt, daß sich die Quälerei in den letzten drei Monaten gelohnt hat.«

Nach der ›Prüfung‹: »Schwarzenbeck: ihm allein gebührt die Note 1. Er arbeitete zwei polnische Flügelstürmer auf und fand trotzdem noch Gelegenheit zu Fleißaufgaben an anderen Stellen. Eine großartige Leistung!«

15. SPIELERMATERIAL — SPRACHMATERIAL

Notwendiges Ziel der über einen Apparat taktischer Regeln oder auf dem Umweg über eine entfremdete technische Anlage kooperierenden Individuen muß es sein, sich durch die Anwendung eingeübter Stereotype sozusagen ›regelungstechnisch‹ zu verhalten, d. h. Körper und Bewußtsein müssen auf den technischen bzw. taktischen Apparat reflexhaft reagieren, sie müssen unter dem Diktat zweck-rationaler Planung eine Pseudo-Identität eingehen, die den Widerspruch von Denken und Handeln löscht. Pseudoidentisches Handeln aber ist entfremdetes Handeln. »Der moderne Sport, so ließe sich sagen, sucht dem Leib einen Teil der Funktionen zurückzugeben, welche ihm die Maschine entzogen hat. Aber er sucht es, um die Menschen zur Bedienung der Maschine um so unerbittlicher einzuschulen. Er ähnelt den Leib tendenziell selber der Maschine an.«[50]

Das Individuum bemißt sich selber nach der Reihe von zweckrationalen Operationen, die es ausführt, seine durch Denken und Handeln vermittelte Zeitstruktur ist zerstört, es kennt nur noch Dauer oder Aktion.

Es wird sich selbst zum Ding, zum Funktionsmechanismus, es wird mit der es bezeichnenden Sprache kongruent: der Spieler *ist* ein Maschinenteil, z. B. eine Triebfeder. Er funktioniert als Schaltstation im ›Fußballregelwerk‹. Er funktioniert nicht als Schaltstation im Fußballregelwerk seiner Mannschaft, die Mannschaft *ist* das Fußballregelwerk.

Die von der Anstrengung des Begreifens abgetrennte Sprache hat keine Möglichkeit mehr zu unterscheiden zwischen Ding und Funktion, zwischen Subjekt und Objekt, ihr Begriffssystem ist pervertiert. Die Abstraktion vom Menschen und seinem gesellschaftlichen Sein erscheint als Konkretheit. Doch je unvermittelter diese Konkretheit sich aufdrängt, desto mehr wird sie zur magischen Formel. Die Sprache ist stets das, was das Ding ist, was sie bezeichnet: der Spieler *ist* Fahrer und Auto in einem, er bedient sich als technischen Apparat, »schaltet seine Gänge ein«, »reguliert sein Tempo«. Die Dialektik von Subjekt und Objekt, von Zustand und Sein ist endgültig getilgt. Das Individuum als vorhandenes mechanisiertes Teil kann beliebig in jedes mechanische System eingebaut werden. »Nicht an seinem Gehorsam und nicht an der Härte seiner Arbeit, sondern an seiner Erniedrigung zum Werkzeug und an seiner Verwandlung vom Menschen in eine Sache, erkennt man den Sklaven.«[51]

16. Schlusssatz
Aus einer vom deutschen Sportbund veröffentlichten Schrift:

»Es ist selbstverständlich, daß zur Erzeugung der Metapher, soweit sie natürlich und volkstümlich ist, in der Regel diejenigen Vorstellungskreise herangezogen werden, die in der Seele am mächtigsten sind [. . .] In der Wahl des metaphorischen Ausdrucks prägt sich daher die individuelle Verschiedenheit des Interesses aus, und an der Gesamtheit der in einer Sprache usuell gewordenen Metapher erkennt man, welche Interessen in dem Volke besonders mächtig gewesen sind.«[52]

Anmerkungen

1 L. S. Wygotski, zit. nach Denis Lawton: Soziale Klasse, Sprache und Erziehung, Düsseldorf 1970, S. 68
2 Vgl. Charles Brenner. Grundzüge der Psychoanalyse, Frankfurt/M. 1967, III. Kapitel, ›Der psychische Apparat‹
3 L. S. Wygotski: Denken und Sprechen, Frankfurt/M. 1971, S. 35
4 Chr. Graf v. Krockow: Der Wetteifer in der industriellen Gesellschaft und im Sport, in: Der Wetteifer, Frankfurt/M.–Wien ·1962, S. 59; zit. nach Bero Rigauer: Sport und Arbeit, Frankfurt/M. 1969, S. 26
5 Th. W. Adorno: Prismen, München 1963, S. 75. Originalzitat: »an archaic spiritual constitution«. (übersetzt G. D.)
6 Ebd., S. 75
7 Ebd., S. 75
8 Ebd., S. 75
9 Leo Weisgerber: Das Wissen vom Satz in der Sexta, in Wirkendes Wort, 3. Jahrgang 1952/53, S. 370
10 Denis Lawton, a.a.O., S. 70
11 Bero Rigauer, a.a.O., S. 56
12 Hochschulausbildung für technische Führungskräfte, Frankfurt/M. 1964, S. 12
13 Die Stellenanzeigen stammen ausschließlich aus der Samstags-Ausgabe der Frankfurter Rundschau vom 9. 10. 71
14 Leo Weisgerber, a.a.O., S. 375
15 Ebd., S. 375
16 Die Zeitungszitate stammen sämtlich aus 14tägiger Lektüre des Kickers, der Münchener Abendzeitung, der Bild-Zeitung, der Bild am Sonntag, der Frankfurter Rundschau in der Zeit vom 27. 9. 71 bis zum 11. 10. 1971
17 P. W. Bridgman: The logic of Modern Physics, New York 1928, S. 5, zit. nach Herbert Marcuse: Der eindimensionale Mensch, Neuwied 1967, S. 32
18 Ebd., S. 37
19 W. v. Humboldt: Über die Verschiedenheit des menschlichen Sprachbaues, Nachdruck Berlin 1935, S. 254, zit. nach Herbert Marcuse, ebd., S. 115
20 Ebd., S. 115

21 Leo Weisgerber, a.a.O., S. 370
22 Max Ostrop, in: *Leibesübungen und körperliche Erziehung*, H. 50, 1931, S. 43; zit. nach Bues: Versportung, Seite 14 f, zit. nach W. Haubrich: Die Bildsprache des Sports im Deutsch der Gegenwart, Schorndorf 1965, S. 17
23 Th. Veblen: Theorie der feinen Leute, Köln und Berlin o. J., S. 261, zit. nach G. Vinnai: Fußballsport als Ideologie, Frankfurt/M. 1970, S. 85
24 G. Eisermann: Wirtschaft und Gesellschaft, Stuttgart 1964, S. 107
25 W. Haubrich, a.a.O., S. 187
26 Ebd., S. 187
27 Ebd., S. 187
28 Hochschulausbildung für technische Führungskräfte, a.a.O., S. 56
29 G. Vinnai, a.a.O., S. 88
30 Heinz Küpper: Wörterbuch der deutschen Alltagssprache, Bd. 1, München 1971, S. 18
31 Harald Dankert: Sportsprache und Kommunikation, Tübingen 1969, S. 33/34
32 Ebd., S. 34
33 Heinz Küpper, a.a.O., S. 18
34 W. Stählin: Zur Psychologie und Statistik der Metaphern, in: *Archiv für die ges. Psychologie*, H. 31, 1914, S. 349, zit. nach W. Haubrich, a.a.O., S. 199
35 Wolfgang Kayser: Das sprachliche Kunstwerk, 4. Aufl., Bern 1956, S. 123, zit. nach W. Haubrich, a.a.O., S. 200
36 Th. V. Fischer: Das Symbol (Philosophische Aufsätze), Leipzig 1887, S. 155, zit. nach W. Haubrich, a.a.O., S. 198
37 G. Vinnai, a.a.O., S. 40
38 Boileau/Narcejac: Der Detektivroman, Neuwied 1964, S. 183
39 Ebd., S. 186
40 Ebd., S. 187
41 Ebd., S. 187 f
42 G. Vinnai, a.a.O., S. 20
43 Boileau/Narcejac, a.a.O., S. 180
44 Ebd., S. 180
45 Bero Rigauer, a.a.O., S. 35
46 Ebd., S. 35
47 Ebd., S. 35
48 G. Vinnai, a.a.O., S. 89
49 Th. W. Adorno: Dialektik der Aufklärung, Raubdruck, S. 162
50 Th. W. Adorno, Prismen, a.a.O., S. 76
51 François Perroux: La Coexistence pacifique, Paris 1958, zit. nach Herbert Marcuse, a.a.O., S. 53
52 H. Paul: Prinzipien der Sprachgeschichte, 3. Auflage, Halle 1898, zit. nach W. Haubrich, a.a.O., S. 209

Sven Güldenpfennig

Anmerkungen zum politischen Bewußtsein der Sportstudenten

»Mein ganz schwarzer Verdacht: Alle diese Welt-
verbesserungspropheten sind faul, stinkfaul. Ihre
einzige Gymnastik ist die der Sprechmuskulatur.
Die grauen Zellen in ihrem Gehirn werden dabei
kaum strapaziert, sonst würden ihre Formulierungen wenigstens verständlich sein.«

Ein Sportler[1]

Ausgangspunkt der folgenden Überlegungen ist die Erfahrung manifester, zumeist aber eher latenter Widerstände, die demjenigen begegnen, der versucht, im Bereich des Sports in der BRD in politischen Kategorien zu argumentieren. Politisches Bewußtsein in diesem Bereich geht allenfalls so weit, sportbezogene Maßnahmen ›offizieller‹ politischer, d. h. staatlicher Organe in ihrem Nutzen oder Schaden für den Sport zu beurteilen, im übrigen aber für den Sport eine möglichst weitgehende Unabhängigkeit von ›der Politik‹ zu erhoffen.[2] Als *ein* Beispiel solchen Bewußtseins soll das der künftigen Sportlehrer, der Sportstudenten an den Ausbildungseinrichtungen, Instituten für Leibeserziehung, Leibesübungen und Sportwissenschaft sowie an den Seminaren für Leibeserziehung an den Pädagogischen Hochschulen (i. f. kurz ›IfL‹ genannt) ansatzweise skizziert werden.

Es wird dabei von folgenden Annahmen ausgegangen: Einerseits ist das in einem gesellschaftlichen Bereich dominierende politische Bewußtsein *eine* von verschiedenen wesentlichen Voraussetzungen für die gesellschaftliche Relevanz eines solchen Bereiches, und andererseits hängt dieses Bewußtsein selbst von verschiedenen Bedingungen ab. *Einige* dieser Bedingungen sollen i. f. ebenso angedeutet werden wie einige Folgerungen, die sich aus solchem Bewußtsein für den Bereich Sport insgesamt ergeben.

Das geschieht, indem das politische Bewußtsein der Sportstudentenschaft exemplarisch in einem bestimmten Punkt — nämlich ihrem Verhalten im Zusammenhang der hochschulpolitischen Auseinandersetzungen seit Beginn der Studentenbewegung — analysiert wird, woraus Folgerungen u. a. für ihr künftig zu erwartendes Verhalten als Lehrer gezogen werden könnten.

Der Begriff des politischen Bewußtseins soll nach dem hier zugrunde gelegten Verständnis vor allem zwei Gesichtspunkte umfassen: einerseits Information nicht nur über politische Gegenstände im engeren Sinne (Strukturen und Funktionsweisen staatlicher Institutionen), sondern vor allem über die Zusammenhänge von gesellschaftlichen Interessenlagen, Herrschaftsverhältnissen, Konflikten und gesellschaftlichen Institutionen sowie über die Auswirkungen dieser Zusammenhänge auf gesellschaftliche Teilbereiche; andererseits die Bereitschaft, aufgrund solcher Einsichten zum Abbau gesellschaftlicher Herrschaftsverhältnisse praktisch-politisch tätig zu werden.[3]

Die Entwicklung der Studentenbewegung soll als Beispiel dafür stehen, daß Teile der Studentenschaft in der BRD diese Form politischen Bewußtseins entfalten konnten und in den hochschulpolitischen Auseinandersetzungen der letzten Jahre praktiziert haben. Von diesem Hintergrund wird dann die besondere Entwicklung in der Sportstudentenschaft abzuheben sein.

1. ZUR ENTWICKLUNG DER STUDENTENBEWEGUNG SEIT 1965

Als etwa 1965 die antiautoritäre studentische Protestbewegung in der BRD ihren Ausgang mit der Kritik der ›Ordinarienherrschaft‹ an den Universitäten und gegen den zunehmend auch in der Studiensituation sichtbar werdenden ›Bildungsnotstand‹ in der BRD nahm, stieß sie in der aufgeschreckten universitären, politischen und allgemein gesellschaftlichen Öffentlichkeit auf heftigen Widerstand.[4] Heute wird jenen ersten Protestaktionen allgemein die Zensur ›berechtigt, ja nützlich‹ erteilt. Das gilt schon nicht mehr für die zunehmende Politisierung der Studentenbewegung, die — wesentlich ausgelöst auch durch die Erfahrung und kritische Analyse der Politik des US-Imperialismus in Vietnam und allgemein gegenüber den Ländern der Dritten Welt[5] — zur Kritik der kapitalistischen Gesellschaft, zur ›Wiederentdeckung‹ der Klassenteilung auch in der BRD, zur Aufarbeitung und Anwendung der marxistischen Theorie und zu einer Praxis des Protestes gegen Auswirkungen und Symbole des kapitalistischen Systems führte. Wesentlichen Einfluß auf diese Anfangsphase hatten Herbert Marcuses Theorien über die Repressivität des kapitalistischen Systems, seine Aufforderung zur ›Verweigerung‹ gegenüber Leistungs-, Anpassungs- und Konsumzwängen dieses Systems und seine Hoffnung auf emanzipatorische Funktionen der kritischen Intelligenz.[6]

Kritik an der Selbstüberschätzung der isolierten studentischen Protestbewegung in ihrer Bedeutung im Kampf gegen die Klassenherrschaft in der kapitalistischen Gesellschaft wurde zunächst ›extern‹ von sozialistischen Positionen der traditionellen Arbeiterbewegung aus vorgebracht, artikuliert etwa durch Wolfgang Abendroth und Werner Hofmann.[7] Auch in den studentischen Gruppen setzte sich zunehmend das Bewußtsein durch von der politischen Kurzsichtigkeit eines isolierten, antiautoritären studentischen Protestes und damit von der zwingenden Notwendigkeit, die Politik der sozialistischen Studenten in ihrem Verhältnis zu dem Hauptträger der gesellschaftlichen Produktion und zugleich dem Hauptleidtragenden der kapitalistischen Organisation dieser Produktion und Gesellschaft — nämlich der Arbeiterklasse — zu analysieren und neu zu definieren.

In den Vordergrund traten somit in der weiteren Entwicklung neben der Kapitalismusanalyse die Klassenanalyse der Intelligenz und damit verbunden die Frage der Organisation und Strategie der Sozialisten in der BRD. Konzeptionelle Elemente der Strategiediskussion waren und sind die Auseinandersetzung mit der reformistischen Politik der Sozialdemokratie und der revisionistischen Politik der sozialistischen Länder und kommunistischen Parteien, die Analyse der Entwicklung in der BRD seit 1945 sowie, als weitere wichtige Elemente, die Auseinandersetzung mit den Grundpositionen der affirmativen bürgerlichen Wissenschaft, den staatlichen und universitären Maßnahmen zur technokratischen Bildungs- und Hochschulreform und mit der materiellen Situation der Studenten (z. B. Bundesausbildungsförderungsgesetz).

Die Debatte um Organisation und Strategie hat, begleitet von ideologischen Richtungskämpfen und z. T. auch sektiererischen Zersplitterungen, u. a. zu folgender Bestimmung geführt, wie der Kampf der Studenten an der Universität entfaltet und weiterentwickelt werden kann:

— Entfaltung des demokratischen Kampfes an der Hochschule um Mitbestimmung; gegen die Formierung von Forschung, Lehre und Ausbildung im Interesse des Großkapitals;

— Entfaltung des materiellen Kampfes der Studenten, der sich gegen die Verschlechterung der materiellen Basis der Studenten und die längerfristige Dequalifizierung ihrer Arbeitskraft richtet.

Diese Einschätzung des hochschulpolitischen Kampfes steht in Einklang mit der Klassenlage der Intelligenz, die sich tendenziell an die der Arbeiterklasse annähert, was unter strategischem Gesichtspunkt die Erziehung der Intelligenz zum aktiven Bündnispartner der Arbeiterklasse im Klassenkampf zur Folge haben muß. Zusammenfassend bedeutet die entsprechende strategische Konzeption des Hochschulkampfes die Negation der technokratischen Bildungs- und Hochschulreform, die lediglich zur Anpassung der Organisation und Funktionen des Bildungswesens an die Bedingungen der gesellschaftlichen Produktion auf der Basis der kapitalistischen Produktionsverhältnisse dienen soll.

Mit dieser skizzenhaften Darstellung der Entwicklung der sozialistischen Studentenbewegung ist allgemein der Rahmen abgesteckt, in dem die Entwicklung der weiteren hochschulpolitischen Auseinandersetzung stattfinden wird und in dem auch die Sportstudenten den Stellenwert ihrer Arbeit im Zusammenhang der Sportlehrerausbildung bestimmen müssen. Zugleich ist mit dieser Darstellung der Hintergrund gegeben, von dem die besondere Entwicklung in der Sportstudentenschaft abzuheben sein wird.

2. Zu den Bedingungen des politischen Bewusstseins der Sportstudenten

Die zunehmende Politisierung weiter Teile der Studentenschaft im allgemeinen ging an den Ausbildungseinrichtungen für Sportlehrer, den IfLs, lange Zeit ebenso unbemerkt und spurlos vorüber wie die Veränderungen in den Zielsetzungen und Wegen studentischer Politik, sowie die zunehmende Diskussion und Reflexion der gesellschaftlichen Relevanz und Funktionen von Hochschule, Wissenschaft und Ausbildungssektor in den verschiedenen Wissenschaftsbereichen. Deshalb sollen nun einige der Bedingungen analysiert werden, unter denen eine solche fast vollständige Isolation eines wissenschaftlichen und Ausbildungsbereiches, der noch dazu mit dem allgemeinen Sport an einen ›öffentlichkeitswirksamen‹ und in seiner gesellschaftlichen Bedeutung (fast) einhellig — wenigstens verbal — anerkannten gesellschaftlichen Bereich angeschlossen ist, überhaupt möglich war.

Einige soziologische Anmerkungen zur Sportstudentenschaft

Im Hinblick auf die *Sozialstruktur* der Sportstudentenschaft kann — trotz fehlender empirischer Daten — angenommen werden, daß sie weder allgemein von der der BRD-Studenten, noch von der der Sporttreibenden, aus deren Kreis Sportstudenten fast ausschließlich hervorgehen, wesentlich unterschieden ist: 6 Prozent der Studierenden in der BRD stammen aus Arbeiterfamilien. Vorliegende Untersuchungen zum allgemeinen Zusammenhang zwischen Sport und sozialer Schicht[8] sind für unsere Fragestellung nur begrenzt aussagekräftig, da sie älteren Datums sind und sich auch nur auf die in Vereinen organisierten Sporttreibenden beziehen. Jedoch weisen diese Untersuchungen eindeutig auf eine Unterrepräsentation der ›Unterschicht‹ unter den Sporttreibenden der BRD hin. Beide gesellschaftlichen Subsysteme — akademisches Bildungswesen und Sport — weisen also im Hinblick auf die Sozialstruktur eine gleichsinnige Tendenz auf. Allerdings dürfte damit vor allem etwas über die sozial diskriminierenden Funktionsmechanismen gesellschaftlicher Teilbereiche in der kapitalistischen Gesellschaft ausgesagt sein.

Für unsere spezifische Fragestellung, nämlich für die zu erwartende Bewußtseinsstruktur in der Sportstudentenschaft, gilt es festzuhalten, daß die Voraussetzungen im Hinblick auf die Sozialstruktur bei den Sportstudenten ähnlich sein dürften wie bei der allgemeinen Studentenschaft. Zur Erklärung bestimmter politischer Bewußtseinslagen ist es aber offensichtlich unzureichend, die Bedingung der sozio-ökonomischen Lage heranzuziehen. Denn einerseits sind — wie die Studentenbewegung gezeigt hat — wesentliche Teile der Jugend aus den bürgerlichen Mittelschichten durchaus in der Lage, antikapitalistisches Bewußtsein zu entwickeln; andererseits ist bei Jugendlichen aus Arbeiterfamilien, die sich im bürgerlichen Bildungssystem ›behauptet‹ haben, eher ein bürgerlich-angepaßtes Bewußtsein zu erwarten, da sie ihre Situation meist als Chance zu individuellem Aufstieg auffassen, die sie nur durch Anpassung an bürgerliche Normen wahrnehmen können sowie durch Entfremdung von ihrer Klasse, für deren überwiegende Mehrheit die diskriminierenden Wirkungen des kapitalistischen Systems unverändert wirksam bleiben (Stichwort: ›kumulatives Defizit‹).[9]

Festzuhalten gilt es auch: Das im Laufe der Studentenbewegung bei den sozialistischen Gruppen entwickelte politische Bewußtsein ist nicht das *der* Studentenschaft, von dem das der Sportstudenten prinzipiell abgehoben wäre; vielmehr ist das nach wie vor in der Studentenschaft dominierende unpolitische Bewußtsein[10] bei den Sportstudenten in besonders geringem Maße durchbrochen.

Über die für die Sportstudentenschaft als wahrscheinlich anzunehmende soziale Zusammensetzung hinaus müssen also Bedingungen vorhanden sein, die zu jener besonderen Situation an den IfLs geführt haben. Es liegt nahe, sie im engeren Umkreis des Sports und der Leibeserziehung selbst zu suchen. Darauf weist z. B. schon eine Untersuchung zum Problemkreis ›Leistungsengagement und Sportinteresse‹ hin, die u. a. zu dem (freilich auch nur beschränkt aussagekräftigen) Ergebnis führt, daß Verhaltensweisen und Interessenlagen der Jugendlichen mit sportlichem Engagement sich »entschieden konformistischer habitualisiert als die der nicht sportlich engagierten (zeigten). Die erst in den zurückliegenden Jahren immer deutlicher strukturierten Formen des modernen jugendlichen Gesellschaftsprotestes unterstreichen in ihrer radikalen Distanz zum Sportengagement diesen Befund nachdrücklich.«[11] Einige weitere mögliche Bedingungen sollen daher herangezogen und geprüft werden.

Sportstudenten sind im Regelfalle selbst Sporttreibende und unterliegen damit auch den *sozialisierenden Wirkungen des Sports*. Für unseren Zusammenhang von Interesse ist hier eine Untersuchung über den ›Beitrag der Leibesübungen und des

Sports zur politischen Erziehung‹.[12] Clemenz Czwalina versucht dort die in der Struktur des Sports selbst angelegten Möglichkeiten zur Sozialisation und die eigentliche politische Funktion der Leibeserziehung herauszuarbeiten: »Gymnastik, Sport und Spiel bieten innerhalb der Schule und draußen einzigartige, durch nichts zu ersetzende Gelegenheiten, den Stil des konkurrierenden Wettbewerbs, des Kampfes, des Vergleichs und des Zusammenwirkens, kurz die elementaren Formen des demokratisch-sozialen Lebens einzuüben.«[13] »Ziel muß es sein, die Bereitschaft zu wecken zu politischen Entscheidungen und zu einer bejahenden Anteilnahme am öffentlichen Leben.«[14] Streicht man die *positive* Wertung, die Czwalina aus seiner bürgerlich-konformistischen Position der BRD-Gesellschaft gegenüber diesen sozialisierenden Wirkungen unterlegt, berücksichtigt man zudem die notwendige Skepsis gegenüber dem Postulat *direkter* sozialisierender Wirkungen, die ein gesellschaftlicher Teilbereich auszuüben vermag, dann scheint aufgrund der Untersuchungen Czwalinas immer noch die These vertretbar, daß der Sport in seiner derzeitigen Struktur geeignet ist, zur Erzeugung eines konformistisch-angepaßten, unkritischen Bewußtseins beizutragen.[15] Plausibel erscheinen lassen das die von Czwalina beschriebenen Erfahrungen, die der derzeitige Sport nahelegt:

— die als eigene Ohnmacht erfahrene Macht des Schiedsrichters in sportlichen Spielen und Wettkämpfen;

— damit auch die freiwillige Anerkennung von Spielregeln, an deren Festlegung man nicht selbst beteiligt war;

— die in den sportlichen Spielregeln meist verankerte Chancengleichheit für alle am Spiel (= entlasteter Konflikt) Beteiligten;

— ebenso die Erfahrung, daß man im ›Gegner‹ immer zugleich auch den ›Partner‹ zu sehen hat;

— all diese und noch weitere bei Czwalina beschriebene Erfahrungen wirken ›funktional‹, d. h. sie erzeugen ›automatisch‹ im Vollzug sportlicher Handlungen bestimmte Einstellungen, ohne daß sie beim Sport selbst verbalisiert oder einer kritischen Reflexion unterzogen würden, wie überhaupt der weitgehende Verzicht auf verbale Kommunikation und auf die vor allem durch sie auszulösende Reflexion gesellschaftlicher Inhalte ein Kennzeichen des Sportbetriebes insgesamt ist.[15a]

Daß Czwalina diese Erfahrungen als positive Beiträge des Sports zur politischen Erziehung werten kann, liegt darin begründet, daß er die bürgerlich-demokratische Verfassung der BRD als herrschaftsfrei mißversteht und ihre gesellschaftliche Wirklichkeit insgesamt deshalb als strukturähnlich mit dem sportlichen Handlungssystem und den dort geltenden Normen auffassen kann. Streicht man diese (falsche) Einschätzung weg, so scheinen seine Aussagen geeignet, Hinweise gerade auf *ent-*

politisierende Wirkungen des Sports zu geben. Denn es handelt sich durchweg um Erfahrungen, die grundsätzlich zu politischer Desorientierung führen müssen, wenn sie unkritisch übertragen werden in eine herrschaftsstrukturierte gesellschaftliche Wirklichkeit, die nicht nach dem Prinzip der Chancengleichheit funktioniert und in der auch nicht wie im Sportbereich der ›entspannte Konflikt‹ vorherrscht. Es wäre damit eine weitere Erklärungsbasis für unsere Ausgangsfrage nach den Bedingungen für die spezifische Situation in den IfLs gewonnen, eine Erklärungsbasis allerdings, die noch weiter abgesichert werden müßte.

Noch ein dritter Faktor im Zusammenhang mit der Struktur der Sportstudentenschaft dürfte von Bedeutung sein: In ›Hinweisen zum Studium der Leibeserziehung‹ wird verwiesen auf die spezifischen *Motive bei der Wahl des Studienfaches* Leibeserziehung: »Die Wahl des Studienfaches erfolgt nur selten aufgrund genauer Kenntnisse der fachlichen Inhalte, sondern scheint häufig durch Freude am Sport, sportliches Können, persönliche Veranlagung und Zuneigung zum Lehrerberuf bestimmt. Ein Teil der Studenten entscheidet sich für das Sportstudium, weil sie glauben, in ihm ein Gegengewicht zu den anderen wissenschaftlichen Fächern zu finden. Manche meinen wohl auch, mit ›Leibeserziehung‹ ein ›leichtes‹ Studienfach gewählt zu haben.«[16]

Diese Erwartungen, mit denen vielfach das Studium der Leibeserziehung aufgenommen wird, spiegeln einerseits das Bild wider, das die Leibeserziehung selbst von sich gibt, andererseits sind sie Ausdruck auch einer spontanen Einschätzung des Sports und seiner untergeordneten und wissenschaftlich wenig ›anspruchsvollen‹ Stellung im Bildungssystem. Es kann deshalb angenommen werden, daß schon bei der Berufswahl der künftigen Sportlehrer eine vom wissenschaftlichen und auch politischen Anspruch her gewissermaßen ›negative Auslese‹ stattfindet, die eine weitere Erklärung für das in der Sportstudentenschaft verbreitete Desinteresse an Studienablauf und -inhalten ebenso wie an aktiver Beteiligung an den hochschulpolitischen Auseinandersetzungen darstellen könnte.

Die Situation in den IfLs und Grundzüge des bisherigen Studiums

Die Studentenschaft, zu deren soziologischer Struktur im vorigen Abschnitt einige Anmerkungen gemacht wurden, wurde in den IfLs über lange Zeit hin mit Bedingungen konfrontiert, die das Syndrom gesellschaftlich-politischer Abstinenz in der Sportlehrerausbildung vervollständigen. Einige dieser Bedingungen sollen hier kurz skizziert werden:

Die IfLs führten seit dem Beginn ihres Anschlusses an die Universitäten einen weitgehend erfolglosen Kampf um wissenschaftliche Anerkennung und Integration in die Hochschulen[17], was zur Folge hatte, daß aufgrund *mangelhafter wissenschaftlicher Kommunikation* und organisatorischer Verbindung mit anderen Bereichen die IfLs kaum Kontakt zum übrigen Geschehen in der Hochschule hatten und diese wiederum kaum Kenntnis nahmen von der Situation an den IfLs. Die Arbeit in diesen Instituten wurde aus diesen und anderen Gründen kaum zu einem Nachweis ihrer Praxis- und Gesellschaftsrelevanz gezwungen, zumal auch eine Rückkopplung von der Situation der Leibeserziehung in der Schule zu den IfLs und damit die Möglichkeit einer ständigen Revision der Arbeit an den Instituten im Hinblick auf die Anforderungen der schulischen Berufspraxis der Sportlehrer kaum gegeben waren. Weiter trug zur Stagnation der Institutsarbeit die Tatsache bei, daß kaum eine Förderung des wissenschaftlichen Nachwuchses institutionalisiert war oder eine die fachspezifischen Fragestellungen betreffende Forschung in nennenswertem Umfang betrieben wurde.

Die *Organisationsstruktur* der Mehrheit der Institute trug zudem hierarchische und patriarchalische Züge: Institutsleiter, die alle Entscheidungen ihrem eigenen Ermessen vorbehielten, die durch ihren väterlichen Habitus im Institut das Klima eines harmonischen, konfliktfreien Familienbetriebes schufen und die den ruhigen und regelmäßigen Ausstoß künftiger Leibeserzieher als Beweis für die Funktionstüchtigkeit der Institute werteten; Lehrkörper, deren Mitglieder sich wegen der autokratischen Stellung der Institutsleiter oder auch wegen eigener geringer wissenschaftlicher Qualifikation zu dessen mehr oder weniger botmäßigen Erfüllungsgehilfen degradierten; Studentenschaften, deren weitgehendes Desinteresse an den Formen und Inhalten des Studiums u. a. eine Folge des entmündigenden Schulbetriebes am Institut war, diesen andererseits aber auch erst mit ermöglichte — deutliches Anzeichen der weitgehend fehlenden Bereitschaft zur Artikulierung und Durchsetzung ihrer Interessen war oft das Fehlen einer gewählten Studentenvertretung; oder diese arbeitete, sofern eine solche doch bestand, in einem Bewußtsein von studentischer Politik, das sich in seinen Zielen sinngemäß auf die berühmte ›Verbesserung des Mensa-Essens‹ u. ä. beschränkte — ein Bewußtsein, das in der allgemeinen Hochschulpolitik der Studentenschaften spätestens 1965 und schon früher abgelegt worden war.

Das *Studium* selbst war (und ist) vor allem dadurch gekennzeichnet, daß es die Mehrzahl der künftigen Sportlehrer ohne präzise und differenzierte Kenntnisse über ihre spezifischen Fach- und Unterrichtsgegenstände und über den gesellschaftlichen Stellenwert ihres Faches in die Berufspraxis entließ. Die herrschende Auffassung über den Sport wurde dabei nicht unter systematischer Anwendung fach-, erziehungs- und gesellschaftswissenschaftlicher Methoden einer kritischen Analyse unterzogen, sondern weitgehend unbefragt immer aufs neue reproduziert. Der künftige Sportlehrer hatte sogar selbst Nachweise dafür zu erbringen, daß er gewisse Leistungsnormen als Sporttreibender erfüllt und sich an Sportwettkämpfen beteiligt hat. Schon das weist darauf hin, daß die sog. ›Praxis‹ den Kern des bisherigen Sportstudiums darstellte. Der hier verwendete Praxis-Begriff ist dabei einer der problematischsten Punkte in dem ganzen herkömmlichen Studienkonzept: Mit ihm wurde nicht etwa die Berufspraxis des Sportlehrers bezeichnet, von der her auch die gesamte Ausbildung des künftigen Sportlehrers in ihren verschiedenen didaktischen Aspekten definiert werden müßte, sondern es wurde darunter die direkt ›sporttreibende Praxis‹ verstanden, die für den Sportlehrer und seine Unterrichtspraxis als unabdingbar angesehen und damit seit jeher als wesentlicher Bestandteil in der Sportlehrerausbildung verankert wurde, was dann ebenfalls seit jeher zu einem empfindlichen Defizit an den erforderlichen fach-, erziehungs- und sozialwissenschaftlichen Kenntnissen und an unterrichtspraktischer Vorbereitung in der Sportlehrerausbildung geführt hat. Die Verbesserung der eigenen sportlichen Leistungsfähigkeit der Studierenden, zusammen mit der meist nicht auf ihre didaktischen und lerntheoretischen Voraussetzungen hinterfragten und überprüften Sportart-spezifischen Methodik, bildete das Kernstück der Ausbildung. Der wissenschaftliche Charakter dieser Ausbildung sollte gewährleistet werden durch den sog. ›theoretischen‹ Teil, der im Normalfalle aber — sowohl im Bewußtsein der Studierenden und in der Motivation, mit der sie diesen Teil des Studiums in der Regel absolvierten, als auch in der tatsächlichen Durchführung der theoretischen Lehrveranstaltungen — bloßes ›Anhängsel der Praxis‹ blieb, dessen reale Bedeutung zur theoretischen Erhellung der Unterrichtspraxis meist nicht ersichtlich wurde und so für deren kritische Gestaltung unverbindlich und folgenlos bleiben mußte.

Insgesamt ergab die bisherige Sportlehrerausbildung also folgendes Bild: Sportinteressierte und Sporttreibende, die in ihrer eigenen Entwicklung wesentlich auch über den Sport und seine entpolitisierenden Mechanismen sozialisiert worden waren, wurden in der Sportlehrerausbildung in bruchlosem Übergang wiederum vorrangig der gleichen Praxis konfrontiert, ohne daß sie durch eine eingehende theoretische Auseinandersetzung in die Lage versetzt würden, diese Praxis vor ihrem gesellschaftlichen Hintergrund kritisch in Frage zu stellen und Alternativen zum gegenwärtig herrschenden Sportbetrieb zu entwickeln, oder auch nur für die Schaffung entsprechender Voraussetzungen in der Sportlehrerausbildung einzutreten.

Schließlich scheinen noch einige Anmerkungen zu den *theoreti-*

schen Grundlagen der Leibeserziehung und damit auch der Sportlehrerausbildung erforderlich.

Schon der Begriff verweist einerseits (Leibes*erziehung*) auf die dominierende Stellung der pädagogischen Theorie des Sports in diesem Fach, andererseits (*Leibes*erziehung) auf die dominierende Stellung, die der philosophisch-anthropologische Ansatz in dieser *pädagogischen Theorie des Sports* traditionell einnimmt. Ommo Grupe gibt zwar »zu bedenken, daß solche anthropologischen Grundlagen zur Theoriebildung im Sport nur ein Stück beitragen können. Sie ist weiter angewiesen auf die Beiträge der Medizin, der Psychologie und Sozialpsychologie, vor allem der Soziologie. [. . .] Das ist durchaus als eine Einschränkung und Relativierung des anthropologischen Ansatzes aufzufassen. [. . .] Dabei mag mancher die Frage stellen, ob und wie weit die anthropologische Fragestellung von gesellschaftlicher Relevanz sein könne. [. . .] Was die Leiblichkeit und was leibliche Phänomene angeht, mag zunächst deren individuell-subjektive Dimension ins Auge springen. Tatsächlich ist jedoch ihre gesellschaftliche Bedeutung viel zentraler gegeben, als dies auf den ersten Blick erscheint.«[18] Aber auch diese Relativierung durch Grupe kann nichts daran ändern,

— daß das primäre Erkenntnisinteresse der pädagogischen Theorie des Sports sich bis heute auf die Herausarbeitung anthropologischer Konstanten über das ›Wesen des Menschen‹, auf die individuell-subjektiven Bestimmungen der Bedeutung des Leibes (und damit der Leibeserziehung) für die ›leibseelische Ganzheit Mensch‹ sowie auf die erzieherische Beeinflussung dieser ›Ganzheit‹ durch das Medium des Leibes mittels der Leibesübungen gerichtet hat, was bestimmend auch für die Sportlehrerausbildung geblieben ist;

— daß dabei (abgesehen von der formalen Bestimmung, daß der Mensch ›auf Soziabilität angelegt‹ sei und ›Weltbezug‹ habe) die Frage nach der gesellschaftlichen Relevanz des Sports und der Leibeserziehung (d. h. nach den allgemeinen gesellschaftlichen Verhältnissen in der BRD und dementsprechend nach den gesellschaftlichen Determinanten und Funktionen des Sports und der Leibeserziehung fast nicht gestellt und deshalb auch kaum beantwortet worden ist.

Die Dimension der Gesellschaft tauchte in dieser theoretischen Grundlegung — wenn überhaupt — allenfalls auf in Form der bürgerlich-ideologischen Stereotypen von der ›Leistungsgesellschaft‹, der zunehmenden ›Technisierung‹, der ›Wohlstands‹- oder ›Freizeitgesellschaft‹. In der damit verbundenen Nivellierung der sozialen Dimension des Sports »äußert sich auch der Versuch, Sport als allgemein-menschliches Grundphänomen und damit außerhalb bestimmter gesellschaftlicher Interessen stehend zu definieren. Neben der wissenschaftstheoretisch fragwürdigen Ausnahme eines als sozialkulturell invariant angenommenen Evidenzerlebnisses wird hier eine Gesellschaft mit einem homogenen Wertsystem als Bedingung vorausgesetzt. In beiden Fällen wird ein Zustand undiskutiert akzeptiert, dessen notwendige Verwirklichung erst einmal begründet werden müßte.« Außerdem wird so »die Verwendung des Sports zu je beliebigen Zwecken ermöglicht: In den vorliegenden Konzeptionen sind ja keine Kriterien enthalten, nach denen die Berechtigung der jeweiligen Verwendung von Sport abgeleitet werden könnte.«[19]

Eine ebenfalls vorrangige Stellung im Rahmen der theoretischen Grundlegung der Sportlehrerausbildung nimmt die *Sportmedizin* bzw. die ›Biologie der Leibesübungen‹ ein. Dort stehen Aussagen über funktionelle Anatomie und über physiologische Wirkungen von Belastungen z. B. durch sportliches Training im Mittelpunkt. Die gesellschaftliche Dimension wird allenfalls in der Postulierung vor allem präventiver und rehabilitativer Wirkungen von Leibesübungen zur Kompensation der mit der Technisierung gegebenen gesundheitlichen Gefahren durch Bewegungsmangel sichtbar. Fragen nach psychosomatischen und sozialmedizinischen Zusammenhängen, durch die mit den gegebenen gesellschaftlichen Verhältnissen auftretende soziale Konflikte sich zunehmend in psychischen Konflikten und letztlich auch in organischer Erkrankung auswirken (können), werden nicht aufgeworfen, vielmehr werden von seiten der Sportmedizin die Ursachen der ›Zivilisationskrankheiten‹ reduziert auf das Phänomen des Bewegungsmangels, dem mit Sporttreiben zu begegnen sei.

Zusammenfassend kann festgestellt werden: Eingangs wurde die Frage danach aufgeworfen, wie die in den hochschulpolitischen Auseinandersetzungen der letzten Jahre sichtbar gewordene Randstellung der IfLs als weitabgelegene Relikte einer inzwischen für undenkbar gehaltenen pädagogischen Provinz, dabei vor allem aber die Frage, wie das in besonderem Maße unpolitische Bewußtsein in der Sportstudentenschaft zu erklären sei. Die Bearbeitung dieser Frage machte eine Reihe von Bedingungen sichtbar, die sich als ein ›Syndrom gesellschaftlich-politischer Abstinenz‹ umschreiben lassen: Die Struktur der Sportstudentenschaft, die Organisationsstruktur der Ausbildungseinrichtungen sowie Organisation, Inhalte und theoretische Grundlagen des Studiums zeigten gleichsinnige Tendenzen in Richtung auf Ausklammerung der gesellschaftlichen Dimension bei der theoretischen und praktischen Vorbereitung auf die künftige Unterrichtspraxis als Sportlehrer, wodurch als Folge auch ein unpolitisches Bewußtsein und Verhalten zu erwarten ist. Damit ist zugleich auch ein Eindruck von dem zu erwartenden gesellschaftlich-politischen Reflexionsniveau im BRD-Sport insgesamt vermittelt, wenn man nämlich unterstellt, daß der hier behandelte Ausschnitt des Sportbereiches durch seine Multiplikator-Wirkungen über den Sportunterricht im schulischen Bildungswesen auch prägende Wirkungen auf die Situation des Sportbereiches insgesamt hat.

Sind hiermit einige der Bedingungen des in besonderm Maße unpolitischen Bewußtseins in der Sportstudentenschaft gleichsam in einer ›Momentaufnahme‹ bezeichnet, so gilt es danach, die Ansätze zur Durchbrechung der damit z. B. in den IfLs gegebenen Situation aufzuzeigen und diese Ansätze in ihrer Entwicklung auf die eingangs skizzierte Entwicklung der Studentenbewegung zu beziehen.

3. ANSÄTZE STUDENTISCHER POLITIK IM RAHMEN DER SPORTLEHRERAUSBILDUNG

Erste Ansätze zur Artikulierung studentischen Protestes gegen die desolaten Bedingungen in den IfLs und der Sportlehrerausbildung allgemein zeigten sich seit etwa 1969 in einigen Instituten. Ansatzpunkte waren vor allem die autoritären Institutsverhältnisse und die Reflexion auf die künftige Berufsperspektive als Sportlehrer, die eine durch die ›Diktatur der falsch verstandenen Praxis‹ und den zur Erfüllung der unbegründeten sportlichen Leistungsanforderungen notwendigen Zeit- und Kräfteaufwand im Studium unzureichende Vorbereitung auf die berufliche Praxis sichtbar werden ließ.

Bei den Studentenvertretungen und vereinzelt sich bildenden Gruppen, die diese Fragen aufgriffen und durch Flugblätter, Vollversammlungen usw. in die Diskussion an den Instituten trugen, setzte sich jedoch bald die Erkenntnis durch, daß eine Lösung der anstehenden Fragen nicht durch einige institutsinterne Verbesserungsvorschläge und durch eine Fortsetzung der bisherigen Leibeserziehungs-Fachborniertheit mit anderen Mitteln zu erreichen war. Die theoretische Erörterung wurde ausgeweitet auf eine Analyse des Sports und vor allem der gesellschaftlichen Verhältnisse, aus denen Sport und Sportlehrerausbildung ihre spezifischen Bedingungen beziehen und in denen sie ihre spezifischen Funktionen erfüllen. Ansatzpunkte zur theoretischen Analyse und Kritik des Sports fanden sich bei einigen Publikationen der Hessischen Naturfreundejugend (Dieter Bott) oder auch in Bero Rigauers ›Sport und Arbeit‹[20], in denen Thesen etwa zur Kritik des Leistungsprinzips, der formierenden Funktionsmechanismen im Sport und der zunehmenden strukturellen Affinität von Leistungssport und Arbeit auf der Grundlage der Kritischen Theorie der ›Frankfurter Schule‹ formuliert wurden.

Die entscheidenden Anstöße kamen jedoch aus den Erfahrungen der sozialistischen Studentenbewegung und den theoretischen Ansätzen zur Kapitalismusanalyse, obwohl diese Ansätze sich aufgrund mangelnder theoretischer Grundlagen bei den wenigen kritischen Sportstudenten, aufgrund mangelnder Erfahrungen in der politischen Praxis und organisatorischer Kontakte und Kommunikation nur allmählich und vereinzelt durchzusetzen vermochten. Im Hinblick auf die Aktionsformen wurde mit Mitteln wie ›Rezension‹ von Lehrveranstaltungen, ›Umfunktionierung‹ solcher Veranstaltungen, Vollversammlungen u. ä. ein gewisser Anschluß an die antiautoritäre Phase der Studentenbewegung hergestellt, noch kaum jedoch der Anschluß an die aktuellen theoretisch-strategisch-organisatorischen Schwerpunkte in der Arbeit der sozialistischen Gruppen.

Der aktuelle Stand der theoretischen Diskussion im Bereich des Sports wurde von einer studentischen Gruppe zusammengefaßt in einem Text, in dem die Thesen zur Kritik der gesellschaftlichen Funktionen des Sports aus dem Zusammenhang der Kritik der spätkapitalistischen Gesellschaft heraus entwickelt wurden.[21] Die dort und an verschiedenen anderen Stellen vertretenen Thesen stießen in der Diskussion in der ›Sportöffentlichkeit‹, sofern sie dort überhaupt aufgegriffen wurden, meist auf heftigen Widerstand. Diese Ablehnung bis Empörung ist dort, wo sie überhaupt diskutierbare Argumente gefunden hat, vor allem durch folgende meist pauschal und stereotyp vorgebrachten Punkte gekennzeichnet:

— Nach dem Motto ›Was (fast) alle tun, kann nicht verkehrt sein!‹ wurde argumentiert, die Kritik der kapitalistischen Gesellschaft und damit auch die von dort abgeleitete Kritik der Funktionen des Sports und des Leistungsprinzips darin seien nicht stichhaltig, weil sich genau dieselben Erscheinungsformen auch in den sozialistischen Ländern fänden; dabei wurde übersehen, daß (a) solcher vorschnellen Gleichsetzung eine genauere Analyse des Sports im Zusammenhang der sozialistischen Gesellschaften vorausgehen müßte, die bisher kaum geleistet ist[22], und daß (b) von der ›Neuen Linken im Sport‹ an keiner Stelle die etablierten sozialistischen Länder unbesehen als ›Vorbilder‹ herangezogen worden sind, vielmehr wurde sie durch das Beziehen sozialistischer Positionen von ihren Kritikern ›automatisch‹ mit jenen identifiziert — ein Mechanismus, der bei dem im westdeutschen Sport stark ausgeprägten antikommunistischen Bewußtsein nicht überraschen kann.

— Die aus der Kritik des Leistungsprinzips abgeleitete Ablehnung des Leistungssports sei sogar gefährlich, weil damit der Beitrag des Sports zur Erzeugung des gesellschaftlich notwendigen Potentials an Leistungsmotivation für die Lösung künftiger Weltprobleme in Frage gestellt werden (Hans Lenk); diese These Lenks ist bereits verschiedentlich in ihrer Fragwürdigkeit sichtbar gemacht worden.[23]

— Die linke Kritik am Sport sei eine Ersatzhandlung von solchen, die sich im Leistungssport nicht behaupten konnten und daher ihre Enttäuschung umkehrten in eine Kritik der »Frustrationsquelle«, wozu sie sich der gerade modischen »linken Attitüde« bedienten (Manfred Steinbach); ein Argument, das natürlich allein polemische Funktion hatte.[24]

— Auch das Argument schließlich, daß mit der Anwendung marxistischer Ansätze, mit der marxistischen Theorie verknüpfter psychoanalytischer Ansätze und auch von Ansätzen der Kritischen Theorie für den Sport untaugliche theoretische Mittel herangezogen würden, wurde verschiedentlich vorgebracht.

Trotz diverser Stellungnahmen dieser Art kann noch keineswegs von einer allgemeinen Diskussion dieser Fragen und ihrer möglichen praktischen Konsequenzen im BRD-Sport gesprochen werden. Aber in den hier angeführten Beispielen bereits und auch in solchen, die aus liberalerer Position heraus ›Verständnis für die jungen Kritiker‹ und das ›Ernstnehmen ihrer z. T. berechtigten Kritik‹ empfehlen, fällt vor allem auf, daß prinzipiell der Ansatz der Sportkritik bei der Kritik der kapitalistischen Gesellschaft ignoriert und damit auch das inhaltliche Eingehen auf diese Kapitalismuskritik selbst verweigert wird. Das dürfte einerseits aus dem offenbar allgemein vordringlichen Bedürfnis zu erklären sein, den inkriminierten Sport zu ›retten‹, andererseits aber vor allem aus dem im BRD-Sport vorfindlichen, in besonderem Maße entpolitisierten gesellschaftlichen Bewußtsein, wie es im vorigen Abschnitt andeutungsweise und exemplarisch beschrieben worden ist.

In der Erwartung, daß sich über die Arbeit im schulischen Bildungswesen langfristig in einem gewissen Grade Veränderung und Politisierung gesellschaftlichen Bewußtseins bewirken lassen, liegt dann auch eine der selbstgegebenen Rechtfertigungen der studentischen Gruppen, die im Hochschulbereich an einer Kritik des Sports und der Sportlehrerausbildung arbeiten. Die Resonanz, die sie mit ihrer Arbeit bisher in der Sportstudentenschaft gefunden haben, ist allerdings relativ bescheiden geblieben, was aufgrund der geschilderten Voraussetzungen nicht besonders überraschen kann. Bereits 1969 hat sich — zunächst geplant als Instrument zur Solidarisierung der Studentenschaften gegen die ›Alleinherrschaft‹ der Institutsdirektoren sowie zur Zusammenarbeit in fachpolitischen und Ausbildungsfragen — ein Zusammenschluß der Studentenvertretungen auf Bundesebene konstituiert.[25] Diese Frontstellung gegenüber den Institutsdirektoren als Einstieg in die gezielte (zunächst fach-)politische Zusammenarbeit war einerseits erklärlich aus den subjektiven Erfahrungen der noch weitgehend unpolitisch-kritischen Studenten in den IfLs in dieser Anfangsphase, andererseits stellte sie aber als Ableger der ›Ordinarienherrschafts‹-These der Studentenbewegung eine der zahlreich folgenden Wiederholungen von deren politischen Fehleinschätzungen dar.

Erst allmählich, und mit nach wie vor geringer Resonanz in der Sportstudentenschaft, beginnt sich seither das Bewußtsein von der Notwendigkeit einer Begründung der Arbeit auch im Bereich der Sportlehrerausbildung aus einer systematischen Kapitalismus-Analyse heraus ebenso durchzusetzen wie die Erkenntnis, daß eine allein auf den Hochschulbereich beschränkte Aktivität ohne politische Perspektive bleiben muß. Die theoretischen und praktisch-organisatorischen Konsequenzen aus diesen Einsichten gilt es künftig zu entwickeln, da bisher erst bruchstückhafte Ansätze vorliegen.

Abschließend ist aber nun zu klären, was denn mit der Frage nach dem politischen Bewußtsein der Sportstudenten und den hier angedeuteten Antworten überhaupt gewonnen ist.

Nach Marx ist es »nicht das Bewußtsein der Menschen, das ihr Sein, sondern umgekehrt ihr gesellschaftliches Sein, das ihr Bewußtsein bestimmt«.[26] Mit dieser Aussage werden nun nicht etwa — zugunsten der Annahme einer einlinigen Determinierung des Bewußtseins durch die materiellen gesellschaftlichen Verhältnisse — die Möglichkeiten aktiver Rückwirkung mit Hilfe des Bewußtseins zur Veränderung gesellschaftlicher Verhältnisse ausgeschlossen. Vielmehr wird mit jener Aussage polemisch Stellung gegen idealistische Ansätze bezogen, die den Gesellschaftsprozeß als durch geschichtslose Ideen gesteuert annehmen, nicht aber durch die realen Interessen und Bedürfnisse der Menschen in ihren realen materiellen Lebensverhältnissen und den daraus sich ergebenden Konflikten. Jene Aussage gibt also einen wichtigen Hinweis auf die Methode, mit der die Analyse gesellschaftlichen Bewußtseins ansetzen muß, andererseits ist jene Aussage aber zu allgemein, um allein eine Erklärungsbasis für differenziertere Bewußtseinslagen, wie etwa die des bei Sportstudenten konstatierbaren, in besonderem Maße unpolitischen Bewußtseins, liefern zu können. Der politökonomische Bezugsrahmen jener Marxschen Aussage muß ergänzt werden durch Hinzuziehung u. a. soziologischer und sozialpsychologischer Kategorien, die im Zusammenhang unserer Fragestellung eine Reihe von besonderen Bedingungen gesellschaftlichen Bewußtseins in einem gesellschaftlichen Teilbereich wie dem Sport sichtbar gemacht hat.

Unter der Prämisse gesellschaftlicher Emanzipation[27] richtet sich nun das primäre Erkenntnisinteresse auf die Frage, welche Folgen für den Gesellschaftsprozeß in gesellschaftlich relevantem Ausmaß auftretendes unpolitisches Bewußtsein hat. Und dabei zeigt sich, daß einerseits die Erklärung gesellschaftlicher Verhältnisse natürlich keineswegs allein durch die Herausarbeitung von Bewußtseins-Kategorien erfolgen kann, daß aber andererseits unpolitisches Bewußtsein selbst auch politischen Charakter hat. Dadurch, daß es auf die rationale Analyse gesellschaftlicher Verhältnisse und ihrer Herrschaftsstrukturen verzichtet und sich selbst von der aktiven Beteiligung an politischen Entscheidungen und emanzipatorisch-politischer Praxis ausschließt, wird es selbst zum Herrschaftsinstrument, das für die Durchsetzung der gesellschaftlich herrschenden Interessen eingesetzt werden kann und wird. Von Interesse ist in diesem Zusammenhang vor allem auch die Frage nach den Ursachen und Auswirkungen entwickelten oder fehlenden Klassenbewußtseins in der Arbeiterklasse und in der Intelligenz, eine Frage, der hier jedoch nicht weiter nachgegangen werden kann.[28]

Wenn nun die Annahme richtig ist, daß mit jenen für das in besonderem Maße unpolitisches Bewußtsein der Sportstudenten herausgearbeiteten Bedingungen zugleich Aussagen auch über die Situation des Sportbereiches in der BRD insgesamt gemacht sind, dann ist die Wahrscheinlichkeit herrschaftskonformer Funktionen dieses Sportbereiches in der kapitalistischen BRD-Gesellschaft besonders nahegelegt. Auch dieser Aspekt kann allerdings im Zusammenhang dieses Beitrages nicht weiter ausgeführt werden.[29] Die Tatsache aber, daß der Sport einen der massenwirksamsten Teilbereiche in der BRD darstellt, macht ihn somit zu einem politischen Faktor, der von der politischen Linken in der BRD in ihren strategischen Konzeptionen nicht ignoriert werden sollte.[30]

Anmerkungen

1 H. P. (Hermann Präder): Warum eßt ihr noch? In: *Deutsches Turnen*, H. 14, 1971, S. 316
2 Vgl. u. a.: Wilhelm Bruns/Jürgen Dieckert: Die Stellung der politischen Parteien Deutschlands zu Sport und Leibeserziehung. In: *Die Leibeserziehung*, H. 12, 1969.
3 Zum Begriff des politischen Bewußtseins vgl. u. a.: Klaus Mollenhauer: Umriß einer politischen Bildung als politische Aufklärung. In: ders.: Erziehung und Emanzipation, München 1970 (4. Auflage)
4 Vgl. u. a. den Beitrag von Uwe Bergmann. In: Bergmann/Dutschke/Lefèvre/Rabehl: Rebellion der Studenten oder Die neue Opposition, Reinbek 1968
5 Vgl. Rudi Dutschke: Die Widersprüche des Spätkapitalismus, die antiautoritären Studenten und ihr Verhältnis zur Dritten Welt. In: Bergmann u. a., a.a.O.
6 Vgl. u. a.: Herbert Marcuse: Ziele, Formen und Aussichten der Studentenopposition. In: *Das Argument*, H. 45, 1967
7 Vgl. Wolfgang Abendroth: Kritische Anmerkungen zur Analyse Herbert Marcuses. In: *Das Argument*, H. 45, 1967; Werner Hofmann: Zur Soziologie der Studentenrevolte, Verlag Extra-Dienst, Berlin 1969
8 Vgl. u. a. Günther Lüschen/Kurt Hammerich: Soziologische Grundlagen von Leibeserziehung und Sport. In: Ommo Grupe (Hrsg.): Einführung in die Theorie der Leibeserziehung, Schorndorf 1970 (2. Auflage)

9 Zum Problem der politischen Einstellung im bürgerlichen Bildungssystem erfolgreicher Arbeiterkinder vgl. u. a.: Klaus Mollenhauer: Jugend und Schule im
Spannungsfeld gesellschaftlicher Widersprüche. In: ders. a.a.O., S. 104 f
Zum Problem des ›kumulativen Defizits‹ vgl.: ders., Sozialisation und Schul-
erfolg. In: Heinrich Roth (Hrsg.): Begabung und Lernen, Stuttgart, 5. Aufl. 1970

10 Vgl. u. a. W. Nitsch: Hochschule. Soziologische Materialien, Heidelberg 1967

11 Hans Linde/Klaus Heinemann: Leistungsengagement und Sportinteresse. Eine
empirische Studie zur Stellung des Sports im betrieblichen und schulischen Lei-
stungsfeld, Schorndorf 1968, S. 17

12 Clemenz Czwalina: Der Beitrag der Leibesübungen und des Sport zur politischen Erziehung, Ahrensburg 1970 (2. Auflage)

13 Ebd., S. 22

14 Ebd., S. 34

15 Die Frage, wieweit der Sport zur Erzeugung solcher Bewußtseinsstrukturen beiträgt oder diese vielmehr voraussetzt, wieweit also beim Zugang zum Sport
möglicherweise bereits eine spezifische Auslese stattfindet, deren Grundzüge im
Sportbereich selbst dann noch verstärkt werden, kann in unserem Zusammenhang offenbleiben.

15a Der Sport stellt grundsätzlich ein von gesellschaftlichen Inhalten abstrahieren-
des Handlungsfeld dar (vgl. Ulrike Prokop: Soziologie der Olympischen Spiele,
München 1971), das einerseits zur gesellschaftlichen und individuellen Entfaltung wenig beiträgt, andererseits Individuen anzieht, die gerade in diesem
abstrakten Bezug sich z. T. schärfsten Leistungs- und Disziplinierungszwängen
zu unterwerfen bereit sind.

16 Franz Begov/Herbert Haag/Joachim K. Rühl: Hinweise zum Studium der Leibeserziehung. In: Ommo Grupe, a.a.O., S. 294

17 Vgl. Konrad Paschen: Die Schulsport-Misere, Braunschweig 1969

18 Ommo Grupe: Grundlagen der Sportpädagogik. Anthropologisch-didaktische
Untersuchungen, München 1969, S. V f

19 Lüschen/Hammerich, a.a.O., S. 108

20 Vgl.: Naturfreundejugend Deutschlands Landesverband Hessen (Dieter Bott):
Sport als Ideologie, Sport und Klassenkampf, u. a. (hektographierte Papiere);
Bero Rigauer, Sport und Arbeit, Frankfurt 1969

21 Vgl. Jac-Olaf Böhme/Jörn Jensen/Sven Güldenpfennig/Jürgen Gadow/Renate Pfister: Sport im Spätkapitalismus. Zur Kritik der gesellschaftlichen Funktionen
des Sports in der BRD, Frankfurt, 2. Aufl. 1972

22 Ansätze dazu finden sich etwa bei: Dietrich Martin: Gesellschaft und Körperkultur in der DDR. In: *Die Leibeserziehung*, H. 5, 1969

23 Vgl. u. a.: Klaus Prenner: Leistungsgesellschaft, Leistungsmotivation und Sport.
In: *Die Leibeserziehung*, H. 10, 1971

24 Vgl. Sven Güldenpfennig: Eine Erwiderung an Manfred Steinbach. In: *Die Leibeserziehung*, H. 8, 1971

25 Dieser Bundeszusammenschluß arbeitet heute unter dem Namen ›Aktionsge-
meinschaft der Studierenden der Sensomotorik‹ (ASS). Mit dieser Namensge-
bung bereits wird die Frontstellung gegenüber ideologischen Fixierungen des
Begriffes ›Leibeserziehung‹ und auch der derzeitigen Inhalte des ›Sport‹-Begrif-
fes dokumentiert; allerdings ist die Diskussion in der ASS über die theoretischen und auch politischen Implikationen des Sensomotorik-Begriffes noch keineswegs abgeschlossen.

26 Karl Marx: Vorwort ›Zur Kritik der Politischen Ökonomie‹. In: Karl Marx/
Friedrich Engels: Ausgewählte Schriften in zwei Bänden, Band I, Berlin (Ost)
1966, S. 336

27 Zum hier zugrunde gelegten Begriff von Emanzipation vgl.: Böhme u. a., a.a.O.,
S. 7, 138, 140 ff, Abschnitt 5.2.

28 Zum Problem des Klassenbewußtseins der Arbeiterklasse vgl. u. a. *Das Argument*, H. 61 und 62, 1970 (›Die Arbeiterklasse im Spätkapitalismus‹); Frank
Deppe/Hellmuth Lange/Lothar Peter (Hrsg.): Die Neue Arbeiterklasse. Technische Intelligenz und Gewerkschaften im organisierten Kapitalismus, Frankfurt
1970; G. Hortleder: Das Gesellschaftsbild des Ingenieurs, Frankfurt 1970. Karl
H. Hörning (Hrsg.): Der »neue« Arbeiter. Zum Wandel sozialer Schichtstrukturen, Frankfurt 1971

29 Vgl. Böhme u. a., a.a.O.

30 Als ein Hinweis kann hier der Ausgangspunkt für Vinnais Analyse des Fuß-
ballsports dienen, den deren Herausgeber folgendermaßen umreißen: »Immer
dringlicher, scheint uns, wird in den hochentwickelten spätkapitalistischen Indu-
striestaaten das Bedürfnis, die klassischen sozialistischen Strategien der Ent-
eignung und Vergesellschaftung durch Kommunikationsstrategien, d. h. Strategien der ›Reform des Bewußtseins‹ (Marx) und der Revolutionierung der bürgerlichen Verkehrsformen zu ergänzen.« (Gerhard Vinnai, Fußballsport als Ideologie, Frankfurt 1970, S. 10)

Jürgen Gadow

Schulsport — Anspruch, Wirklichkeit, Perspektiven

I

»Die Bedeutung der Leibeserziehung liegt darin, daß die volle Entwicklung des Menschen nur durch ihre Einbeziehung möglich ist. Im Bildungsauftrag der Schule ist die Leibeserziehung nicht ein Fach unter vielen, sie hat vielmehr gegenüber der Gesamtheit der anderen Unterrichtsfächer ihre grundsätzliche Bedeutung.«[1] Diese anspruchsvollen Behauptungen in den Rahmenplänen für Unterricht und Erziehung an Berliner Schulen, die in anderen Ländern ähnlich formuliert sind, da sie auf einem Memorandum der Ständigen Konferenz der Kultusminister beruhen[2], wollen scheinbar fraglos Erwiesenes gleichsam nur konstatieren und damit als zutreffend konservieren. »Leibesübungen — das Wort schon enthält soviel an Repression, daß einem davor grauen muß.«[3] Diese These des Sozialphilosophen Herbert Marcuse — so überpointiert sie ist — soll als Gegenposition betrachtet werden, wenn es daran geht, die Postulate von Lehrplan und Leibeserziehung in ihrem gesellschaftlichen Kontext zu analysieren.

Die geforderte »grundsätzliche Bedeutung« der Leibeserziehung scheint hier ebenso wie in der Theorie der Leibeserziehung vorwiegend dazu zu dienen, prestigebezogene Minderwertigkeitskomplexe der Sport-Lehrenden zu kompensieren und ihnen ausdrücklich die Unterstützung und die Anerkennung der Administration zuzusichern, wenn sie die ihnen zur Leibesübung Zugeteilten in herrschaftskonforme sportliche Verhaltensweisen hineindirigieren. Dabei wird im einzelnen gefordert: »Leibesübungen sollen die körperliche, seelische und geistige Entwicklung des Menschen fördern, seine Gesundheit kräftigen, seine Leistungsfähigkeit steigern sowie Verhaltensweisen bilden, die seine Einordnung in die Umwelt erleichtern und Wege zum sinnvollen Gebrauch seiner Freizeit weisen.«[4] Es soll hier nicht bestritten werden, daß in bestimmter Weise betriebener Sport die körperliche Entwicklung des Jugendlichen fördern und spezielle Verhaltensdispositionen hervorbringen kann.

Es sollen aber zum einen zurückgewiesen werden die globalen Postulate, die Sport zu einem Universalförderungs- und Formungsmittel selbst für geistige Entwicklung machen wollen, wobei die Erzeugung unpolitischer Konformität durch Leibesübungen dominieren dürfte, und zum anderen die Forderungen derjenigen Interessengruppen, die vom Schulsport eine Steigerung der individuellen Leistungsfähigkeit erwarten, um zukünftig ihre unkontrollierten Profite weiter zu maximieren. Leistung und Leistungssteigerung werden dabei nicht pauschal abgelehnt, sondern es wird immer zuerst gefragt: Wem nützen sie? Sportliche Leistung, die der Emanzipation der Schüler dient, z. B. kooperative, kreative und kritische Leistung, wäre zu fördern, Leistung, die der Anpassung der Heranwachsenden an kapitalistische Herrschaftsverhältnisse dient, z. B. Konkurrenz- und Wettkampfleistung, wäre durchsichtig zu machen und abzubauen. »Dieser Widerstand ist überall dort akzeptabel, wo es um die Auflösung historisch überholter oder demokratisch nicht legitimer Kriterien für Leistungsanforderungen bzw. um die Ablösung von Herrschaftsgruppen geht, die ihre partiellen Interessen zu gesamtgesellschaftlichen Leistungsanforderungen institutionalisiert und ideologisiert haben.«[5] Bezeichnend für die Intention der Lehrplangestalter ist, daß »Einordnung in die Umwelt« – die kapitalistische – mit Hilfe des Sportunterrichts bewerkstelligt werden soll, nicht aber kritisches Infragestellen bestehender Verhältnisse oder auch nur tradierter sportlicher Verhaltensnormen. Was dann unter »sinnvollem Gebrauch« der Freizeit zu verstehen ist, läßt sich leicht erschließen. Sportliche Betätigung soll dem Schüler das bieten, was ihm Schule, Familie und Gesellschaft nicht bieten können und wollen, nämlich Selbstbestimmung, Selbstbestätigung und freie Entfaltungsmöglichkeiten. Dabei droht der Institution Schule und damit langfristig dem kapitalistischen System durch die postulierte Pseudobefreiung im Sportunterricht keine Gefahr, da hier derzeitig eben die Verhaltensstrukturen dominieren, die auch das System strukturieren.[6] Durchaus vorhandene disfunktionale Elemente des Sports, die emanzipatorisch wirksam werden könnten, werden durch die gegenwärtig herrschende Schulsportpraxis, die sich auszeichnet durch Disziplinierung, Zensurengebung, Kampf, Konkurrenz, unreflektiertes Leistungsstreben, Abhärtung und Antierotik, fast vollkommen ausgeschaltet. Die scheinbare Kompensation findet darüber hinaus in einem für den einzelnen Schüler völlig entpolitisierten Bereich statt, so daß ihm jeglicher Anstoß dafür fehlt, sich über die gesellschaftliche Funktion seiner sportlichen Betätigung klarzuwerden. Unter diesem Aspekt müssen auch die Feststellungen des Bundesministers für Bildung und Wissenschaft gesehen werden: »Der Schulsport im Bereich didaktisch-methodischer Planung und im Freiraum zweckungebundenen Lernens vermittelt Erfahrungen, welche die für eine Demokratie relevante Entfaltung individueller Kreativität und sozialer Grundeinstellungen begünstigen. Dazu gehört vor allem auch die Kritikfähigkeit gegenüber den Erscheinungen des massenpsychotisch-materialistischen Sports in unserer Zeit.«[7] Wieder ist die Rede vom »Freiraum«, der den Schülern das ermöglichen soll, was ihnen zukünftig die antidemokratisch strukturierte kapitalistische Arbeitswelt verwehren wird. Wie weit Kreativität z. B. geduldet wird und welche »sozialen Grundeinstellungen« hier erwartet werden, wird deutlich, wenn die Bedingungen betrachtet werden, unter denen ›Demokratie‹ im Zusammenhang bürgerlich-kapitalistischer Herrschaft (1,7 Prozent der Haushalte besitzen 74 Prozent des Produktivvermögens) möglich ist.[8]

Wenn hier auch Kritikfähigkeit des Schülers gegenüber Erscheinungen des Massensports gefordert wird, so ist zu fragen, aus welchem Grunde dieselbe Regierung, die diese Entwicklung der Kritikfähigkeit fordert, Milliardenbeträge ausgibt zur Unterstützung eben dieses »massenpsychotisch-materialistischen Sports«. Dessen antiemanzipatorische und entpolitisierende Wirkung[9] scheint also entgegen allen verbaldemokratischen Äußerungen von den herrschenden Gruppen der Gesellschaft gewünscht und benötigt zu werden.

II

Um jedoch all diese Forderungen adäquat beurteilen zu können, muß untersucht werden, was der derzeitige Schulsport leistet, wie er beschaffen ist. Ausgehend von grundsätzlichen Feststellungen, soll die Diskrepanz zwischen Anspruch und Wirklichkeit verdeutlicht werden. Nach den Worten des Ministers für Bildung und Wissenschaft ermöglicht der Schulsport »die Befriedigung des spontanen Bewegungsbedürfnisses des Kindes und des Jugendlichen.«[10] Der Lehrplan fordert: »Die Leibeserziehung muß dem Anspruch jedes Schülers auf Entwicklung seiner Anlagen und auf Ausgleich seiner Mängel gerecht werden und ihm den nötigen Raum zu Spiel und freier Bewegung sichern.«[11] Daneben steht die resignierende Feststellung eines Sporttheoretikers: »Die volle Zuwendung zum Schulsport, wie sie sich in den eingangs dargestellten Kernmotiven zeigt, ist bei der überwiegenden Zahl unserer Jungen und Mädchen nur etwa bis zum 12. Lebensjahr zu erwarten. [...] Vom 13./14. Lebensjahr an sinkt die Beliebtheit des Schulsports dann auffällig ab, und in der Oberstufe des Gymnasiums bringt nur noch etwa ein Drittel der Schüler dem Sport die volle Zuwendung entgegen.«[12] B. Jonas, der sich bei diesen Aussagen auf empirische Untersuchungen stützt, steht nicht allein. In jüngster Zeit häufen sich besonders in den Fachzeitschriften die Meldungen der Autoren, die eine immer stärkere Ablehnung des traditionellen Sportunterrichts in seinem Inhalt als auch in seiner Form durch einen großen Teil der Schüler konstatieren. »Diese Ablehnung äußert sich nicht nur in Unlust, mangelndem Interesse, Einsatz und Leistungswillen während der Unterrichtsstunden, sondern auch in der geringen Beteiligung an Bundesjugendspielen und anderen Wettkämpfen sowie in der Einstellung zu Abiturprüfungen und zur Zeugnisnote im Sport.«[13] Andere Leibeserzieher mit ähnlich bezeichnendem Vokabular sehen sich drastischen Äußerungen[14] und sogar militanten Aktionen von Schülern ausgesetzt, die anscheinend abweichende Vorstellungen von dem haben, was unter Sporttreiben zu verstehen ist. »Wen wundert es dann noch, daß die Nachrichten über Sekundaner und Primaner, die sich weigern, die Bundesjugendspiele zu absolvieren oder sogar aus Protest gegen sie zum ›sit-in‹ in der Turnhalle aufrufen und die Turnhalle besetzen oder Unterschriften gegen die Durchführung der BJgdSp sammeln, nicht mehr nur vereinzelt kommen, sondern sich in letzter Zeit bedenklich häufen.«[15]

Die Schülerseite hat in einer empirischen Untersuchung, die repräsentativ ist für ca. 3300 Schüler der gymnasialen Oberstufe in Bremen, ihre Sportabstinenz begründet. Fast die Hälfte der Schüler ist danach mit dem Sportunterricht unzufrieden; als Hauptgründe dafür werden angegeben: 1. Zwang (34 Prozent), 2. schlechter Unterricht (22 Prozent), 3. Bevorzugung einer Sportart (17 Prozent), 4. Zensurengebung (10 Prozent).[16] Als Verdeutlichung und Ergänzung dieser Kritik, die die Oberstufe betraf, können Äußerungen von Schülern (Jungen und Mädchen) der Klassen 9, 10, 11 einer Berliner Oberschule angesehen werden, die der Verfasser auf einfachen Fragebögen erhielt. Auf die Frage: Was wäre am Sportunterricht der letzten Jahre zu kritisieren?, wurden u. a. folgende Antworten gegeben: »Zu oft ausgefallen, zu autoritär, kein System/ Permanente Langeweile, zuviel Geräteturnen, halbe Stunde stehen und warten, dann einmal springen und wieder warten/ Es wurde zuviel Leistungssport betrieben/ Daß die Lehrer ihr Spezialfach auch den Schülern beibringen wollten/ Der Sportunterricht der letzten Jahre war zu undemokratisch/ Fast alles — besonders: Leistungszwang, Ungerechtigkeit gegenüber körperlich schwächeren, kleineren, dickeren Schülern, ungerechte Benotung, Zwang zu bestimmten Sportarten, Vorschreibung der sportlichen Betätigung, Trennung Jungen—Mädchen/ Zu wenig Ballspiele, man muß machen, was die Lehrerin sagt, ohne Einfluß auf seine eigenen Interessen zu haben/ Daß ich seit 13 Jahren immer das gleiche mache/ Daß es immer noch keine Chancengleichheit gibt, weil man noch immer nach einer Leistungsnorm beurteilt wird (z. B. Karte für Bundesjugendspiele) und somit unter Leistungszwang steht.« Diese Aussagen stellen nicht nur fest, sondern deuten vor dem Hintergrund der zuvor genannten Untersuchungen die Gründe dafür an, weshalb eine bewußter gewordene Schülerschaft bestehende Formen des Schulsports nicht mehr akzeptiert. Einzelne Theoretiker der Leibeserziehung erkennen —

allerdings isoliert vom gesellschaftlichen Kontext — die Symptome: »Immer noch gibt es den alten systematischen Turnunterricht in der Schule, immer noch wird Sport als Lernfach interpretiert mit Zeugnissen und Abiturprüfungen, immer noch gibt es Freiübungen in Reih und Glied und autoritäre Unterrichtsführung.«[17]

Wird nach der gesellschaftlichen Funktion dieser Form von Sportunterricht gefragt, die den Sport von einem möglichen Selbstbefreiungsinstrument in eines der Anpassung und Unterdrückung verwandelte, so wird in bezug auf die Schule festgestellt: »Sport war ursprünglich ein planloses Austoben des natürlichen Bewegungsdranges, war geprägt von Lust und Laune und momentanem Bedürfnis. Heute ist er fest reglementiert, verwaltet, vorgeschrieben, typisierte Pflichtübung und Arbeit [. . .] Das fängt schon in der Schule an. Erwachsene verwirklichen den gesunden Spieltrieb der Kinder. Plätze werden hergerichtet, auf denen, säuberlich zerpflückt, verschiedene Körperexerzierungen veranstaltet werden. Nach Plan wird gelaufen, gesprungen, geworfen, geturnt, gespielt. Nur das Beste zählt, freie schöpferische Kraft des Kindes, Ertasten der eigenen Grenzen nicht. Wer die beste Leistung nicht zu erbringen vermag, muß zumindest in seiner Leistungsgruppe versuchen, der Beste zu sein, für den Sportlehrer als Vertreter der Erwachsenenwelt [. . .] Dieser Erwachsene fördert kraft seines Amtes die Konkurrenz der Einzelinteressen der Kinder. Es ist selbstverständliches Bemühen eines jeden Kindes, am besten abzuschneiden. Der Sportlehrer arrangiert Kämpfe jeder gegen jeden. So entstehen Klassenbeste, Leistungsriegen, Vorbilder in der Klasse. Der Schüler wird auf das System der Über- und Unterordnung in der Gesellschaft vorbereitet [. . .] Dabei wird jede Eigeninitiative unterbunden, um den Schüler nicht mit falschen Erwartungen ins Leben treten zu lassen. Er muß bereits in der Schule das Rollenspiel übernehmen, das ihn später in die Schar der Unmündigen einreiht.«[18]

In eine ähnliche Richtung geht die Kritik von B. Rigauer, der feststellt, daß einerseits im Sport die Möglichkeit unreglementierter Handlungsgestaltung gegeben ist, andererseits aber gleichzeitig ein normativ strukturiertes Handlungsfeld aufgebaut wird, das bestimmte Verhaltensdispositionen der sporttreibenden Individuen vorschreibt und erzeugt: »Auf dem Umweg über verbindlich formulierte sportliche Verhaltensregeln wird genau das vom einzelnen verlangt, was auch die gesellschaftliche Arbeitswelt von ihm erwartet. Mit der Integration bürgerlicher Tugenden übernimmt der Sport unreflektierte Verhaltensschemata — und seien sie noch so sehr mit regressiven Bewußtseinsqualitäten besetzt —, die die Gesellschaft insgesamt prägen. Der Sport ist kein Handlungsbereich sui generis, sondern selbst ein sozialisiertes Aktionsgefüge, in dem die Handelnden einem Anpassungsprozeß unterworfen sind, der vom gesamtgesellschaftlichen Bezugsrahmen her inhaltlich und formal bestimmt wird.«[19] Aus dieser Sicht ist auch die Aussage des Bundesministers für Bildung und Wissenschaft zu betrachten, der den Schulsport betreffend behauptet: »Der Sport ist ein Mittel der sozialen Integration und damit der Verwirklichung der Chancengleichheit.«[20] Was hier als Integration und Chancengleichheit gepriesen wird, ist in Wirklichkeit Anpassung an bestehende Normen und Rollenklischees bürgerlich-kapitalistischer Ideologie. Da nämlich der Sport vorwiegend von den bürgerlichen Mittelschichten betrieben wird und allein deren Zielsetzungen und Wertekategorien als Begründung für die Notwendigkeit des Sporttreibens angeführt werden, erzwingt auch die schulische Sozialisation[21] durch Sport die Übernahme spezifischer Verhaltensmuster, die das Bestehende permanent reproduzieren. »Dem Sport kommen von Natur aus keine Eigenschaften — auch nicht eine gesundheitsfördernde und/oder -erhaltende Wirkung zu. Er dient bestimmten Gruppen zur Verwirklichung bestimmter Ziele; deshalb werden ihm bestimmte Eigenschaften zugeschrieben. Diese zugeschriebenen Eigenschaften stellen eine ganz bestimmte Auswahl von möglichen Wertzuschreibungen dar, wie die sportliche Aktivität selbst lediglich eine Möglichkeit ist, mit der die angestrebte Zielsetzung verwirklicht werden kann. Die heute dem Sport zugeschriebenen Eigenschaften entsprechen weitgehend dem Wert- und Orientierungssystem der sozialen Gruppe, die rein anteilmäßig den Sport heute verkörpert. Wenn aber das Selbstverständnis dieser Personengruppe dem Sport gegenüber als allgemeingültig erklärt wird, wird nicht nur die gegenwärtige Struktur des Sports stabilisiert, sondern es wird Personen mit einer anderen Selbstkonzeption dieser für sie bedeutungslose Sport aufgedrängt und/oder in einem bereits vorher bestehenden Bedeutungszusammenhang nahegebracht. Von daher erfolgt zwar eine Integration durch den Sport; dieser Integrationsprozeß ist aber ein Prozeß einer aufgenötigten Anpassung an das durch die derzeitig vorherrschende soziale Rekrutierung vorgeformte Wertsystem und erhält dadurch das derzeitige Wertsystem des Sports aufrecht, weil mögliche alternative Vorstellungen über die Bedeutung des Sports von vornherein abgeblockt werden.«[22] Wichtig für den schulischen Bereich dabei ist, daß gerade hier unter Androhung von negativen Sanktionen jedem Schüler bestimmte sportliche Verhaltensweisen aufgezwungen werden, deren Einfluß er sich kaum entziehen kann und die zum Teil einen erheblichen Einfluß innerhalb der sekundären Sozialisation besitzen. Dabei trägt die spezifische Lernsituation im Sportunterricht dazu bei, daß Eigeninitiative und Selbstbestimmung weitgehend unterdrückt und systemkonforme autoritäre Verhaltensweisen praktiziert und erzeugt werden.

Eine nicht geringe Rolle bei dieser Verhaltenssteuerung spielt das antisexuelle Image, das dem Sportunterricht aufgedrängt wird. Äußerlich erkennbar an der säuberlichen Trennung von Jungen und Mädchen, soll schulsportliche Betätigung der sogenannten Abhärtung, dem ›Müdemachen‹, der Ablenkung und Unterdrückung der sexuellen Bedürfnisse der Jugendlichen und damit eben langfristig der Erzeugung des autoritären Charakters dienen.[23] Der sich aufgrund mangelnder Sachautorität[24] und unzureichender Fachrelevanz ständig in einer Legitimationskrise befindliche Sportlehrer kompensiert dabei seine gesellschaftlich bedingten Frustrationen in diszipliniert funktionierenden Sportstunden, die nur den Informations- und Anordnungsfluß in *einer* Richtung kennen, nämlich die vom Lehrer zum Schüler. »Es charakterisiert diese Autoritätsform, daß sie sich der Rationalität verschließt, d. h. nicht kritisierbar, durch den ›Empfänger‹ nicht änderbar ist.«[25] In einer aktuellen Kontroverse wird einem etablierten Vertreter der Sportpädagogik, der Begriffe wie Anordnung, Unterordnung, Gehorsam als bestimmend für den Sportunterricht betrachtet, entgegengehalten: »Die Behauptung, ein Kind könne nicht alle Erklärungen im Sportunterricht verstehen, kann zu einer Haltung führen, Kindern wenig oder gar nichts zu erklären. Gerade daran aber leidet unser Sportunterricht. Das führt zu einer Manipulation gruppen-, sach- und gesellschaftsbedingter Zusammenhänge sowie u. a. zu einer Verschleierung von auftretenden Zwängen.«[26]

III

Dem entgegenzuwirken, ist die Absicht der kybernetisch orientierten Sportwissenschaft, der Sensomotorik, deren Hauptvertreter, D. Ungerer, das anzustrebende Verhältnis von Lehrenden und Lernenden im Sportunterricht in folgender Weise umschreibt: »Der Lehrende ist gewissermaßen Informationsgeber für das Kind und den Jugendlichen und so steuerndes Bindeglied zwischen ihnen und der Gesellschaft. Der Informationsfluß durchläuft ein didaktisches Feld mit den Umschlagstellen, die durch Gesellschaft, Lehrenden und Lernenden markiert sind. Verlangen wir vom Kommunikationssystem einen optimalwertigen Zustand, dann muß der Informationsaustausch nach allen Richtungen garantiert sein. Dadurch wird die erste Voraussetzung für ein problembewußtes Lehren und Lernen geschaffen. Dieser Austausch basiert auf der relativen Autonomie der Lehrenden und Lernenden. Die beteiligten Systeme organisieren sich dabei selbst. Als variable Glieder des didaktischen Spannungsfeldes sind sie einander zugeordnet, nicht jedoch im Sinne einer gegenseitigen Abhängigkeit, sondern in ständigem Informationsaustausch streben sie denselben Tatbestand an. Lern- und Lehrleistungen sind daher gleichwertige Größen.«[27] Dieses in der Praxis der Leibeserziehung nicht realisierte Lernmodell wird bei dem autoritär strukturierten Bewußtsein eines Großteils der Sportlehrer auf Widerstand stoßen, da es dem herkömmlichen Sportunterricht, der durch Anweisungen und Anordnungen des Lehrers bestimmt wird und freie Kommunikation und Diskussion nahezu ausschließt, diametral entgegengesetzt ist.

Außerdem hat dieses formal emanzipatorisch thematisierte Lernmodell den Nachteil, daß es die konkreten gesellschaftlichen Verhältnisse nicht erfaßt, unter denen es praktiziert werden muß. Denn in bezug auf das bestehende kapitalistische Gesellschaftssystem ist zu fragen: »Ist in einer Gesellschaft, die die Bedürfnisse der Menschen nach der ›Logik des Profits‹ in ganz bestimmter Richtung manipuliert und deren vorherrschende Form der Belohnung die konsumtive Belohnung ist, überhaupt ein Lernfeld organisierbar, in dem autonome (d. h. hier intrinsisch stimulierte) Lernbedürfnisse das Hauptmovens der Lernaktivität sind, d. h. Bedürfnisse, die jenem durch den spezifisch neokapitalistischen Zusammenhang von Produktion und Konsumtion geschaffenen Typus von nicht-autonomen, d. h. ›außengeleiteten‹ Bedürfnissen enthoben sind?«[28] F. Nyssen bezweifelt also, daß innerhalb einer Gesellschaft, die die Individuen gerade dafür belohnt (verstärkt), daß sie keine Selbstbestimmung und keine kritische Kreativität entwickeln, ein Lernfeld aufgebaut werden kann, in dem z. B. das sensomotorische Lernmodell realisiert würde. Dieses Argument ist zu berücksichtigen, wenn es daran geht, Inhalte, Strukturen und Organisationsformen des Sportunterrichts zu verändern, und es sollte vor übertriebenen Hoffnungen schützen, wenn gefordert wird: »Leibeserziehung als Teil der Gesamterziehung hat die emanzipatorische Fragestellung in ihr Programm aufzunehmen.«[29]

Das Problem ist nun, inwieweit die Leibeserziehung nicht nur emanzipatorisch fragt, sondern auch praktisch einen Beitrag zur Emanzipation leisten kann; denn Realisierung von Bewegungsfertigkeiten stellt einen formal-technischen Prozeß dar, der zunächst frei von sozialen Inhalten ist und erst in jeweils bestimmter Thematisierung als Mittel zur Erreichung entsprechender sozialer und kognitiver Ziele eingesetzt werden kann. »Emanzipatorische Möglichkeiten scheinen im Sportunterricht hingegen derzeitig vor allem darin zu liegen, daß das Sporttreiben (seine Inhalte und Organisationsformen) in Diskussion und Praxis freigemacht und freigehalten wird von der Nutzbarmachung für repressive und herrschaftskonforme Ziele, der es derzeitig weitgehend unterliegt.«[30] Den Weg zum Abbau dieser Repressivität weist B. Rigauer: »Nicht fiktive Wunschvorstellungen, sondern ein auf empirischer Grundlage hergestelltes und an aufklärerischen Prinzipien orientiertes Sportverständnis könnte ein Konzept begründen, das den Sport für unreglementierte Lernprozesse öffnete.«[31] Diese Forderung impliziert, daß der Sport sich dagegen wehrt, daß er nach den Strukturen eines bestimmten Gesellschaftssystems ausgerichtet wird. Sporttreiben, besonders in der Schule, sollte im Gegenteil versuchen, kapitalistisch-industriegesellschaftliche Handlungsmuster zu desintegrieren. Demnach darf sich der Schulsport nicht mehr als funktionales Element begreifen, z. B. indem er das Konkurrenz- und Leistungsprinzip kritiklos übernimmt, sondern er muß auch auf seine *Disfunktionalität* hin untersucht werden und dieses Moment geradezu als eine produktive Situation in der Sporterziehung begriffen werden.[32] »An die Stelle überkommener Sinngehalte treten Faktoren wie die Vermittlung von Primärerfahrung (O. Grupe), gruppendynamische Prozesse, Selbstbestimmung sportlicher Tätigkeiten usw. Mit anderen Worten: der Abbau eines formalisierten Bewußtseins, das standardisierte sportliche Handlungen reproduziert, wäre als didaktisches Ziel zu formulieren. Die Vermittlung von sportspezifischen Inhalten sollte methodisch so konzipiert sein, daß individuelle Fähigkeiten zum Erfinden von sportlichen ad-hoc-Tätigkeiten und Setzen informeller Normen entfaltet würden.«[33]

Ausgehend von dem Bewegungsbedürfnis der Schüler ist eine wesentliche Komponente bei dem Anstreben der genannten Ziele neben der genauen Kenntnis der Lerngegenstände und den optimalen Möglichkeiten ihrer Vermittlung der demokratisch ermittelte Konsensus von Lehrenden und Lernenden über die Bewertung bestimmter Lernsequenzen und des damit verbundenen Inhalts für das angestrebte, ebenfalls zu diskutierende, Lernziel. Dabei ist denkbar, daß aufgrund von Diskussionen das Lernen bestimmter Bewegungsabläufe zeitweise oder überhaupt aufgegeben wird, falls der Lernende sein Bewegungsbedürfnis mit den schon beherrschten Bewegungsmöglichkeiten angemesssen befriedigen kann oder kein Bewegungsbedürfnis besteht. Die Frage nach dem Sinn und der sozialen Funktion sportlichen Tuns sollte nicht abgebogen, sondern aufgegriffen und wenn nötig provoziert werden, um sie im Zusammenhang gesellschaftskritischer Kategorien zu erörtern. »Die praxisverändernde Wirkung des emanzipatorischen Ansatzes besteht in Bewußtmachung dieser Praxis als Voraussetzung für die Mitbeteiligung *aller* beteiligten Gruppen an den die Praxis strukturierenden Entscheidungsprozessen.«[34] Gerade hierbei kann der sensomotorische Ansatz aufklärend wirken, der ja von der prinzipiellen Gleichberechtigung des lernenden und lehrenden Systems innerhalb eines rationalen Kommunikationssystems ausgeht. »Die relative Autonomie des einzelnen fördert ein kritisches Bewußtsein, das zum Bestandteil eines Demokratisierungsprozesses wird. Das System bleibt durch dauernde Standort-Reflexion in einer konstruktiven Unruhe. Die zentralen Begriffe dazu lauten: Bewußtsein, Information, Kommunikation und Diskussion.«[35] Daraus folgt, daß im Rahmen der Bedürfnisse der Lernenden der kritische Lernaspekt gegenüber dem Trainingsaspekt hervorgehoben wird, wobei die Inhalte des Sportunterrichts als beliebig anzusehen sind und der jeweiligen Bedürfnislage entsprechen sollen. Als spezielles Ziel kann dabei angegeben werden: Verfügen-Können über eine größere Zahl verschiedener Bewegungsfertigkeiten, nicht aber die Realisierung sehr weniger Fertigkeiten mit wachsender Kraft- und Ausdauerleistung. »Dabei müssen die zunächst formalen Lernprozesse so thematisiert sein, daß das Individuum in die Lage versetzt wird, zu überprüfen, ob jeweils gegebene subjektive Bewegungsbedürfnisse dem primären Bedürfnis nach Bewegung entspringen, oder ob es sich dabei um von der Sportartikelindustrie oktroyierte Bedürfnisse handelt, deren Befriedigung letztlich nur der Profitmaximierung der Sportartikelindustrie u. a. dient.«[36] Dem Sportlehrer kommt dabei die Aufgabe zu, Anregungen zu geben und als Moderator von Lernprozessen, von sozialen Prozessen und Kommunikation zu fungieren, wobei nicht die einzelne sportliche Übung, sondern der Kommunikationsprozeß, bei dem Sport getrieben wird, im Vordergrund steht und als emanzipatorisches Element wirksam wird. Bei der Berücksichtigung der Interessen und Bedürfnisse der Schüler ist zu beachten, daß diese oft von den derzeitigen Strukturen des Sports bestimmt sein werden, so daß die kritische Reflexion und Diskussion auch dieser Interessen ständig geleistet werden muß. Falls es gelänge, neben der Fähigkeit zu disfunktionalem Handeln auch Kooperation und solidarisches Bewußtsein im Schulsport zu entwickeln, hätte dieser durchaus seinen — gegenüber dem kognitiven Lernbereich sicherlich begrenzten — Stellenwert innerhalb des kollektiven Emanzipationsprozesses der Abhängigen im Bereich einer möglichen antikapitalistischen Schule. »›Antikapitalistische Schule‹, das könnte bedeuten, daß die Schule sich radikal dem kollektiven Emanzipationsinteresse der Arbeitnehmerschaft verpflichtet fühlt. Dies wiederum hätte zur Voraussetzung, daß die Schule ihre sozial engagierte pädagogische Verantwortung nicht primär darin sieht, den individuellen sozialen Aufstieg von Arbeiterkindern innerhalb der bestehenden kapitalistischen Gesellschaft zu betreiben, etwa nach der Maxime ›Aufstieg durch Bildung‹, sondern daß sie sich begreift als eine Sozialisationsinstanz, die den späteren Lohnabhängigen die Bedingungen ihrer kollektiven politischen Emanzipation durch Selbstorganisation deutlich zu machen versucht.«[37]

Anmerkungen

1 Senator für Schulwesen (Hrsg.): Rahmenpläne für Unterricht und Erziehung in der Berliner Schule, Berlin/Neuwied, 1970, AV 23, S. 1
2 Vgl. Ständige Konferenz der Kultusminister der Länder (Hrsg.): Memorandum zum Stand der schulischen Leibeserziehung, 1965. In: Konrad Paschen (Hrsg.): Die Schulsport-Misere, Braunschweig 1969, S. 102—111
3 Herbert Marcuse auf dem Hegelkongreß 1970 in Stuttgart, zitiert nach: Hans Lenk: Ist Training repressiv? In: *Die Zeit* 37/1971, S. 56
4 Senator für Schulwesen, a.a.O., S. 1
5 Arno Klönne: Antikapitalismus und Subkultur. In: *links — Sozialistische Zeitung*, Nr. 25, September 1971, S. 10
6 Vgl. Bero Rigauer: Sport und Arbeit, Frankfurt 1969
7 Presse- und Informationsamt der Bundesregierung (Hrsg.): Der Sport in Schule und Hochschule — Programm des Bundesministers für Bildung und Wissenschaft, Bonn 1970, S. 6
8 Vgl. z. B. J. Agnoli/P. Brückner: Transformation der Demokratie, Frankfurt 1968
9 Vgl. Gerhard Vinnai: Fußballsport als Ideologie, Frankfurt 1970
10 Presse- und Informationsamt der Bundesregierung, a.a.O., S. 6
11 Senator für Schulwesen, a.a.O., S. 1
12 Bertold Jonas: Motivation im Schulsport. In: Ausschuß deutscher Leibeserzieher (Hrsg.): Motivation im Sport, Kongreßbericht, Schorndorf 1971, S. 48
13 Friedrich Reschke: Reform des Sportunterrichts in der Oberstufe. In: *Die Leibeserziehung* 6/1971, S. 200
14 Vgl. Hans-Dieter Kreidler: Im Brennpunkt. In: *Die Leibeserziehung* 6/1969, S. 177
15 Walter Hasenbusch: Das Ende der Winter-Bundesjugendspiele? In: *Die Leibeserziehung* 11/1970, S. 370
16 Vgl. Hans Bloss: Zur derzeitigen Situation des Schulsports in der Oberstufe des Gymnasiums. In: *Die Leibeserziehung* 11/1970, S. 365
17 K. Paschen, a.a.O., S. 44 f
18 O. V.: Soziale Leichen. In: *Guricht* 1/1971, S. 17 ff
19 B. Rigauer, a.a.O., S. 83
20 Presse- und Informationsamt der Bundesregierung, a.a.O., S. 6
21 Vgl. Charlotte Lütgens: Die Schule als Mittelklasse-Institution. In: *Kölner Zeitschrift für Soziologie und Sozialpsychologie*, Sonderheft 4, ›Soziologie der Schule‹, 1959, S. 22—39
22 Kurt Hammerich: Spielraum für den Sport. In: *Anstöße*, Evangelische Akademie Hofgeismar, 5, 6/1969, S. 194 f
23 Vgl. Jac-Olaf Böhme u. a.: Sport im Spätkapitalismus, Frankfurt 1971, S. 33 ff
24 Vgl. Dieter Ungerer: Die Bedeutung der menschlichen Bewegung in der Leibeserziehung. In: *Die Leibeserziehung* 6/1966, S. 189 f
25 Klaus Mollenhauer: Pädagogik und Rationalität. In: ders., Erziehung und Emanzipation, München, 4. Aufl., 1970, S. 62
26 Bero Rigauer: Friedrich Fetz und die Tendenzen autoritärer Sporterziehung. In: *Die Leibeserziehung* 3/1970, S. 94
27 Dieter Ungerer: Die erhöhte Leistungs- und Belastungsfähigkeit der Kinder und Jugendlichen verlangt pädagogisches Engagement. In: Autorenkollektiv: Moderne Methodik der Leibesübungen, Graz 1969, S. 62
28 Friedhelm Nyssen: Lernmöglichkeiten im Neokapitalismus. In: *Die Deutsche Schule* 3/1970, S. 169
29 Hein Retter: Zur gegenwärtigen Situation der Didaktik in der Leibeserziehung. In: *Die Leibeserziehung* 3/1971, S. 82
30 Jörn Jensen / Sven Güldenpfennig: Soziologische Aspekte der Studienreform. In: Ausschuß deutscher Leibeserzieher, a.a.O., S. 296
31 B. Rigauer, Sport und Arbeit, a.a.O., S. 86
32 Vgl. Bero Rigauer: Inhaltliche und methodologische Bestimmung einer kritischen Soziologie des Sports im Rahmen der Sportwissenschaften. In: *Die Leibeserziehung* 1/1971, S. 11
33 Ebd., S. 13
34 H. Retter, a.a.O., S. 81
35 Dieter Ungerer: Proteste, Reformen und die heile Welt des Sportstudenten. In: *Olympische Jugend* 3/1969, S. 5
36 J. O. Böhme u. a., a.a.O., S. 131 f
37 F. Nyssen, a.a.O., S. 174

Autorenverzeichnis

GERBURG DIETER, geb. 1939, Schauspielerin, beschäftigt sich mit den sozialen Ursachen psychischer Defekte, Hannover

FRANZ DWERTMANN, geb. 1944, Student (Germanistik, Sport), Berlin

ERIC ERTL, geb. 1941, Redakteur, Frankfurt/M.

JÜRGEN GADOW, geb. 1942, Studienreferendar (Deutsch, Sport), Berlin

HANNES GEHRMANN, geb. 1941, Lehrer, Berlin

SVEN GÜLDENPFENNIG, geb. 1943, Student (Sport, Germanistik), Berlin

LOTHAR HACK, geb. 1940, Wissenschaftl. Assistent am Institut für Soziologie der FU Berlin

CHRISTINE KULKE, geb. 1937, Dozentin für Pädagogik, PH Berlin

GERHARD VINNAI, geb. 1940, Soziologe und Psychologe, Assistent der Arbeitsgruppe für vergleichende Psychopathologie, Medizinische Hochschule Hannover

WOLFGANG ZWICK, geb. 1946, Assistent am Psychologischen Seminar der Technischen Universität, Hannover

**Fischer
Taschenbuch
Verlag**

fischer Orbit

Damon Knight's Collections

Neue Science Fiction Stories
Deutsche Erstausgaben

Collection 1 (Januar '72)

Collection 2 (Februar '72)

Collection 3 (März '72)

Collection 4 (April '72)

Collection 5 (Mai '72)

Collection 6 (August '72)

Collection 7 (Oktober '72)

Science Fiction Romane

Deutsche Erstausgaben

B. N. Ball
Blockade

Keith Laumer
Zeitlabyrinth

Fritz Leiber
Die programmierten Musen

Frederik Pohl
Tod den
Unsterblichen

Weitere Science Fiction Titel:

Fred Hoyle/John Elliot
A wie Andromeda
Geheimbotschaften aus dem All
[1088]

John Christopher
Die Unheimlichen. Roman.
[1081]

Stanislaw Lem
Test. Phantastische Erzählungen
[1156]
Der Unbesiegbare.
Utopischer Roman. [1199]

Peter Naujack (Hrsg.)
Roboter. Science Fiction Stories
[1177]

**Fischer
Taschenbuch
Verlag**

Schule — Lehre — Bundeswehr: Agenturen der Herrschenden

H.-J. Haug / H. Maessen
Was wollen die Schüler?
Politik im Klassenzimmer
Originalausgabe
(1013) DM 2,80

H.-J. Haug / H. Maessen
Was wollen die Lehrlinge?
Originalausgabe
(1186) DM 4,80

H.-J. Haug / H. Maessen
**Kriegsdienstverweigerer:
Gegen die Militarisierung
der Gesellschaft**
Mit einem juristischen
Ratgeber
Originalausgabe
(1173) DM 3,80

Fischer
Taschenbuch
Verlag

Funk-Kolleg

Band 1
Wissenschaft und Gesellschaft
Hrsg. v. Gerd Kadelbach
(6100)

Band 2
Volkswirtschaftslehre
Karl Häuser (6101)

Band 4
Rechtswissenschaft
Rudolf Wiethölter (6103)

Band 5
Neuere Geschichte
Paul Kluke (979)

Band 6
Soziologie
Walter Rüegg (6105)

Band 7/8/9
Erziehungswissenschaft 1/2/3
Wolfgang Klafki u. a.
(6106/6107/6108)

Band 10/11
Mathematik 1/2
H. Heuser und
H. G. Tillmann (6109/6110)

In Vorbereitung:
Sprache 1/2
Eine Einführung in die moderne Linguistik
(Herbst 1972)

Fischer
Taschenbuch
Verlag

Handbücher

Wilhelm Bernsdorf (Hrsg.)
Wörterbuch der Soziologie
(erscheint Februar 1972)

Hans Braun
Heilpflanzen-Lexikon (6091)

DDR-Wirtschaft
Eine Bestandsaufnahme
Hrsg. v. Deutschen Institut
für Wirtschaftsforschung
Originalausgabe (6137)

Johannes Erben
Deutsche Grammatik
Originalausgabe (6051)

Große Naturwissenschaftler
Biographisches Lexikon
Hrsg. v. Fritz Krafft und
Adolf Meyer-Abich
Originalausgabe (6010)

Handlexikon Organisation
Hrsg. v. d. Akademie für
Organisation
Originalausgabe (6087)

Johannes Hartmann
Das Geschichtsbuch
Von den Anfängen bis zur
Gegenwart
Originalausgabe (6048)

Wilfried Jacobs
Lexikon der Sozialversicherung
Originalausgabe (6068)

Fritz Neske/Gerd F. Heuer
Handlexikon Werbung
& Marketing (6069)

Gerhard Röttger
Lateinische Grammatik
Originalausgabe (1072)

Michael Sartorius (Hrsg.)
Handlexikon Medizin 1 und 2
(6094, 6095)

Carl Schneider
Handlexikon Datenverarbeitung
Kurzausgabe (6143)

Slettengren/Widén
Englische Grammatik (6008)

Kurt Dieter Solf
Fotografie
Grundlagen, Technik, Praxis
Originalausgabe (6034)

Hans Joachim Störig
Kleine Weltgeschichte der
Philosophie
2 Bände (6135, 6136)

— : Kleine Weltgeschichte der
Wissenschaft
2 Bände (6032, 6033)

Wörterbuch der Kybernetik
Hrsg. v. Georg Klaus
2 Bände (6141, 6142)

Fischer
Taschenbuch
Verlag

Texte zur politischen Theorie und Praxis

herausgegeben von Hans-Eckehard Bahr, Wilfried Gottschalch, Klaus Holzkamp, Urs Jaeggi, Rudolf Wiethölter

---

Die Reihe sammelt Beiträge zur Bildung politischer Theorie
und Reflexion politischer Praxis.
Autoren und Herausgeber gehen davon aus, daß Wissenschaft von der Gesellschaft neuer, selbstkritischer und diffe-
renzierter Entwürfe bedarf, wenn sie ihren emanzipatorischen Anspruch erfüllen soll.
Die Reihe bringt Analysen aus der Soziologie, Politologie,
Psychologie, Erziehungswissenschaft, Rechtswissenschaft
und Ökonomie.

Wilfried Gottschalch,
Marina Neumann-Schön-
wetter, Gunter Soukup
Sozialisationsforschung.
Materialien, Probleme,
Kritik. Bd. 6503

Jutta Menschik
Gleichberechtigung oder
Emanzipation?
Die Frau im Erwerbsleben
der BRD. Bd. 6507

Karl Heinz Hörning (Hg.)
Der »neue« Arbeiter.
Zum Wandel sozialer
Schichtstrukturen.
Bd. 6502

Klaus Holzkamp
Kritische Psychologie.
Vorbereitende Arbeiten.
Bd. 6505

In Vorbereitung:

Peter Kühne
Arbeiterliteratur 1960—1970

Rolf Stefaniak,
Werner van Treeck
Literaturproduktion
im Spätkapitalismus

Urs Jaeggi
Kritische Soziologie

**Texte zur politischen
Theorie und Praxis**